부모와 자녀의 성장을 위한 비밀열쇠

교류분석 양육지침서

부모와 자녀의
성장을 위한 비밀열쇠

교류분석 양육지침서

Jean Illsley Clarke · Connie Dawson 공저
박미현 · 전우경 · 이영호 공역

학지사

Growing Up Again: Parenting Ourselves, Parenting Our Children
by Jean Illsley Clarke and Connie Dawson

역자 서문

친구들과 오랜만에 모였습니다. 한 친구는 일찍 결혼을 하여 아이들이 이미 성인기에 접어들고 있었고 다른 친구는 비혼주의는 아니었지만 어쩌다 보니 결혼을 하지 않고 여전히 부모님과 같이 살고 있습니다. 밥상을 차리는데 자녀가 있는 친구가 뜨거운 찌개 그릇을 별다른 도구도 없이 옮기는 것을 보고 아직 미혼인 친구는 놀라며 이렇게 말했습니다. "참 이상하네. 우리 엄마도 뜨거운 것을 그냥 맨손으로 잡으시던데 너도 그러는구나. 난 절대 못해." 냄비를 옮기던 친구가 "뭐가 이상해, 엄마가 되면 이렇게 돼. 나도 예전에는 못했어."라고 대답을 하더군요.

엄마가 되면 무엇이 사람을 변하게 하는지 궁금했는데 이 책을 접하고 그 이유를 알게 되었습니다. 자녀를 양육하면서 부모는 다시 한번 자신도 자녀와 같이 성장을 할 수 있는 특권을 누릴 수 있다는 대단한 사실이 그 이유였습니다. 물론 뜨거운 것을 맨손으로 잡는 능력을 가지게 되는 것은 아니겠지만 자신의 미숙함, 결핍 등이 자신의 자녀를 키우면서 어느 정도 메워진다는 것이었습니다.

인간은 태어나서 죽음에 이르기까지 많은 과정을 거치고 역할 또한 변화합니다. 그중 부모 역할이 가장 어려운 도전이 되는 것 같습니다. 부모 역할은 저절로 되는 선천적인 능력일까요? 아이를 낳으면 모성, 부성이 생기고 자녀를 사랑하는 마음에 저절로 좋은 부모가 되는 방법을 알게 되는 것일까요? 아니겠지요. 그런데 마치 좋은 부모가 되는 것은 너무 당연한 능력인 듯 아무도 가르쳐 주지 않았습니다. 그래서 우리 모두는 내 부모가 보여 준 모습대로 혹은 주변 사람들의 충고대로, 그것도 아니면 드라마 속 부모처럼 따라 했을 뿐입니다. 옳고 그름을 생각해 볼 겨를도 없이 아이들은 자라고, 어릴 때는 그래도 야단치면 잘못했다고 하더니 덩치가 비슷해지자 이제는 말도 잘 듣지 않습니다. 무엇이 잘못되었는지 아무리 생각해 봐도 모르겠고 부모는 죄책감에 미안하기도 하고 억울하기도 합니다.

자녀를 잘 양육한다는 것은 저절로 되는 일이기도 하고 절대 저절로 되는 일이 아니기도 합니다. 모든 부모도 아이 시절이 있었고 그들의 부모로부터 양육을 받았습니다. 정말 운이 좋게 사려 깊고 사랑이 넘치며 아이 곁에서 인정과 격려를 아끼지 않는 부모와 지냈다면 부모 노릇은 크게 어렵지 않습니다. 하지만 반대의 경우라면 새로운 방법을 배우고 받아들이며 변화하기 위해 노력을 해야 합니다. 이것이 바로 부모교육이 있어야 할 자리입니다. 그런 의미에서 이 책은 참으로 큰 역할을 할 수 있을 것 같습니다.

이 책은 교류분석이라는 심리학 이론을 기본으로 저술되었습니다. 개인의 성격과 아동발달 등을 이해하기에 교류분석만큼 유용한 이론은 없을 것입니다. 하지만 심리학 이론이기 때문에 일반 사람들이 어려워하는 용어들과 개념들이 있습니다. 그러나 이 책에서는 이론적 용어 사용은 찾아볼 수 없습니다. 그 이유는 저자인 Clarke 여사가 많은 부모교육 워크숍을 진행하면서 부모들의 피드백을 통해 용어와 이론은 언급하지 않고 부모들이 어떻게 해야 건강한 양육이 되는지 그 방법에 초점을 맞추고 있기 때문입니다. 그래서 교류분석을 몰라도 책을 읽는 데 전혀 어려움이 없을 것으로 생각됩니다.

자녀 양육이 어렵다고 생각되거나 건강하고 편안한 가정을 꿈꾸는 대한민국의 모든 부모님에게 도움이 되는 좋은 양육 안내서가 되기를 바랍니다.

역자 일동

저자 서문

『Growing Up Again』의 2판을 위해 Dan Odegard가 첫 번째 출판사였던 Hazelden에 연락을 해서 저자들이 새롭게 출판하는 2판에 뭔가 더 하고 싶은 말이 없냐고 물어보았을 때 나는 즉각적으로 있다고 대답했습니다.

Connie는 입양과 관련된 연구와 특별한 양육을 요구하는 다양한 방법에 관한 연구를 하고 있었고, Jean과 David Bredehoft 박사는 점점 널리 퍼져 나가는 과잉보호라는 혼란스러운 현상에 관한 연구를 막 끝낸 상황이었습니다.

최근 친구와 친척들의 출생과 죽음은 책의 내용 중 연령에 따른 발달단계 부분을 더욱 확장해야겠다는 생각이 들게 했습니다. 태내기의 의미에 관한 놀라운 연구는 고려될 필요가 있고, 병으로 이른 시기에 맞이하게 되든, 아니면 늦은 시기에 맞이하게 되는 인생의 종결 시기는 태내기와 더불어 특별한 단계로 인식되어야 할 것이라는 생각을 하게 되었습니다.

우리들의 동료 Jim Jump는 보살피기와 구조 만들기 행동에 관해서 고속도로라는 은유법을 사용하는 것을 제안했습니다. 우리는 그 아이디어를 확장시켜 그림으로 표현해서 부모들이 자신과 타인을 돌보는 일상의 습관을 알아차리도록 했을 뿐 아니라 그들이 행하고 있거나 변화하려고 하는 양육의 세대 간 패턴을 알아차리도록 했습니다.

이번 2판에서는 보살피기, 구조 그리고 디스카운트의 새로운 예제들을 추가하였고, 문제해결을 위한 행동들을 알아볼 수 있도록 간결한 방법을 제시했습니다.

또한 인간의 자극, 인정, 확신에 대한 기아와 간혹 혼란스러운 방법으로 이런 기아들이 드러날 때 어떻게 만족시킬지 주목했습니다. 기아들이 생길 가능성을 알아차리는 것은 알 수 없는 행동의 원인을 알아내는 데 도움이 됩니다. 이 책의 독자들은 자신들의 경험을 생각하며 책을 잘 활용할 수 있을 것입니다. Babara Beystrom은 재혼가정을 위한 양육갈등 다루기에 도움을 주었고, Sandy Keiser은 기존에 나와 있던 표에 부정하기와 이중구속도 더해서 만들어야 한다고 했습니다. Mary Kaye Ashley는 어린이의 영성의 발달 가이드라인 만들기에 도움을 주었습니다.

그래서 우리는 Gaye Hurting이 '다시 성장하기의 도움이 되는 정원'이라고 부르는 이 책을 확장시킬 수 있었습니다. 자, 이제 여기 우리 자녀들과 우리들이 다시 성장할 수 있는 정말 중요하고 도전이 되는 양육을 도와주는 새로운 도움이 나왔습니다. 이제 여러분이 자신의 것으로 만들기 바랍니다.

Jean과 Connie

차례

제3부 엄한 사랑을 표현하는 최고의 방법: 내적 구조 만들기

제4부 과잉보호: 그릇된 보살핌, 부적절한 구조

제5부 부정하기: 우리를 꼼짝달싹 못하게 하는 덫

제6부 태아기와 출생 경험

제7부 다시 성장하기

제1부

시작하면서

모든 부모들과 마찬가지로 나도 자식의 행복 외에는 바라는 것이 없다. 그것을 간절히 바라기에, 나 자신이 먼저 행복하고 감사하며 살아가도록 노력할 것이다. 내 아이를 위해서라도…….

-조이스 메이나드(Joyce Maynard)

소개

이 책은 희망의 책이다. 자신이 받고 자란 양육 방법이 자녀에게 대물림되지 않기를 바라는 성인에게, '다시 성장하기'의 여정을 이미 시작한 이들에게, 어렸을 때 제대로 양육을 받지 못했지만 무언가를 제대로 하고 싶은 어른에게, 혹은 어떻게 자녀를 양육해야 할지 모르는 부모에게 희망을 갖도록 하는 책이다.

아동과 성인 모두가 소중하며, 아동이 성인이 되어 가는 방법을 배우는 가장 중요한 장소가 가정이라고 믿기에 이 책을 집필하게 되었다. 인간은 가족 속에서 배우고 성장하며 사랑하고 자신과 타인을 돌보는 방법을 알게 된다. 그리고 가족은 고유한 힘과 강인함, 새로운 체계를 만들어 간다.

우리는 어떠한 연령에 있는 성인일지라도 성장할 수 있다는 것을 믿는다. 매일 매 순간, 우리는 살아 있음을 기뻐하고 잘한 것을 축하할 수 있으며 삶이 더 나아지도록 무엇인가를 시작할 수 있다.

일관되지 않은 양육

적절하지 않은 양육 방법에 대해 '역기능적'이라고 하지 않고 '일관되지 않다'고 표현함을 유념해 주기 바란다. 만일 가족이 제 기능을 해 오지 않았다면, 우리는 지금 갖고 있는 많은 능력을 갖지 못했을 것이다.

어떤 식으로든 가족은 제 나름의 역할을 했다. 부정적인 꼬리표는 성장에 도움이 되지 않는다. 일관되지 않은 양육을 받은 많은 이들은 다음과 같은 그릇된 믿음을 갖고 있다.

- 나는 사랑스럽지 않아.

- 빠져나갈 구멍이 없어.
- 아무도 나에게 '해야 할 것'과 '하지 말아야 할 것'에 대해 말해 줄 수 없을 거야.
- 어떻게 해야 할지 모르겠어.
- 뭐가 정상인지 모르겠어.
- 내가 누구인지 모르겠어.
- 상황을 통제하려면 나 자신 이외에는 어떤 사람도 믿어선 안 돼.

만약 일관되지 않은 양육을 받았다면, 당신은 이 책을 당신 자신과 자녀를 돕는 데 사용할 수 있다.

아동은 '일관된' 양육을 받을 자격이 있으며 성인은 과거에 자신이 받았던 일관되지 않은 양육의 사슬을 끊어야 한다. 일관적이지 않은 이런 양육은 검토 없이 따르게 되고 다음 세대로 전수되기 때문에 더욱 그럴 필요가 있다. 부록에 나와 있는 행동 지침들을 연습함으로써 일관된 양육과 일관되지 않은 양육에 대해 더욱 깊이 이해해 보자.

수치심과 죄책감에 대하여

어쩌면 당신은 '아이 키우는 방법을 진작 알았어야 했는데.'라거나 '난 이미 너무 많은 실수를 했어. 그 일들을 생각하고 싶지도 않아. 정말 너무 부끄럽고 수치스러워.'라고 생각할지도 모른다.

죄책감은 우리의 행위에 관한 것이다. 우리는 종종 죄책감으로 인해, 실수를 했을 때 불쾌함을 느낀다. 하지만 이는 한편으로는 새로운 시작을 하고 실수한 부분을 메우려는 동기가 되기도 한다.

죄책감이 행위에 대한 것이라면 수치심은 우리는 누구인가에 대한 판단이다. 수치심은 도움이 될 수도 있고 그렇지 않을 수도 있다. 창피한 감정은 사회에서 적절히 어울려 살아가는 방법의 한 부분일 수도 있다. 이를테면 우리는 자신과 가족에게 부끄러움을 안겨 줄 수 있는 행동들(예를 들어, 거리에서 벌거벗고 달린다든가, 시험에서 커닝을 한다든가, 도둑질을 한다든가, 타인을 착취하는 등)은 좀처럼 하지 않는다. 마찬가지로 다른 사람을 해하거나 우리가 속한 문화에 반하는 행동을 하지 않는다.

때로는 수치심을 이용해 문제가 되는 행동을 저지할 수도 있다. 이를테면 두 살 난 아이가 위험한 차도를 향해 돌진하는 순간에 말이다. 아이에게 아주 큰 소리로 무섭게 화를 내면 아이는 가다 말고 얼어붙어 꼼짝 못 하게 될 것이다. 이렇게 수치심은 때때로 사람의 안전을 지켜 주기도 한다.

파괴적인 수치심

하지만 사람을 통제하기 위해 수치심을 이용하는 것은 권력의 오용이다. 소수 영국인들이 수많은 인도 시민을 어떻게 통제할 수 있는지 물었을 때 간디는 이렇게 대답했다. “그들은 우리를 통제하기 위해 우리에게 굴욕감을 주었습니다.” 독기에 찬 분노, 신랄한 비방, 욕설, 왕따, 거절과 같은 행위들은 타인을 무기력하게 만든다. 이것은 그릇된 수치심의 표현이다. 이런 파괴적인 수치심의 문제를 다루고 해결해야 우리는 비로소 자유로워질 수 있다.

파괴적인 수치심의 또 다른 형태는 모욕적인 메시지를 자신의 마음에 담고 그러한 메시지들로 자신의 존재를 정의하는 것이다. 마음속으로부터 끈질기게 들려오는 수치심이라는 존재의 목소리는 사람들로 하여금 숨거나 격렬한 행동을 하도록 만들며, 결국 우리가 제 기능을 발휘하지 못하고 성장하지 못하게 한다. 사실 우리는 다양한 감정들(죄책감, 기쁨, 분노, 두려움, 슬픔 등)을 여러 가지 방법으로 타인과 나누면서 그들과 연결되었다는 느낌을 갖는다. 그러나 종종 수치심은 말하지 않고 자신 안에 감추곤 한다. 그리고 그것이 우리를 고립시킨다.

자아상이 자신의 행위와 지나치게 밀착되어 있는 사람들은 자신을 필요 이상으로 부끄러워하곤 한다. 즉, 어떤 일을 잘 해내지 못했을 때나 잘하지 못할까 봐 두려울 때, 무기력해지고 자신을 세상에서 필요 없는 사람으로 느끼게 된다. 이럴 때 사람들은 책임을 회피하고 싶은 생각에 빠지거나, 수치심을 숨기고 다른 사람들에게 이를 전가하고 싶은 유혹에 빠지게 된다.

부적절한 수치심은 무조건적인 사랑의 결여에서 온다고 한다. 아이는 좋은 사랑을 받아야 한다. 왜냐하면 무조건적인 사랑을 통해 아이는 자기 자신을 사랑하는 법을 배울 수 있기 때문이다. 수치심을 자주 느끼는 사람들은 그러한 사랑을 아예 받지 못했거나, 충분히 받지 못했거나, 혹은 무조건적인 사랑을 아예 믿지 않는다. 그렇기 때문에 이들은 어떤 일을 열심히 해서 그 결과만으로 사랑을 얻으려 하고, 거저 주어지는 사랑을 믿지 못한다. 많은 비난을 받으면서 자란 사람들은 단순히 지시하는 말투에도 수치심을 느끼곤 하는데, 이는 그런 단순한 말도 자신을 비난하는 말로, 존재를 위협하는 말로 느끼기 때문이다.

앞으로 나아가기

만일 파괴적인 수치심이나 일관되지 못한 양육을 경험했다면 이 책에서 도움을 받을 수 있다. 이 책을 바탕으로 자녀들이 수치심 없이 자랄 수 있도록 양육하자. 또한 당신 자신의 수치심을 인식하고 그 수치심을 사랑과 기쁨으로 바꾸도록 하자.

이 책에서는 부드러운 사랑의 표현인 '보살피기'에 대해 먼저 이야기할 것이다. 그러나 당신은 당신에게 맞는 순서대로 이 책을 읽어 나갈 수 있다. 저자들 또한 이 책을 집필하면서 지속적으로 성장할 수 있었다. 이제 당신이 성장할 차례이다.

자녀와 나를 위한 배움

꿈

우리 자신은 비록 조금 부족하게 성장했어도 내 자녀에게는 많은 것을 주고 싶다. 내 아이들이 사랑과 기쁨을 경험하고, 성취감, 행복감, 사랑의 감정을 느끼며, 자아 존중감, 자기신뢰감, 자신감을 갖길 바란다.

모든 부모는 사랑으로 아이들을 양육하고 그 양육으로 아이들이 사랑스러워지고 건강하게 성장하는 꿈을 꾼다. 그렇게 되기 위해서 우리가 받아 온 양육을 돌아보고, 자녀와 우리 자신의 성장에 도움이 되는 새로운 방법들을 이 책을 통해 같이 생각해 보자.

충격

첫 아이가 태어났을 때 비로소 우리는 자녀 양육이 그동안 꿈꿔 왔던 것처럼 사랑으로 가득한 일은 아니라는 현실과 마주하게 된다. 무엇을 언제, 어떻게 해야 하는지 알아야 하고, 그 일을 실행에 옮겨야 하는 힘든 일상과 마주하면서 말이다. 솔직히 말하면 이런 양육과 관련된 일은 우리가 살아 있는 한 어떠한 형태로든 계속해야 한다. 끊임없이 되풀이되는 일도 있고, 한 번만 하면 되는 일도 있으며 예기치 못한 일이나 준비되지 않아 당황하는 일도 있다.

부모라고 해서 자녀를 위해 무엇을 해야 하는지 다 아는 것은 아니다. 어떤 날은 맹세코 하지 않겠다던 바로 그 일을 또다시 하고 있는 자신을 발견하고는 죄책감을 느끼고 후회를 하며 자신을 구제 불능이라고 생각하기도 한다. 혹은 '성격 형성'이라는 허울 좋은 변명으로 자신이 받았던 것과 똑같은 방법으로 자녀를 학대하기도 한다.

이제는 우리가 자라면서 부모로부터 배우지 못했던 많은 기술과 양육 방법을 배워 나가 보자.

부드럽게 사랑을 표현하는 방식(보살피기)

인간이 태어나서 받아야 하는 도움은 다양하고 많다. 그중 아이들에게 반드시 필요한 것은 무조건적인 사랑이다. 아이들은 무조건적인 사랑을 통해 잘 성장하고 자신과 타인을 사랑하는 방법을 배운다. 아이들에게 "사랑해. 넌 정말 사랑스러워."와 같은 말을 해 주고 어루만지며 보살펴(Nurture) 주는 것이 아이들의 성장과 행복의 필수 조건이다.

엄하게 사랑을 표현하는 방식(구조)

그러나 무조건적인 사랑만으로는 충분하지 않다. 아이는 무엇을 하면 되고, 무엇을 하면 안 되는지 등 그 한계와 삶의 기술을 배울 필요가 있다. 안전하게 자라야 하고, 건강한 습관을 배워야 하며, 자기 자신과 타인이 누구인지에 대한 감각을 키울 필요도 있다. 또 윤리와 가치를 배우고, 품성을 계발하고, 자신과 타인에 대한 책임감을 가져야 한다. 부모는 자녀에게 '**너는 이것을 할 수 있어. 방법을 가르쳐 줄게. 넌 잘할 수 있어.**'와 같은 메시지를 전달해야 한다. 우리가 '구조(Structure)'라고 부르는 것이 바로 이러한 기능의 발달을 돕는 양육의 기술이다.

'보살피기'와 '구조'를 어떻게 조화롭게 할 것인가

자녀의 올바른 성격 형성을 위해 부모는 자녀를 무조건적인 사랑으로 보살피는 동시에 규율과 한계도 엄하게 가르쳐야 한다. 이 둘은 모두 중요하며 함께 작용한다. 만일 성격을 사람의 몸에 비유한다면, 보살피기는 부드러운 조직이나 근육과 같고, 구조는 피부나 뼈와 같다. 우리 몸의 조직과 근육은 신체를 자유롭고 부드럽게 움직이게 한다. 자녀가 보살핌과 사랑을 충분히 받게 되면, 자신과 타인을 사랑하고 돌볼 수 있는 능력, 즉 자기가치와 자기애의 기초를 계발하게 된다. 무조건적인 사랑은 자녀의 인성을 안정적으로 만들어 준다.

반면 구조는 우리를 똑바로 지탱해 주는 뼈대, 혹은 우리를 보호하는 피부와 같다. 이는 자녀의 인격에 형태를 부여한다. 즉, 부모가 자녀에게 한계를 정해 줄 때 자녀는 자신의 틀(framework)과 경계(boundary)를 알게 된다. 이 두 가지 사랑의 방식은 일회성이 아니라 지속적으로 경험해야 한다. 우리는 우리가 자랐던 가정에서 구조를 배워 왔고 지금도 조금씩 계속 배우고 있다. 구조가 잘 만들어진 사람이라는 것은 자신에 대한 의식이 있고 튼튼한 인성을 갖고 있다는 뜻이다. 튼튼한 인성을 가진 사람이란 소위 근성을 가졌다고 하는 것처럼 자신과 그리고 자신과 관련된 사람들에 대해 명확하게 잘 알고 있는 사람이다.

안정된 인성을 형성해 주는 보살핌을 잘 받지 못하더라도 제대로 된 구조가 형성되었다면, 그 사람은 자신의 역할을 수행하면서 살아갈 수는 있다. 그러나 이런 사람들은 삶에서 공허함을 느끼거나, 기쁨을 느끼지 못하거나, 혹은 다른 이들에게 사랑스럽게 행동하지 못한다.

자라면서 구조를 제대로 만들지 못한 어른이라면 이제라도 자신의 틀을 개발해야 한다. 그러나 자신의 적당한 경계를 잘 모르기 때문에 여러 면에서 어려움을 겪을 수 있다. 아마도 신체적 · 심리적 영역에서 부적절하게 방황할 수도 있고, '누울 자리가 아닌 곳에서 다리를 뻗는' 경우도 있을 것이다. 그리고 이들 인격의 피부는 섬세하고 찢어지기 쉬워서 다른 사람이 자신의 영역을 침범하게 만들 수 있다.

보살피기와 구조의 균형

보살핌과 구조를 받은 각각의 경험을 성장의 한 단위라고 생각해 보자, 아기는 고유한 성격 특성을 가지고 태어나 조금씩 삶의 경험을 축적해 간다. 그 경험을 통해 결정들을 하고 그 결정은 정체성과 자아 존중감으로 만들어진다. 자녀가 높은 자존감을 갖게 될지, 기쁨을 많이 느끼는 삶을 살아갈지, 혹은 성공하게 될지 확실하게 예측할 수는 없다. 하지만 건강한 구조와 부드러운 보살핌 사이에서 자녀가 균형을 잡고 살아가는 능력을 기르게 해 줄 수는 있다.

그렇다면 어떻게 자녀들을 무조건적인 사랑으로 보살피면서 강한 구조를 설정하도록 도울 수 있을까? 우리는 이 방법을 우리의 부모로부터 배울 수도 있고, 자녀를 관찰하여 자녀에게 맞는 것을 생각해 낼 수도 있으며, 다른 이들에게 물어보고 우리에게 맞는 방법을 생각해 볼 수도 있다. 만일 당신이 가정에서 부드러운 보살핌과 엄한 내적 구조를 적절히 경험하지 못했다면, 이 책을 통해 지금부터 배워 갈 수 있다.

무책임하고 숨 막히는 양육을 받았던 이들은 자신의 자녀만큼은 똑같은 경험을 하지 않게 하겠다는 생각에 사로잡혀, 자신이 받은 것과는 정반대의 양육을 하곤 한다. 그러나 이런 양육은 종종 지나쳐서 위험할 수 있다. 융통성 없고 비난하는 분위기 속에서 자란 이들은 제한이나 규칙을 거의 정하지 않을 수도 있다. 지나치게 경직된 양육 방식이 싫어서 따르지 않으려 애쓰다가 자녀에게 유익한 구조나 규칙도 같이 버리기 때문이다. 그리고 무조건적인 사랑을 제대로 받지 못한 부모들은 사랑을 준다는 명목하에 자녀에게 너무 많은 관심을 기울이게 되고, 그런 지나친 관심은 자녀를 숨 막히게 하기도 한다. 반면 과잉보호를 받은 부모들은 자신이 그 폐해를 잘 알기에 지나친 관심으로 자녀를 숨 막히게 하지 않으려 애쓰다가 자녀를 향한 사랑을 포기하기도 한다. 자녀에게는 따뜻한 보살핌과 엄격한 구조의 균형이 필요하며, 그것은 어른에게도 마찬가지이다.

자녀와 우리 자신을 위해 더 나은 사랑의 방법을, 즉 부드러운 사랑의 방식인 보살핌과 엄한 사랑의 방식인 구조를 배워 나가 보자.

희망

자녀와 부모 모두가 만족스럽게 잘 지내는 모습을 생각해 보라. 희망이 생기지 않는가? 지금 당장 다시 성장하기 위한 결심을 할 수 있다. 하지만 그 과정은 한순간에 이루어지지 않는다. 왕도는 없다. 한순간에 자신감과 자아 존중감이 생기는 마법의 공식은 존재하지 않는다. 차근차근 단계를 밟아야 한다. 우리는 내면에서부터 다시 완전해지고 강건해져야 한다. 누군가가 우리에게 "자존감을 가져라."라고 요구한다면 어떻게 할까? 어깨를 쭉 펴고 "나는 위대하다."라고 소리쳐야 할까? 그러나 이런 방법은 별 효과가 없으며 최악의 경우 위험하기까지 하다. 방향을 잃어서 우울하고, 자살하고 싶고, 거짓된 자아 존중감을 느끼게 되는 그 어느 날, 우리의 절망감은 더할 것이기 때문이다.

진정한 자아 존중감은 우리의 내부에서 나오며 이는 경쟁하는 마음에서 비롯되지도 않는다. 만약 타인보다 더 근사해지는 일에 집착한다면, 이는 '경쟁적 존중감'이거나 '타인 존중감'이지 '자아 존중감'이 아니다. 스스로를 가치 있게 여기는 마음은 조금씩 천천히 자라난다. 자신의 능력을 계발하고, 자기 자신에 대해 긍정적으로 그리고 의미 있는 방법으로 믿음을 가져 나가며, 자신이 사랑스럽다는 것을 믿어 갈 때 자존감은 형성되어 간다.

유능감, 행복감, 자아 존중감은 자녀와 부모 모두에게 중요하다. 자아 존중감은 살아오면서 겪은 긍정적이거나 부정적인 메시지와 경험을 인식하고, 그런 경험에 대해 건강하고 유익한 결정을 내릴 때 형성된다. 따뜻한 보살핌과 건강한 구조를 받은 경험이 있는 사람은 자아 존중감이 높다. 사람은 자극, 인정, 확신을 향한 기본적인 욕구를 갖고 있는데, 보살핌과 구조는 이런 우리의 욕구를 만족시킨다. 이에 대해 다음 장에서 더 자세히 알아보자.

제2장

자극, 인정, 확신을 향한 갈망

이건 내가 생각했던 게 아니야!

“내 아이를 사랑하냐고요? 물론, 당연하죠. 내 아이들을 사랑하지요.” 말은 이렇게 해도 양육은 내가 생각했던 것처럼 되지만은 않는다. 다음의 푸념들을 들어보자.

“앤드류는 아무것도 하고 싶어 하지 않는 것처럼 보여요. 아이에게 같은 것을 자꾸 반복해 보는데요, 반응이 없어요. 결국 저는 아이를 그냥 내버려두게 돼요.”

“아이가 가만히 있다고요? 저는 우리 노아가 제발 조금이라도 그랬으면 좋겠네요. 노아는요, 집을 계속 난장판으로 만들어 놓는답니다.”

“우리 마르시는 조르고 징징거려요. 특히나 제가 아이와 함께 있을 시간이 없을 때는 더 하죠. 마르시에게 많은 관심과 주의를 기울여요. 하지만 그 애는 항상 더 많은 걸 바라죠.”

“글쎄요, 우리 엘레나는 규칙을 가볍게 여기고 제가 화를 내면 비웃지요.”

“브라이언은 그러지는 않아요. 그 애는 혼내는 걸 심각하게 받아들여요. 하지만 아이가 뭘 하든지 항상 쫓아다녀야만 해요."

앞에 언급된 이야기들 중 익숙한 것이 있는가? 사실 이 이야기들은 어떤 연령에서도 일어날 수 있는 이야기이다. 그리고 대상을 살짝 바꾸어 보면, 배우자, 친구, 파트너, 직장 동료, 혹은 당신 자신에 대한 푸념일 수도 있다.

만약 이와 유사한 고민을 가지고 있다면 이제는 다른 방식으로 양육을 시도해 보거나, 당신 자신을 새롭게 이해할 때가 되었음을 의미한다. 즉, 당신의 인생에서 '다시 성장하기' 위한 시기가 되었음을 알리는 것이다.

이러한 문제들은 '확 · 인 · 자 삼각형'으로 풀 수 있다. '확 · 인 · 자'는 확신(certainty), 인정(recognition), 자극(stimulation)을 향한 심리적 욕구를 의미한다. 이 세 가지 인간의 갈망은 우리의 모든 삶 속에 있으며, 때로는 수면이나 식욕보다도 강하다.

세 욕구가 만족스럽게 충족되지 않으면 사람들은 지속적으로 이 욕구를 충족하려고 노력한다. 즉 인간은 살아 있음을 느끼고(자극), 인정받으며(인정), 안전하기를(확신) 늘 갈망한다. 만일 어느 한 욕구가 충족되지 않으면, 모자란 것을 다른 것으로 대치하여 부족함을 메우려고 노력하게 될 것이다. 그러나 이 세 가지는 뚜렷하게 별개의 것이고 똑같이 중요하기 때문에 결코 만족스럽지가 않다.

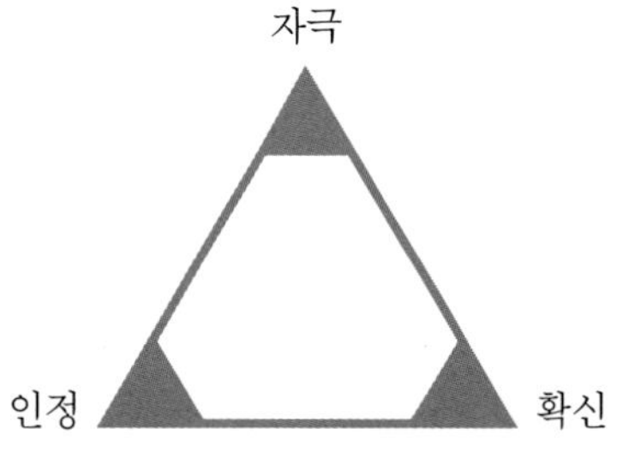

[그림 2-1] 확 · 인 · 자 삼각형

이 세 가지 갈망들이 삼각형의 세 꼭짓점에 위치해 있다고 생각해 보자.

뭔가를 좀 합시다!(Let's do something!) 한 꼭짓점은 자극을 가리키며, 살아 있음을 생기 있게 느끼고 싶은 욕구를 말한다.

나를 좀 봐 주세요!(Look at me!) 다른 꼭짓점은 인정을 가리키며, 중요한 사람으로 인정받고 싶은 욕구를 말한다.

누가 책임을 지나요?(Who's in charge here?) 세 번째 꼭짓점은 확신을 가리키며, 체제 안에서 안정감과 확실함을 느끼고 싶은 욕구를 말한다. 사람들은 체제 안에서 안전하고 적절한 방법으로 자극과 인정을 얻을 수 있다.

이런 세 가지 욕구를 바탕으로 다음과 같은 질문을 해 보자.

- 자녀에게 자극, 인정, 확신을 주고 있는가?
- 세 가지 욕구 중 내 입장에서 해 주기 편한 것이 있는가? 그래서 쉬운 것만 해 주고 다른 욕구는 충족시켜 주지 못하는 것은 아닌가?
- 세 가지 욕구 가운데 어떤 한 가지를 더 충족시켜 달라고 내 아이가 계속해서 말하고 있지는 않은가?
- 우리가 노력해도 자녀가 반응을 보이지 않을 수도 있다. 그럴 때는 어른들과 마찬가지로 자녀 또한 다양한 기질을 가지고 있음을 기억하자.
- 아이가 원하는 욕구는 주목하지 않은 채 충족되지 못했던 내 욕구를 자녀에게 제공하고 있지는 않은가?
- 내 삶 속에서 자극, 인정, 확신은 균형 있게 자리 잡고 있는가?
- 어떤 욕구를 직접 충족시키지 못하고 다른 욕구를 통해 그 욕구를 충족시키려고 하지는 않는가?

이 세 가지 욕구는 똑같이 중요하다. 어쩌면 우리 모두는 어떤 한 욕구를 다른 것보다 더 절실하게 바랄지도 모른다. 하지만 어떤 욕구가 더 강한지 항상 알 수 있는 것은 아니다. 그러므로 세 가지 모두를 균형 있게 제공해 주는 방법이 가장 안전하다.

이제는 각각의 예를 살펴보자. 이 예들은 아동과 성인 모두에게 적용될 수 있는 이야기들이다.

인정(인정받고자 하는 욕구): 나를 좀 봐 주세요!

우리 마르시는 조르고 징징거려요. 특히나 제가 아이와 함께할 시간이 없을 때는 더하죠.

조르고 징징대는 마르시는 "저를 더 많이 인정해 주세요. 엄마가 저를 소중히 여기는지 모르겠어요. 그럴 때면 저는 두렵고 화가 나요."라고 말하고 있는지도 모른다. 이럴 때 부모는 마르시와 더 많은 시간을 보내고 더 많은 사랑을 주어야 한다("인정받고 싶은 네 마음을 알고 있단다"). 또한 더 많은 관심을 기울이고 마르시가 하는 행동을 더 많이 인정해 주어야 한다("네가 그 일을 잘 해냈다는 것을 알고 있단다").

조시에게 많은 관심과 주의를 기울여요. 하지만 그 애는 항상 더 많은 걸 바라죠.

조시에게 이미 많은 관심과 주의를 주었는데도 조시는 더 많은 인정을 받으려 하고 있다. 어쩌면 부모는 조시의 성장에 맞지 않는 방법으로 아이를 대해 왔는지도 모른다. 아니면 조시는 관심과 주의를 너무 많이 받아서 자신이 모든 것의 중심이라고 믿고 있는지도 모른다.

조시에게 필요한 것이 인정이 아닐 수도 있다. 그동안 자극을 더 주거나 덜 주었던 것일 수도 있다. 만일 조시가 해야 할 일들이 너무 적다면 더 많은 자극과 활동을 아이에게 주도록 한다. 반면에 이것저것 너무 많은 활동들 때문에, 친구와 만나고, 생각하고, 놀 시간이 없었다면, 조시는 과도한 자극을 받았거나 많은 일에 눌린 것일 수도 있다. 이런 경우라면 자극을 줄이도록 한다.

어쩌면 조시는 안정감을 느끼지 못하는 것일 수도 있다. 그럴 경우 아이의 정서 안정에 도움이 되는 방법이나 적당한 활동 등을 생각해 볼 필요가 있다. 또는 가족 규칙이 융통성 없이 지나치게 엄격해서 사랑받는다는 느낌을 받지 못할 수도 있다. 부모가 융통성 없이 엄하게 할 때, 자녀는 자기 본연의 모습이 아닌 다른 사람이 되라고 부모가 강요하는 것으로 받아들인다.

자극(삶의 활기를 느끼게 하는 접촉에 대한 욕구): 뭔가를 좀 합시다!

앤드류는 그냥 아무것도 하고 싶어 하지 않는 것처럼 보여요. 아이에게 같은 것을 자꾸 반복해 보는데요, 반응이 없어요. 결국 저는 아이를 그냥 내버려두게 돼요.

감정을 드러내지 않고 기운 없이 풀이 죽어 있는 아이들이 있다. 앤드류의 정서는 무미건조하다. 삶이 지나치게 단조롭거나 반복적이거나 지루하면, 어른이든 아동이든 그 정서는 메말라 간다. 우리 모두는 다양한 활동, 도전, 흥미진진함, 감동이 필요하다. 앤드류에게는 이 모두가 다 필요한 것인지도 모른다.

아이가 처져 있다고요? 저는 우리 노아가 제발 조금이라도 그랬으면 좋겠네요. 노아는요, 집을 계속 난장판으로 만들어 놓는답니다.

과도하게 흥분해서 활동하는 노아는 이렇게 생각할지도 모른다. '여기에는 내가 할 수 있는 자극과 활동이 너무 많아요(혹은 적어요). 그래서 내게 필요한 것이 무엇인지 알아보는 중이라고요.' 혹은 '나를 봐 주지 않으니까 부모님의 주의를 끌 방법을 찾는 것뿐이에요.'라고 생각하는지도 모른다. 또는 아이의 감정을 통제하기 위해 더 강하고 분명한 규칙이 필요한 순간일 수도 있다.

확신(안정감을 주고 삶을 예측할 수 있도록 돕는 물리적·사회적·심리적 체제를 갖고 싶은 욕구): 누가 책임을 지나요?

글쎄요, 우리 엘레나는 규칙을 가볍게 여기고 제가 화를 내면 비웃지요.

만일 엘레나가 두 살이 넘었는데도 규칙을 업신여기고 비웃는다면, 아이에게는 건강한 내적 구조가 필요하다. 규칙이 없었거나 엄하지 않았다면 부모는 이제 일관성 있게 규칙을 가르쳐야 한다. 반면 규칙과 같은 구조가 너무 엄격했다면 느슨하게 풀어 주어야 한다. 모든 면에서 지나치게 제한하는 것은 종종 반항심이나 수동성 등을 불러일으킨다.

브라이언은 그러지는 않아요. 그 애는 혼내는 걸 심각하게 받아들여요. 하지만 아이가 뭘 하든지 항상 쫓아다녀야만 해요.

자주 혼나는 브라이언은 "난 가족 규칙을 잘 몰라요."라고 말하는 것과 같다. 가족 규칙에 대해 부모의 의견이 일치하지 않거나 일관되지 않을 수 있다. 브라이언에게는 규칙적으로 수행할 수 있는 분명하고 안정된 규율이 필요하다.

어쩌면 아이는 "나를 좀 인정해 주세요. 이게 내가 엄마, 아빠의 주의를 끄는 유일한 길이라고요."라고 말하고 있는지도 모른다.

아니면 너무 많거나 적은 활동이나 자극 때문에 이런 행동을 할 수도 있다.

청소년을 위한 '확·인·자'

사춘기 우리 아이는 친구들과 이야기하려고 해요. 애들은 나를 구닥다리라고 생각하죠. 그러니까 저도 자꾸 물러서 있게 돼요.

물러서지 말고 아이들과 계속 정서적으로 가까이 있도록 노력하라. 미국에서 12,118명의 중고등학생을 대상으로 청소년 건강에 대한 장기적 연구를 실시하였다. 이 조사를 통해 부모와의 정서적 유대가 십 대들의 건강에 가장 중요한 요소임이 밝혀졌다. 부모와 좋은 관계를 유지하고 부모가 자신을 소중히 여긴다고 느끼는 청소년은 그렇지 않은 청소년들보다 담배와 술, 마약과 조기 성경험이 낮았다.

어른에게도 욕구가 있다

어른들 역시 갈망하는 것이 있다. 할 일을 결정하지 못하고 시간을 질질 끄는 모임에서 회의를 해 본 적이 있는가? 최근에 그런 회의에 참석했던 윌리엄은 사람들이 규칙 및 구조가 없는 불안정한 상황에서 어떻게 반응했는지 다음과 같이 이야기하고 있다. 어떤 이들은 불안정한 상황을 직접적으로 언급했다.

- 목표를 세우고 실행해 나갈 수 없을까요?
- 소그룹으로 나누어서 무엇을 해야 할지 결정합시다.
- 이번 건도 지난번에 했던 방식으로 하면 될 것 같은데요.

이것이 효과가 없자 어떤 이들은 안면이나 트자고 제안하기도 했다.

- 서로 소개도 하지 않고 있으려니 좀 불편하네요.
- 회의실을 다른 곳으로 옮깁시다.
- 이름표를 달까요?

어떤 이들은 주제에서 벗어난 이야기를 하기도 했고, 창문 밖을 보기도 했으며, 모든 의견에 반대하거나 진행을 방해하기도 했다. 마침내 규칙이 세워지고 목표가 성립되자 사람들은 침착해졌고 그 모임은 비로소 성과를 낼 수 있었다. 만약 앞으로 사람들의 욕구가 충족되지 못한 상황과 맞닥뜨린다면 '확 · 인 · 자 삼각형'을 떠올리고 당신 자신의 욕구에 대해 생각해 보자. 그러고 난 후 무엇을 할지 결정하자.

'확 · 인 · 자 삼각형'을 이용하면 자신과 다른 사람들의 행동을 살피는 데 도움을 받을 수 있으며, 우리의 욕구 충족과 다른 사람들과의 상호작용 방법에 대해 유용한 정보를 얻을 수 있다.

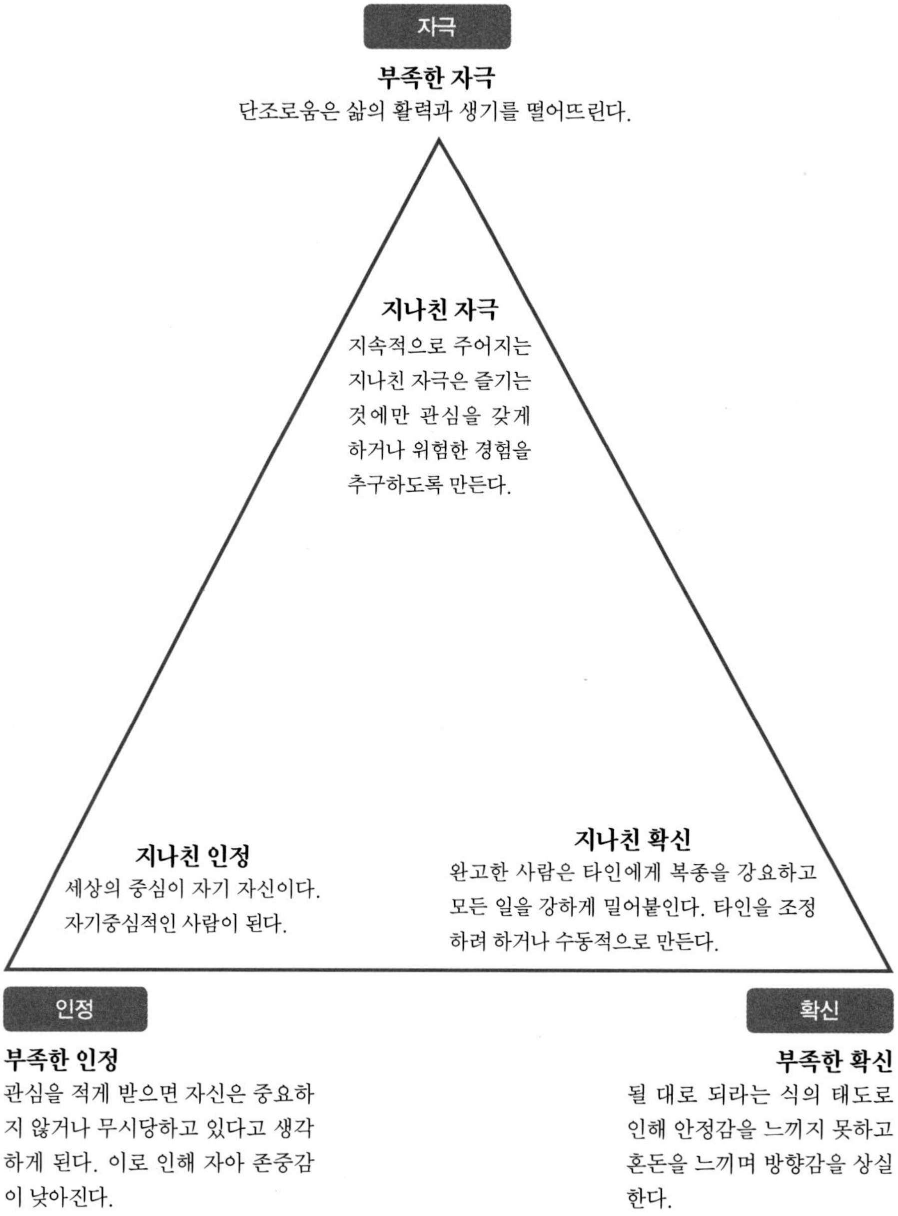
자극
부족한 자극
단조로움은 삶의 활력과 생기를 떨어뜨린다.
지나친 자극
지속적으로 주어지는 지나친 자극은 즐기는 것에만 관심을 갖게 하거나 위험한 경험을 추구하도록 만든다.
지나친 인정
세상의 중심이 자기 자신이다. 자기중심적인 사람이 된다.
지나친 확신
완고한 사람은 타인에게 복종을 강요하고 모든 일을 강하게 밀어붙인다. 타인을 조정하려 하거나 수동적으로 만든다.
인정
확신
부족한 인정
관심을 적게 받으면 자신은 중요하지 않거나 무시당하고 있다고 생각하게 된다. 이로 인해 자아 존중감이 낮아진다.
부족한 확신
될 대로 되라는 식의 태도로 인해 안정감을 느끼지 못하고 혼돈을 느끼며 방향감을 상실한다.

[그림 2-2] 인간의 욕구

제2부

부드러운 사랑을 표현하는 최고의 방법: 보살피기

위대한 사랑은 잡고 있어야 할 때와 떠나보내야 할 때를 안다.

–오라주(O. R. Orage)

보살피기란 무엇인가

보살피기: 무조건적인 사랑의 표현

긍정적인 인정과 자극을 제공할 때 우리는 누군가를 보살핀다고 말할 수 있다. 쉽게 말하면 보살피기(Nurture)는 우리 자신과 다른 사람들을 사랑하는 행위이다. 누군가를 보듬고 보살펴 줄 때 모든 사람은 자신을 더욱 멋진 사람으로 여기게 되고, 자신을 신뢰하게 되며, 성공적인 삶을 영위할 수 있게 된다. 또한 보살피기를 통해 개성을 만들어 나갈 수 있고 자신이 유능하다는 것도 믿게 된다. 보살피기는 우리의 존재와 직결되는 문제이며 노력으로 얻어지는 것이 아니다. 만일 내적 구조를 우리 삶의 피부와 뼈라고 비유한다면, 보살피기는 몸에 살을 붙이는 부드러운 조직이고 뼈가 자유롭게 움직이도록 돕는 근육이다. 사랑을 받을 때마다 우리는 스스로를 존중하는 방법을 조금씩 배워 나간다.

어린아이는 보살피고 어루만져 주고 관심을 주면서 돌보아야 한다. 생동감이 있고 충만한 삶을 위해서는 자녀에게 관심을 갖고 스킨십을 해 주어야 하는 것이다. 관심을 받지 못했거나 애정 어린 스킨십을 거의 받지 못한 아이들이 제대로 자라지 못했거나, 혹은 죽기까지 했던 전례를 통해 우리는 보살피는 일이 얼마나 중요한 것인지를 잘 알 수 있다.

관심(혹은 인정)을 주고 적절한 스킨십(혹은 자극)을 줄 때 아동은 살아갈 수 있다. 물론 관심과 스킨십에도 건강한 형태와 그렇지 못한 형태가 있다. 구타당하고 학대받고 성적으로 추행당한 아동들은 건강하지 못한 형태로 관심을 받은 경우이다. 이런 아동들은 가짜스로 성장해 간다. 건강한 스킨십과 사랑을 받지 못한 아동들은 자신에게 주어진 건강하지 못한 자극에도 억지로 살아내려고 애를 쓰면서 희망이나 기쁨, 자신감 없이 자라난다. 반면에 부드러운 보살핌과 사랑의 스킨십을 듬뿍 받고 성장한 사람은 삶을 충만하게 살고 자신의 사랑을 자녀에게 자연스럽게 표현할 수 있다.

부모로부터 건강한 양육을 받지 못했기 때문에 내 아이에게만은 좋은 양육을 하리라고 굳게 결심한 사람이 있을 수 있다. 하지만 이들은 대개 올바른 방법을 알지 못하기에 그 방법을 배울 필요가 있다. 새로운 방법을 배워 나갈 때는 굳은 결심과 시간, 계속적인 성찰이 필요하며, 때로는 불편도 감수해야 한다. 그러나 배워 가는 과정 속에는 기쁨이 있다. 자녀들이 멋지게 변해 가는 모습을 지켜볼 수 있고, 자기 자신을 사랑하는 방법을 알게 될 것이다. 그리고 이로 인해 우리의 마음은 자신감과 희망으로 차오르게 될 것이다.

돌보기와 지지: 무조건적인 사랑의 표현

아이들에게 필요한 것은 무엇인지 살펴보는 것으로 사랑에 대한 이야기를 시작해 보자. 여기에서 우리는 자신의 자녀 양육 방법과 자신이 받았던 양육 방법들을 되돌아 볼 수 있을 것이며, 자신을 보듬고 사랑하는 방법을 생각해 볼 수 있을 것이다. 먼저 사랑을 충분히 받은 아동과 그렇지 못한 아동에 대해 생각해 본 후, 건강한 돌봄이 결여되었거나 현재 결여되어 있는 성인들에 대해서도 이야기할 것이다. 그리고 이런 상황에서 자기 자신을 치유할 수 있는 방법에 대해 논의할 것이다. 아마 우리 내면에 있는 어린아이를 따스하게 다시 돌보아(Care) 주고 지지(Support)해 주어야 할 수도 있다.

진정한 보살피기는 두 가지 형태로 나타나는데, **부모 주도형 돌보기**(assertive care)와 **아이 지지형 돌보기**(supportive care)가 그것이다. 부모 주도 돌보기는 돌보는 사람이 아동이 보내는 신호와 욕구에 대해 인식하고 이해하며 알아서 적절히 반응하는 것을 의미한다. 돌보는 사람은 아동의 욕구가 무엇인지 판단하고, 아동의 욕구를 중요시하며, 아동에게 잘 돌볼 것이라는 믿음을 주고, 아동이 신뢰할 수 있는 방법으로 반응해야 한다. 반면에 아동이 자기 의지대로 수용하고 거절하고 조율할 수 있도록 돌보는 방식은 아이 지지 돌보기이다.

부모 주도 돌보기와 아이 지지 돌보기의 토대는 무조건적인 사랑이다. 이것은 다음과 같이 표현될 수 있다.

- "네가 여기 있기 때문에 사랑하고 돌보는 거란다."
- "네가 너이기에 사랑한단다."
- "어떤 조건 없이도 넌 사랑받을 자격이 있어."
- "너의 있는 그대로를 사랑한단다."
- "너를 사랑하고 기쁜 마음으로 돌봐 줄 거야."
- "사랑해."
- "너를 알게 되어서 정말 기뻐."
- "네가 내 아이라는 것이 기뻐."

무조건적인 사랑에는 가격표가 달려 있지 않다. 가치를 매기는 어떤 잣대도 없으며 자녀가 무엇인가를 잘해서 사랑하는 것도 아니다. 아무 조건 없이 그냥 사랑하는 것이다. 필요로 하는 만큼, 그리고 필요할 때마다 주는 사랑이다. 이렇게 사랑을 받은 아동은 자연스러운 방식으로 발달 과업을 수행하고, 잘 성장하며, 편안하게 사랑을 받아들일 수 있다. 부모가 자녀에게 줄 수 있는 가장 큰 선물은 이런 사랑을 경험하도록 하는 것이다.

애정이 있는 보살피기는 다음과 같은 방법으로 자녀를 돌봐 주는 것을 말한다.

- 영양가 있는 음식을 제공한다.
- 신체, 정신, 영혼을 강건하게 할 기회를 제공한다.
- 발달 과업의 성취를 격려한다.
- 마음을 다치게 하는 것이 아닌, 마음을 살찌우는 환경과 활동을 제공한다.

사랑하기로 결심하기

사랑은 주변에서 흔히 듣는 이야기이다. 하지만 단지 사랑하는 마음만 가지고는 충분하지 않다. 왜냐하면 자녀는 당신의 사랑을 알 수 없기 때문이다. 사랑을 주고받는 것은 배우고 연습해야 하는 과정이다. 사랑한다고 말한다고 해서 사랑이 저절로 생기는 것은 아니다. 무조건적인 사랑은 언어로도 표현되지만 행동을 통해서도 전달되어야만 한다.

사랑의 언어는 애정이 가득한 행동과 일치되어야 한다. 사랑한다고 말하면서 어깨를 토닥여 주고, 손을 잡아 주고, 이야기를 들어 주고, 따뜻한 눈으로 바라봐 주는 등의 행동이 따라야 한다. 무조건적인 사랑을 귀로 듣고 몸으로 느낀 아이들은 어떻게 자신과 다른 사람들을 무조건적으로 사랑하는지를 알게 되며, 자신과 타인의 존재를 믿고 존중하는 법을 배울 수 있게 된다.

그러나 무조건적인 사랑을 베푸는 일이 쉽지만은 않다. 사랑하는 사람이 나쁜 행동으로 우리의 인내심을 시험할 때는 더더욱 그렇다. 사랑하는 것은 배우고 연습해야 하는 기술이며, 괴롭고 힘든 것을 극복해 가면서 사랑하기로 지속적으로 결심하는 과정이다.

그러나 항상 동의해 주고, 상처 주는 행동도 참아 주고, 기준에 못 미치는 일을 모른 척하고, 분노를 감추는 것은 무조건적인 사랑이 아니다. 무조건적인 사랑은 서로에게 정직하게 임하고, 서로 다르다는 것을 인정하며, 지속적으로 조율해야 하고, 서로가 책임을 지며 계속 존중하는 것을 의미한다.

무시당하고, 버려지고, 애정 어린 말을 들어 보지 못한 아동들은 사랑이란 혼란스럽고 믿을 만한 것이 못 된다고 생각한다. 사랑의 언어를 믿고 싶어 하고 믿는 척할 수는 있지만, 사실 이런 아이들은 무조건적인 사랑을 알지 못한다. 이들은 누구한테 꼭 갚아야만 한다는 조건 없이 자신과 타인을 사랑하는 법을 배울 필요가 있다. 주고받는 사랑은 연습을 통해 생기는 것이다. 사랑과 배려의 근력을 키워 보자.

잘못된 사랑

보살핌은 사랑의 선물이다. 단 왜곡되고 균형이 깨지지 않아야 한다. 그러기 위해 다음의 사항을 조심하도록 해야 한다.

- 자녀의 욕구에 민감하게 반응하고 자녀가 할 수 있는 것을 하도록 허용하면서 잘 돌봐 준다. 그러다가 이따금 자녀의 응석을 받아 주는 것에 재미를 들이기도 한다. 이때 얼마나 자주 그렇게 하는지, 왜 그렇게 행동하는지에 관해 생각해 보아야만 한다. 만일 아이의 욕구에 맞지도 않는데 단순히 자신이 만족하려고 그렇게 행동한다면, 이는 '아이는 단지 나의 부속물'이라고 말하는 것밖에 되지 않는다. 부모가 자신의 욕구를 직시해야만 자녀를 응석받이로 만들지 않는다.
- 어떤 부모들은 순교자 역할을 자처하며 자녀를 모든 일의 우선순위에 둔다. 이런 부모들은 자신을 소중히 여기지 않으며 자신이 얼마나 희생적이고 옳은지를 자녀에게 주지시킨다. 따라서 때로는 화가 날지라도 자녀의 요청을 모두 들어준다. 자신의 가치를 스스로 과소평가하는 이런 부모의 자녀들은 부모와 자신, 타인을 진정으로 소중히 여기는 법을 배우지 못한다. 왜냐하면 본받을 만한 모델이 없기 때문이다. 그래서 자녀는 부모의 그릇된 희생정신을 모방하

여 자신을 소중히 여기지 않게 된다. 혹은 부모의 비합리적 희생이 헛된 것임을 간파한 아동은 그 반대의 행동을 보일 수도 있다. 즉, 자신이 원하는 것을 얻기 위해 타인의 욕구를 무시하기도 한다. 이렇듯 어떤 이유에서든 지나치게 많이 주려고 하는 부모들은 종종 자녀를 이기적이고 편협한 사람으로 키운다.

- 어떤 부모는 무조건적인 사랑을 주는 데 일관성이 없다. 이들은 자녀의 욕구를 무시하거나 지나치게 아이의 응석을 받아 주는 것 사이에서 오락가락한다. 또 어떤 부모들은 진정한 사랑 대신에 '네가 내 방식을 따를 때 사랑해 줄 거야.'와 같이 조건을 단 사랑을 한다.

여섯 가지 보살피기 방법

부모는 자녀에게 긍정적으로, 혹은 부정적으로 인정과 자극을 줄 수 있다. 부모의 보살피기 여섯 가지 방법으로 학대, 조건적인 돌보기, 부모 주도 돌보기, 아이 지지 돌보기, 과잉보호, 그리고 방치가 있다.

학대는 난폭하게 자녀를 다루는 것을 말한다. 이는 상해, 구타, 밀어제치기, 성희롱과 같은 신체적 측면을 포함한다. 또한 모욕하기, 아플 때 비웃기, 위협하기, 고통스럽게 꾸짖기, 조롱하기와 같은 행동도 학대의 형태이다. 다른 인정을 받을 수 없기 때문에 아동은 가혹한 관심이 주어지더라도 이것에 의지해 살아남으려고 할 것이다.

조건적인 돌보기는 자녀가 노력할 때만 사랑이 주어지는 돌보기이다. '네가 나한테 잘하면 나도 너를 돌봐 줄게.'라든가, '네가 착하고 말 잘 듣고 조용히 하면 널 돌봐 줄게.'와 같은 조건을 암묵적으로 요구하는 돌보기 방법이다.

부모 주도 돌보기는 돌보는 사람이 돌봄을 받는 사람의 허락을 구하지 않고 직접 보살펴 주는 돌보기 형태이다. 부모는 자녀의 발달을 고려해서 자녀에게 필요한 것을 적절하게 줄 수 있다. 부모 주도 돌보기는 자녀가 자기 자신을 스스로 돌볼 수 없을 때 주로 행해진다.

아이 지지 돌보기는 양육자가 사랑으로 자녀와 함께 있어 주는 것이다. 이는 자녀가 도움을 요청할 때 반응하고 도움을 주는 돌보기 형태로, 자녀의 요청은 바로 수용될 수도 있고, 거절되기도 하며, 조율되기도 한다.

과잉보호는 너무 많이, 지나치게 일찍, 혹은 필요 이상으로 주며 집착하는 사랑을 말한다. 과잉보호는 자녀의 욕구보다 부모의 욕구가 우선시되므로 자녀가 능력을 계발할 수 있는 기회는 줄어든다.

방치는 부모가 지나치게 바쁘거나, 부모 자신의 욕구를 충족시키기에 여념이 없거나, 혹은 신체적 · 정서적으로 함께할 수 없는 경우에 생긴다. 아동의 욕구를 모르고, 그래서 자녀의 욕구를 채울 수 없는 상태를 말한다.

극단적인 학대와 방치의 결과는 매우 유사하고 이 둘은 아동의 욕구를 채워 주지 못한다.

여섯 가지 보살피기에 대해 자세하게 살펴보자.

학대

학대는 아이에게 신체적 · 심리적 손상 및 모욕을 주고, 직간접적으로 '넌 필요없어.'라는 메시지를 준다. 학대는 아동의 욕구를 부정하는 것이다. 예를 들어, 초등학생 자녀가 팔에 상처가 나서 집에 왔다면 학대하는 부모는 상처에 대해 신경쓰지 않는다. "훌쩍대지 마! 계속 훌쩍거리면 정말 울게 해 줄게."라고 소리 지르거나 몸을 잡고 흔든다.

이런 경우 아이가 받는 메시지는 "넌 중요하지 않아. 네게 무엇이 필요한지 난 상관 안 할 거야. 넌 사랑스럽지 않아. 존재할 가치도 없지. 원하는 것을 얻으려면 고통도 따라올 거야." 등이다.

이런 메시지가 올 때 아이의 고통은 상처가 난 팔뿐 아니라 마음에도 생기게 된다. 대부분 두려움, 공포, 분노, 위축, 외로움, 절망, 수치심, 현실에 대한 혼란을 경험한다.

그리고 학대를 받은 아이들은 다음과 같은 결정을 내리게 된다. "나는 힘이 없어.

죽어 마땅해." 혹은 "당신들 때문에라도 난 살 거야!" "내 잘못이야." 혹은 "난 모든 잘못을 다른 사람 탓으로 돌릴 거야." "나는 잘될 거야." 혹은 "나는 나쁘게 될 거야." "나도 나보다 어린 아이들을 학대할 수 있어." 반대로 "난 결코 아이를 학대하지 않을 거야." 이외에 이런 다짐을 하기도 한다. "나는 어떤 욕구도 느끼지 않아." "사랑은 존재하지 않아." "나는 혼자야. 마음에 거리를 두면서 다른 사람들을 믿지 않을 거야." "내가 먼저 비난하거나 공격하거나, 아니면 떠나 버릴 거야."

조건적인 돌보기

조건적인 돌보기는 부모가 자녀를 보살필 때 어떤 방식으로든 돌봄에 대한 대가를 바라는 것이다. 이때 부모가 자녀에게 주는 보살핌은 아동의 욕구가 아닌 부모의 욕구와 기대에 근간을 둔다.

만약, 초등학생 자녀가 팔에 상처가 나서 집에 돌아왔다면 부모는 아이에게 "뚝 그쳐! 그렇지 않으면 반창고 안 붙여 줄 거야."라고 말한다.

아이는 이런 반응을 통해 "넌 나보다 중요하지 않아. 네 욕구와 감정들은 중요하지 않아. 장난감 자동차를 갖고 싶으면 나한테 잘 보여. 네가 사랑스럽다고 믿지 마라. 사랑을 얻으려면 뭔가를 해야 해." 같은 메시지를 듣게 된다.

아이들은 이런 메시지를 통해 팔도 아프지만 마음도 아프게 된다. 두려움, 공포, 화를 느끼게 되고 자신에 대한 불신, 수치심, 부적절감을 느끼며 사랑에 대해서 믿지 못한다.

조건적인 돌봄을 받은 아이들은 다음과 같은 결정을 내리게 된다. "행동을 잘 해야 해, 다른 사람 마음에 들기 위해 애써야만 해." "나는 결코 어떤 것도 잘 해낼 수 없어." "나는 완벽해야만 해." "나는 사랑받을 자격이 없어." "사랑은 존재하지 않아." "나는 강해져야만 해." "사랑은 내게 의무를 지우고 대가를 요구해." "나는 믿지 않을 거야." "마음에 거리를 두면서 다른 사람들에게서 도망가거나 아니면 그 사람들을 비난할 거야."

부모 주도 돌보기

부모 주도 돌보기는 아동과 아동의 욕구에 대해 인식하는 것이다. 부모는 이 방식이 자녀에게 도움이 되고, 아동의 욕구와 상황에 적합하다고 생각하기 때문에 따스하고 조건 없는 사랑으로 돌보게 된다. 자녀들에게는 인정과 확신을 준다.

만약, 초등학생 자녀가 팔에 상처가 나서 돌아왔다면 부모는 아이의 상처를 애정 어린 방식으로 봐 준다. "이런, 팔이 까졌네! 아프겠구나."

이런 경우 아이가 듣게 되는 메시지는 "너를 사랑해." "너는 중요한 사람이고 네 욕구들은 중요한 거란다." "너를 돌봐 줄게." 등이다.

아이는 팔은 아프지만 마음은 따뜻해지고 편안함과 수용, 소중함, 만족감, 안도감, 안전함, 안정감, 사랑을 느낀다.

그리고 아이들은 다음과 같은 결정을 내리게 된다. "나는 중요해. 나는 보살핌을 받을 충분한 자격이 있어." "필요한 것을 요구해도 괜찮아." "내가 속한 곳은 여기야." "나는 사랑받고 있어." "타인을 신뢰하고 의지해도 괜찮아." "나는 내가 필요한 것이 무엇인지 알 수 있어."

아이 지지 돌보기

아이 지지 돌보기는 아동의 욕구를 먼저 인식하는 것이다. 아동이 자신의 의지대로 받아들이거나 거부할 수 있는 방식의 돌보기이다. 이 방식은 아동에게 확신, 인정, 자극을 주어서 아동이 자기 자신을 위해 할 수 있는 일을 생각해 내고 행동하도록 돕는다.

만약 초등학생 자녀가 팔에 상처가 나서 돌아왔다면(부모는 이미 상처를 깨끗하게 하는 방법을 가르쳤다.) 걱정스럽고 애정 어린 목소리로, "팔에 상처가 났구나. 아프지? 네가 혼자서 치료할 수 있겠어? 아니면 도와줄까?"라고 말하고 안아 준다.

이런 경우 아이들이 받아들이는 메시지는 "너를 사랑해." "넌 할 수 있어." "너를 돌봐 줄게. 네가 필요한 것을 말해 줘." "너의 행복과 안전은 내게 중요하단다." "너는 나와 분리된 독립적인 사람이야." "네가 자신에게 가장 유익한 방향으로 생각하고 결정을 내리리라 믿는다."

아이들은 팔은 아프지만 마음에는 확신이 가득 찬다. 위안, 도전, 안전, 신뢰, 돌봄을 받는다는 느낌이 든다.

그리고 스스로 내리는 결정은 다음과 같다. "나는 사랑받고 있어." "나는 내게 필요한 것을 알 수 있어." "나는 유능하고 강해질 수 있어." "나는 혼자가 아니야. 도움을 구해도 괜찮아." "나는 분리되어 있지만 또한 연결되어 있어." "나는 의존적이어야 할 때와 독립적이어야 할 때를 알 수 있어."

과잉보호

과잉보호는 지나치게 많이 주고 집착하는 돌보기이다. 이 돌보기는 아동이 부모에게 계속해서 의존하도록 만들고, 독립적인 생각을 하도록 가르치지 못한다. 또한 자신이나 타인을 책임질 필요가 없다고 가르친다.

초등학생 자녀가 팔을 다쳐서 돌아왔다면 부모는 다급하게 말한다. "이런! 세상에! 팔 좀 봐. 불쌍한 것 같으니라고. 정말 끔찍하구나. 내가 반창고 붙여 줄 테니 텔레비전 앞에 가서 누워 있으렴. 내가 알아서 다 해 줄게."

이런 경우 아이가 받아들이는 메시지는 "성장하지 마." "내 욕구가 너의 욕구보다 더 중요해." "너는 자신을 돌볼 필요가 없어. 누군가가 너를 돌봐 줄 거야." 등이다.

아이는 팔도 아프지만 마음에는 불확실함이 가득하다. 자기중심적인 만족이나 일시적인 위안을 느끼고, 자신을 정당화한다. 성인이 되었을 때는 혼란, 비참함, 무력감, 의무, 수치심, 분노 등을 느끼고, 방어적이 되며, 어느 정도가 충분한 것인지 알지 못한다.

아이들이 내리는 결정은 다음과 같다. "나는 유능하지 못하고 유능해질 필요도 없어." "내가 필요한 것을 알거나 생각하거나 느낄 필요가 없어." "다른 사람들이 나를 돌봐 줄 거야. 그러니 나는 성장할 필요가 없어. 부모에게 충실해야 해." "내 욕구를 만족시키기 위해서는 타인을 조종하거나 희생자 역할을 하면 돼." "자기중심적이어도 괜찮아."

방치

방치는 학대의 수동적인 형태이다. 방치는 부모가 정서적 · 신체적 자극을 주지 않는 경우이다. 자녀에게 시간을 할애하지 않고 아동의 욕구를 무시한다. 이 부모들은 '있으나 마나' 이다.

초등학생 자녀가 팔에 상처가 나서 돌아왔다면 부모는 상처를 무시한다. "그까짓 것 가지고 귀찮게 하지 마."

아이들이 듣게 되는 메시지는 "인정받으려고 기대하지 마." "네 욕구는 중요하지 않아." "너는 소중하지 않아." "너는 존재할 가치가 없어." "네가 필요한 것을 얻으려면 고통을 각오해."

아이는 팔과 마음이 모두 고통스럽고, 버려짐, 두려움, 수치심, 분노, 희망 없음, 무력감, 절망, 실망감을 느낀다.

이런 경우 아이들이 내리는 결정은 다음과 같다. "내가 누구인지, 무엇이 옳은지 정말 모르겠어." "나는 중요하지 않아." "나는 사랑스럽지 않아." "나는 홀로 외로이 죽을 것이고 혼자 외로이 살아가게 될 거야." "나는 도움을 받을 가치가 없어." "친구를 사귀고, 신뢰하고, 도움을 구하는 것은 불가능한 일이거나 안전하지 못한 일이지." "만약 누군가가 나를 돕겠다면 믿지 말아야 해." "인생은 고달픈 거야."

제4장

부모 주도 돌보기와 아이 지지 돌보기

유사점과 차이점

부모 주도 돌보기와 아이 지지 돌보기는 모두 조건 없이 자진해서 주는 사랑이다. 그러나 이 두 가지 돌보기에는 작지만 중요한 차이가 존재한다. 부모 주도 돌보기는 부모가 자녀에게 필요한 것을 미리 살펴서 적극적으로 먼저 사랑을 주는 것이고, 아이 지지 돌보기는 자녀가 요청하는 것에 대하여 부모가 적절하고 살갑게 반응하는 사랑이다.

영아는 돌봄을 필요로 한다. 아기들은 울거나 보채는 신호로 욕구를 나타낸다. 예를 들면 난방시설이 고장 났을 때, 엄마는 아기가 추워서 울기 전에 따뜻한 옷을 입혀 준다. 아기가 요구하기 전에 엄마가 재빨리 도와주는 이런 경우가 부모 주도 돌보기이다. 이제 아기가 신호를 보낼 때 도와주는 아이 지지 돌보기의 예를 살펴보자. 아기가 울 때 젖병을 물리거나, 젖병을 거부할 때 살며시 안아 부드럽게 흔들어 주는 등이 그 예이다. 아기는 조금 보채다가 엄마의 품속에서 만족스러워할 것이다. 이렇게 아이의 요구에 애정 어린 반응을 보이고 보살펴 주는 것이 아이 지지 돌보기이다.

아이 지지 돌봄을 받게 되면 영유아들은 의사 결정을 시작할 수 있고 자신이 느끼는 것과 필요한 것을 생각할 수 있게 된다.

이제 아장아장 걸음마를 시작한 제니는 저녁 식사 후 소파 곁의 작은 테이블 위에 있는 물건들을 가지고 이리저리 놀고 있었다. 그러다 보채기 시작했고 얼굴은 피곤해 보였다. "제니야, 아빠가 꼭 안아서 둥개둥개 해 주련?" 아빠가 이렇게 묻자 제니는 아빠 품에 안길지, 좀 더 보채고 있을지, 혹은 다른 놀이를 할지 생각하기 시작한다. 만일 제니가 더 보챈다면 아빠는 아이 지지 돌보기에서 부모 주도 돌보기로 바꿀 것이다.

아동은 성장해 갈수록 더 많은 지지를 필요로 하며, 이와 더불어 부모의 개입은 줄어들어야 한다. 하지만 다 성장해서 자신의 일을 스스로 할 수 있는 자녀도 부모 주도 돌봄을 감사하게 생각하곤 한다. 사춘기 에릭은 자신의 도시락을 직접 싸 가지고 다닌다. 어느 날 아침, 엄마는 에릭이 밤늦게까지 시험공부를 한 것을 알고 에릭의 점심 도시락을 싸서 냉장고 안에 넣어 두었다. 에릭이 도시락을 싸려고 부엌에 황급히 뛰어 들어왔을 때 엄마는 냉장고를 가리켰다. 도시락이 있는 것을 본 에릭은 기뻤다. 엄마가 도시락을 싸 준 것을 안 에릭은 자신의 수학 시험에 대한 근심을 엄마가 공감하고 있다는 것을 알았다. 도움이 필요한지 묻지는 않았지만 엄마는 에릭에게 약간의 보살핌이 필요하다는 것을 안 것이다. 이때 에릭은 애정 어린 보살핌과 지지를 느꼈다.

부모가 자녀를 잘 보살필 때, 자녀는 자신을 돌보는 방법을 배울 수 있다.

자녀가 자신의 욕구를 책임감 있게 충족시킬 수 있게 되면, 부모는 부모 주도 돌보기를 줄이고 아이 지지 돌보기를 늘려 가야 한다. 부모와 성인 자녀의 관계가 성숙해 갈수록 서로가 서로를 주도적으로, 그리고 지지하며 돌볼 수 있게 된다.

실생활에서 보는 보살피기의 예

보살피기 실천하기

정도의 차이는 있지만 대부분의 부모들은 자녀와 상호 작용할 때 앞의 여섯 가지 방법을 모두 사용한다. 보살피기를 2차선 고속도로에 비유해서 생각해 보자. 가운데에 있는 두 차선은 각각 부모 주도 돌보기와 아이 지지 돌보기에 해당한다. 조건적인 돌보기와 과잉보호는 갓길에 위치하며 학대와 방치는 도랑이다. 갓길을 운전하거나 도랑에 빠진다면 길 가운데로 돌아와야만 한다. 그러나 지나치게 방향을 틀어서 반대편의 갓길이나 도랑으로 빠지는 것도 피해야 한다. 결국 운전을 때는 최대한 차선 안에서 주행해야 한다.

다음에 나와 있는 일반적인 자녀 양육 상황의 예를 보면서 우리가 자녀를 어떻게 돕고 있는지 알아보고 양육 기술을 향상시켜 보자. 먼저, 제시되는 가족이 나의 가족이라고 가정하고, 부모 주도/아이 지지 돌보기가 우리의 상황에 어떻게 도움이 될 지 생각해 보자. 제시된 부모 주도/아이 지지 돌보기의 예시가 도움이 안 된다고 생각하면 우리 가족에 맞게 다시 적어 보자. 그러나 무조건적인 사랑을 바탕으로 결정하고 적어야 한다는 사실을 잊지 말아야 한다.

예시 1

상황: 한 살배기 아기가 모든 것을 입에 집어넣으려 한다.

부모의 반응

- 학대: 아기에게 큰 소리를 지르고 때리면서 입 안의 물건을 빼낸다.
- 조건적인 돌보기: 인상을 찡그리면서 "네가 그렇게 하면 엄마가 예뻐할 수가 있겠니? 그만하고 말 잘 들어야 착하지."라고 말한다.
- 부모 주도 돌보기: 위험하고 깨질 만한 물건들을 아기가 노는 방에서 치운다. 아기가 새로운 것을 탐구하려는 자세에 대해서는 칭찬해 준다.
- 아이 지지 돌보기: 아기가 입에 넣어도 안전한 장난감을 다양하게 준다.
- 과잉보호: 아기가 모든 것을 깨물어 보고 싶어 하므로, 물건을 못 쓰게 만들어 놓아도 내버려둔다.
- 방치: 아기가 색종이나, 담배꽁초, 아스피린, 세제를 입에 넣어도 알아채지 못한다.

예시 2

상황: 네 살 남자 아이가 여자의 옷을 입고 논다.

부모의 반응

- 학대: "변태 같으니라고!"라고 말하면서 아이가 입고 걸친 것들을 낚아채고 아이를 두들겨 팬다.
- 조건적인 돌보기: "남자답게 행동해야지. 우리 집에는 그런 남자는 없단다. 네가 그러면 우리 아들이 될 수 있을까?"
- 부모 주도 돌보기: "옷 차려입는 것이 재미있는 모양이구나."라고 따스하게 말해 준다.

- **아이 지지 돌보기**: 차려입을 수 있는 다양한 옷가지나 신발, 모자 등의 액세서리를 제공한다.
- **과잉보호**: 카우보이, 해적, 슈퍼맨의 의상과 같이 남자답고 화려한 의복을 많이 사 준다.
- **방치**: 상상 놀이를 위한 어떤 도움이나 지원도 해 주지 않는다.

예시 3

상황: 일곱 살 난 아이가 친구들에게 소외를 당해 슬퍼한다.

부모의 반응

- **학대**: "그 애들을 뭐라고 할 게 아니라니까. 누가 너 같은 울보랑 놀고 싶겠니?"라고 말하며 자녀의 귀를 잡아 비튼다.
- **조건적인 돌보기**: 한숨을 쉬며, "네가 인기 있는 아이가 되기를 그렇게 바랐건만."이라고 말한다.
- **부모 주도 돌보기**: "나는 너를 사랑하고, 네가 멋진 애라는 걸 알아. 친구들이 너를 두고 가 버렸다니 마음이 아프구나. 오늘 네가 할 수 있는 다른 일은 뭐가 있을까?"
- **아이 지지 돌보기**: "내가 너만 할 적에 친구들이 떠나 버려서 슬펐던 때가 생각나는구나. 기분 정말 안 좋지. 내가 네 편이라는 걸 잊지 말렴. 혹시 내가 도울 수 있는 게 있을까?"
- **과잉보호**: "새 장난감 사다 줄게. 그러면 네 친구들이 너와 놀고 싶어 할 거야."
- **방치**: 그런 일이 있었는지도 모르거나 그런 일은 별것 아니라는 듯이 말한다.

예시 4

상황: 다른 도시로 이사를 가려고 하는데 여덟 살 자녀가 이사 가고 싶어 하지 않는다.

부모의 반응

- 학대: "울보 같으니라고. 자꾸 징징거리면 정말 울게 만들어 줄 거야."
- 조건적인 돌보기: "할 일이 태산이란다. 착한 아이답게 짐 싸는 걸 도와줄 수 있겠니?"
- 부모 주도 돌보기: 자녀의 눈물을 보고 그 의미를 안다. 아이를 안아서 위로해 주고, 이사 가는 아이의 경험이 담긴 책을 읽어 주며 이야기를 나눈다.
- 아이 지지 돌보기: "친구들과 함께했던 곳을 떠나는 건 참 힘든 일이지. 친구들에게 작별 인사를 하길 바라니?" 아쉬워하는 아이를 위해 친구들과의 작별 파티를 마련해 준다.
- 과잉보호: "정말 미안하구나. 네 나이였을 때 나는 두 번 이사를 했단다. 새 집에서 네가 원하는 침실을 고를 수 있게 해 줄게. 그리고 가구도 새로 바꿔 줄게."
- 방치: 자녀의 아픔을 눈치채지 못한다.

예시 5

상황: 열 살 난 아이가 전자 기타를 치고 싶어 한다.

부모의 반응

- 학대: "네까짓 게 전자 기타를 연주하고 싶다고?" 조소하듯 말하며 비웃는다.
- 조건적인 돌보기: 칭찬 하나 없이 실수에만 초점을 두거나, 다른 걸 하도록 강요한다. "네 스키 장비를 새 걸로 사야 하기 때문에 전자 기타 살 돈은 없어."
- 부모 주도 돌보기: "금요일에 악기상점에 함께 가서 전자 기타를 빌릴 수 있는지 알아보자."
- 아이 지지 돌보기: "연주하는 건 어떻게 배울 거니? 학교 방과 후 프로그램에서 배울 수 있을까? 아니면 선생님을 찾아야 하니? 같이 찾아볼까?"
- 과잉보호: "자, 너 주려고 클래식 기타 사 왔어. 이거 굉장히 비싸고 좋은 거야. 이게 전자 기타보다 더 좋은 거야."
- 방치: 자녀의 요구를 무시하거나, 악기를 사 준다고 약속하고는 잊어버린다.

예시 6

상황: 사춘기의 자녀가 2차 성징을 경험하기 시작한다.

부모의 반응

- **학대**: 여드름이 나거나 가슴이 발달하거나, 혹은 목소리가 변하는 것을 보고 놀린다. 예를 들어 이제 막 발달하기 시작한 가슴을 콕콕 찌르는 식의 성적인 방식으로 놀린다.
- **조건적인 돌보기**: "네가 성숙하기 시작했구나. 어렸을 때가 더 예뻤는데, 그냥 어린아이로 있었으면……"
- **부모 주도 돌보기**: 사랑이 담긴 목소리로 말한다. "네 몸이 어른스러워지고 있네. 이제 사춘기에 들어선 거야. 그리고 더욱 성숙해지는 거지. 이건 경이롭고 멋진 변화란다. 나는 너의 있는 그대로를 사랑한단다." 안아 주고 어깨를 두드려 주는 등 성적인 느낌이 없는 방식으로 자녀를 어루만져 준다.
- **아이 지지 돌보기**: "네 인생에서 중요한 이정표가 되는 이 순간을 축하해 주고 싶구나. 어떻게 축하받고 싶니? 아니면 내가 알아서 생각해 볼까?"
- **과잉보호**: "네가 어른이 되어 가기 시작했구나. 정말 기뻐! 이제 네가 친구들과 파티를 열 수 있는 나이가 되었구나. 이번 주 금요일에 친구들과 파티하게 해 줄까?"
- **방치**: 자녀의 신체 변화를 알아채지도 못한다. 또는 자녀를 어루만져 주지 않는다(어떤 부모들은 건강하고 애정 어린 어루만짐을 성적인 문제로 혼돈해서 자신과 다른 성별의 십 대 자녀들을 보듬어 주지 않는다. 그러나 사춘기에 있는 모든 아이들은 불안함을 느낀다. 지속적으로 건강하고 안전한 방식으로 쓰다듬고 어루만져 주어야 한다).

예시 7

상황: 십 대 아들이 술 마시기를 강요당하는 환경에 처해 있다.

부모의 반응

- **학대**: 계속해서 아이의 물건들을 뒤지고 전화 내용을 엿듣는다. 아들이 참석했던 모임에 술이 있었다는 것을 알고는 아이를 때린다.
- **조건적인 돌보기**: "술을 마시지 않으면 너를 사랑할 수 있을 텐데." 혹은 "한 번만 더 술 마시면 차라리 내가 죽겠다."
- **부모 주도 돌보기**: 십 대에게 술을 주지 않는다. 십 대 자녀가 술 마시는 또래 친구들과 함께 다니지 않도록 스케줄을 조정한다.
- **아이 지지 돌보기**: 술을 마시지 않도록 돕는다. 또래 친구가 술을 마시도록 압력을 가할 수 있음을 말해 준다. 그 상황을 극복하는 데 도움이 되는 방법을 이야기해 본다. 자녀가 이 문제에 잘 대처하고 해결 방법을 생각해 내도록 격려하며, 문제를 극복하면 이를 축하해 준다.
- **과잉보호**: 십 대 자녀를 위해 술을 사다 준다.
- **방치**: 부모가 정서적으로, 신체적으로 자녀와 함께 있어 주지 않는다. 자녀가 술을 마시거나 취한 것을 알아채지 못한다.

보살피기 고속도로

보살피기 고속도로에서 2개의 가장 안전한 차선에 위치한 양육 방법은 부모 주도/아이 지지 돌보기이다. 이 두 방법은 자녀에게 적절한 인정과 자극을 주는 돌보기 방법이다. 조건적인 돌보기("나는 네가 ……할 때만 사랑할 거야.")와 과잉보호("너를 정말 사랑하니까, 필요한 것 이상으로 해 줄게.")는 도로의 갓길에 위치한다. 학대와 방치는 도랑에 자리하고 있으며, 여기서 차선으로 돌아가기 위해서는 견인차의 도움이나 외부의 도움이 필요하다.

자녀 양육을 운전에 비유하여 생각해 보자. 우리는 운전을 할 때 차선을 유지하면서 안전하게 운행하기 위해 최선을 다한다. 그러나 운전자는 때때로 갓길로 빠질 때도 있다. 이때, 과하게 방향을 틀어 반대편 갓길이나 도랑에 빠지지 않도록 주의하자. 만약 방향이 틀렸다면 다시 도로 위로 돌아와야 한다. 운전을 많이 해 본 사람이라면 도랑으로 가려는 의도가 없을 때도 그곳으로 빠질 수 있다는 것을 알 것이다. 자녀에게 보살피기 고속도로를 설명해 주면서 당신의 목표가 도로 위에 머물러 있는 것임을 알려 줄 필요가 있다. 이는 자녀가 당신의 양육 목표를 이해하는 데 도움이 될 것이다.

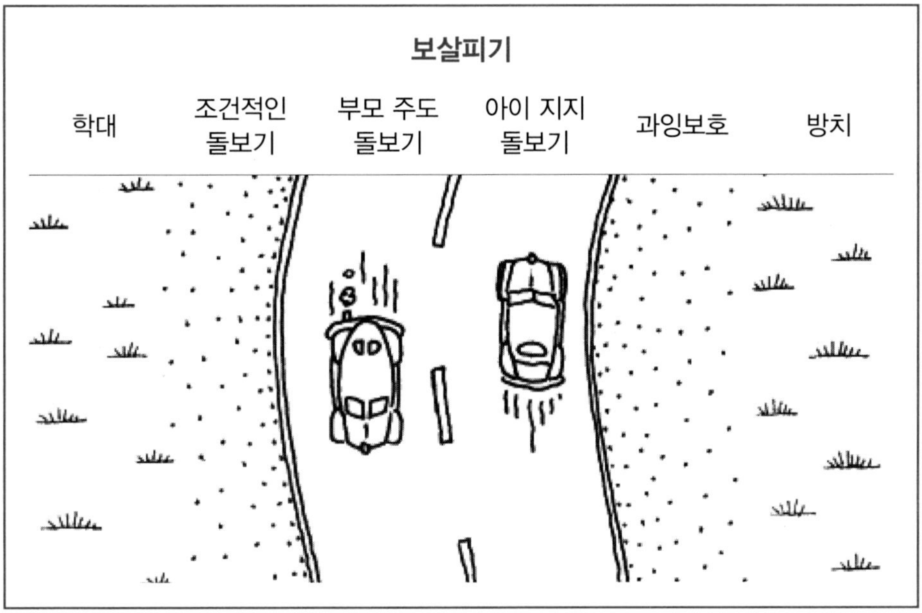

제6장

사랑이 전달되지 않을 때

때로 말이나 행동으로 전하는 사랑이 상대에게 통하지 않거나, 의도했던 것만큼 상대방의 마음에 전해지지 않기도 한다. 조건적인 사랑으로 양육된 사람들은 사랑을 있는 그대로 받아들이지 못한다. 왜냐하면 자신이 받은 사랑보다 더 나은 것이 있다는 것을 모르기 때문에 부분적으로만 사랑을 받아들이게 되고, 그것이 더 안전하다고 느끼기 때문이다.

자녀가 사랑을 받아들이도록 돕기

자녀가 사랑을 거부하거나 사랑의 메시지를 비난으로 받아들이는 경우가 있다. 또 사랑을 받아들이지 못하고 부끄러운 것이라고 여기기도 한다. 그렇다면 이는 자녀가 심리적으로 건강하지 못하고 발달 단계에 따른 욕구를 알지 못하는 사람으로부터 부적절한 양육 및 교육을 받았을 수도 있음을 의미한다. 이것이 사실이라면 우리는 자녀를 보호하고 도움을 구해야 한다.

이와 같은 극단적인 상황이 아닌데도 아이가 사랑을 받아들이지 않는다면, 그것은 일관되지 못한 태도로 자녀를 양육했던 것은 아닌지 돌아봐야 한다. 만약 그렇다면 자녀에게 그 사실을 솔직히 이야기하고, 변화할 것임을 말해 주도록 한다. 그러고 나서 다음의 내용을 실천해 보자.

- 우리가 보내는 사랑의 메시지를 자녀가 잘 받아들였는지 확실하게 모르겠다고 자녀에게 말하는 것이 좋다. 자녀에게 반응하라고 요구하지는 않아야 한다.
- 부드럽게 접촉하고, 사랑의 메시지를 직접적으로 이야기하고, 반복적으로 전한다. 만일 효과가 없다면 장난스럽게 큰 소리로 말하거나 노래로 들려주는 것도 좋다.
- 우리의 메시지가 의도대로 전해지지 않았을 때는 의도대로 되지 않았다고 솔직히 말하고 다시 시도해 보고 싶다고 말한다. 메시지를 다른 말로 표현해 본다. 즉각적으로 반응하기를 기대하지 않는 것이 좋다.
- 메시지를 자신에게 말해 보자. 나에게는 사랑의 메시지로 들리지 않다면 제대로 된 방법으로 다시 고쳐 말해 보려고 노력한다.
- 보살피기 방식을 바꾸고 싶다고 자녀에게 말하는 것이 좋다. 만일 자녀가 충분히 이해할 나이가 되었다면, 어떻게 표현하면 좋을지 자녀에게 직접 물어보는 것도 도움이 된다.
- 자녀가 선호하는 사랑의 표현을 잘 아는 것이 중요하다. 어떤 아이는 듣는 것을 좋아하고, 어떤 아이는 보는 것을 좋아하며, 또 어떤 아이는 느끼는 것을 선호한다.
- 우리 자신을 수용하고 사랑하는 법에 대해서도 생각한다.
- 사랑을 잘 수용하는 다른 사람들을 살펴본다.

자녀가 사랑을 위협으로 느낀다면

만약 앞의 제안들이 효과가 없다면, 아마도 사랑을 믿지 않거나, 이를 위협이라고 여기는 자녀와 상호 작용하고 있는 것이다. 그렇다면 생애 초기의 트라우마나 애착 문제를 배우는 것이 좋을 것이다. 태아기 혹은 출산 전후기에 트라우마를 경험했거나, 그 이후에 학대나 방치, 신체적 · 정서적 고통을 자주 경험했던 아동은 사랑은 안전한 것이 아니라고 믿게 된다. 이 아이들은 돌봐 주는 그 누구도 신뢰할 수 없게 되고, 사람을 믿지 않는 것이 현명하다고 생각한다.

이런 아동들은 누군가가 자신을 지지하며 돌봐 주는 것을 두려워할 수 있으며, 자신이 그러한 사랑을 받을 가치가 없다고 여긴다. 그리고 마음을 열면 결국 상대방은 자신을 무시하고, 버리고, 떠나 버릴 것이기 때문에 마음의 문을 여는 것은 자신을 다치게 한다고 믿는다. 또한 이런 아동들은 자기 자신을 완벽히 통제해야 한다고 생각한다. 심각한 경우, 사랑을 받아들이면 통제력을 완전히 잃게 된다고 느끼기 때문에 두려움에 빠지곤 한다. 그래서 몸과 마음을 강력한 철갑으로 무장하고 자신을 방어한다. 이들에게 이것은 삶과 죽음의 문제처럼 심각하다. 그리고 나쁜 짓을 해서라도 부모의 관심을 끌려고 한다. 부모의 부정적인 관심은 학대가 될 수 있지만 이 아이들에게는 부정적인 관심이 익숙할 뿐만 아니라 그것이 유일하게 부모를 통제할 수 있는 방법이라고 생각하기 때문이다.

생애 초기에 내린 자기파괴적인 결정에서 회복되도록 도우려면, 부모는 동정하지 않으면서 자녀의 경험을 이해해 주어야 한다. 자녀가 초기 결정을 돌아보도록 도와주고 새로운 결정을 내릴 때까지 기다려 줘야 한다. 단지 자녀를 가엾게 여기는 것은 도움이 되지 않는다. 불쌍하게 여기기만 하면 자신을 희생자로 생각하고 책임을 회피하게 된다. 다음과 같이 이야기해 보는 것이 도움이 된다. "네게 일어난 일로 마음이 아파. 그 일은 일어나서는 안 되는 거였어. 이제는 더 이상 그런 일이 일어나지 않게 할게."

자녀의 감정을 공감해 주는 동시에, 계속해서 가족의 일상생활에 참여하게 하고 규칙을 지키도록 해야 한다. 부모는 자녀에게 무한한 사랑만으로 과거의 상처를 낫게 해 주고 싶기 때문에 쉬운 일은 아니다. 하지만 마음속 내적 구조 없는 무한한 사랑은 자녀를 반만 치료하는 것이다.

부모의 사랑이 안전하다는 것을 보여 주고 가족의 규칙과 개인의 한계를 시험해 나갈 때도 사랑과 지지를 보여 주어야 한다. 자신을 고아 같다고 느끼는 아동은 무조건적인 사랑을 경험하기 이전에도 종종 규칙을 잘 수용하곤 한다.

유대감과 애착

유대감(bonding)의 정의는 넓은 의미에서 다르게 쓰이지만 여기서는 아기가 엄마의 자궁으로부터 나오자마자 엄마와 신체적으로 다시 연결되는 느낌을 갖고, 아빠와도 그런 느낌을 갖는 것이라 본다. 이러한 유대감을 가질 시간이 없었다면 문제가 될 수 있다. 그러나 곧 부모나 지속적으로 돌봐 주는 사람들이 애정과 확신으로 보살펴 준다면, 신체적 유대감의 부족에서 기인한 문제들을 쉽게 극복할 수 있다. 윌리엄 시어스가 공저한 『애착의 기술』(김세영 역, 푸른육아)과 『애착육아』(노혜숙 역, 푸른육아)는 유대감과 애착의 문제를 이해하는 데 도움이 될 것이다.

다른 사람과의 관계를 맺고 연결되는 느낌을 갖는 과정을 애착이라 하며, 이 과정에서 영아는 신뢰를 배워 간다. 그렇기 때문에 애착은 매우 중요하다. 애착(attachment)은 생후 1년 내에 아기와 돌봐 주는 사람 사이에서 삶의 모든 과정을 통해 형성된다. 아기들은 초기에 돌봐 주는 사람이 얼마나 신뢰할 만한지를 느끼고, 그 인식에 근거하여 이후에 만나게 될 사람들과 어떻게 관계를 맺어 나갈 것인지에 대한 생각의 틀을 만들게 된다. 이 생각의 틀을 통해서 자신과 타인을 바라보게 되며, 이에 근거해서 성인이 된 후 인간관계를 맺게 된다.

애착과 춤

애착 관계를 발달시키는 것은 새로운 친구와 함께 춤을 배우는 것과 같다. 친숙한 파트너와 함께 춤을 추게 되면 우리는 자신감과 들뜬 기분으로 신나고 멋지게 무대를 누비며 춤을 출 수 있다. 그러나 새로운 파트너와 추게 되면 발을 헛디디기도 하고 넘어지기도 한다. 애착도 마찬가지이다.

서로가 서로에게 보내는 신호와 감정을 느끼고 배워 가면서 둘의 춤 실력이 늘게 되듯이, 아기와 양육자 역시 서로에게 보내는 신호와 감정을 통해 애착을 발달시킨다. 아기는 혼자 할 수 없는 것이 많기에 양육자와 가까운 관계를 유지해야만 필요한 것을 얻을 수 있다. 아기가 도와 달라는 신호를 보낼 때 양육자가 제때에 세심하고 믿음직스럽게 대응해 주면, 아기는 양육자와 자신의 삶이 안전하고 좋은 것이라고 느끼게 되고 결국 편안함과 안전함을 느끼면서 애착을 형성한다.

비포장도로에서 삶을 시작한 아동에게 희망과 도움이 되는 것

영아가 양육자를 신뢰하지 않기로 결정하는 이유들은 다양하다. 제때에 돌보아 주지 않았거나, 일관성이 없었거나, 학대 또는 방치를 했거나, 혹은 양육자가 아예 없는 것이다. 이런 경우, 아기들은 상처로부터 스스로를 보호하며 사랑을 얻는 나름의 방법을 찾아 간다. 그리고 불안정한 애착 관계를 발달시켜 나간다.

양육자가 인내심을 갖고 지속적으로 사랑을 주면, 세상에 대해 불안을 느끼던 아기들도 자신들의 초기 결정을 바꾸게 된다. 이를 위해 양육자는 무조건적인 사랑으로 아기를 보살피는 동시에, 규칙과 한계 또한 잘 만들어 줘야 한다. 이런 과정이 반복되고 시간이 흐르면 아동은 어른을 신뢰하는 것을 배우게 된다.

만약 아동이 애착에 깊은 상처를 가지고 있다면, 부모의 지속적이고 끈질긴 노력과 함께 전문가의 도움도 필요하다. 양육자와 장기간, 또는 여러 차례 분리를 겪은 경우, 혹은 부모가 심한 우울증을 앓았거나 일, 도박, 오락, 중독에 빠져 자녀와 정서적으로 함께할 수 없었던 경우라면 더욱 전문가의 도움이 필요하다. 이외에도 아주 어린 나이에 마취 없이 수술을 받았거나 출생에 대한 정보 없이 입양된 경우, 또는 학대하는 부모에게서 자랐던 아동들은 전문가의 도움이 절실하게 필요하다.

이런 아동을 양육하기 위해서는 많은 인내와 기술이 필요하다. 안정된 애착 관계를 형성한 아동에게 하는 방법과는 다르게 불만족스러운 애착을 경험한 아동을 양육할 때는 이 아동이 이전에 내렸던 결정을 탐색하고 어디에서 문제가 있었는지 알아내야 한다. 그리고 부모의 방법이 효과가 없다면 전문가를 찾아야만 한다.

결코 늦지 않았다

만약 나 자신에게 애착의 문제가 있다고 생각되면 다음의 사항들을 시도해 보는 것이 도움이 된다.

- 애착의 문제를 이해하고 그 문제를 다루는 방법을 아는 심리상담가를 만나 본다.
- 가능하다면 태아 시절부터 시작해서 생애 초기에 있었던 일에 대해 조사해 본다. 가족의 오랜 지인들이나 어르신들은 당신이 궁금해하는 생애 초기의 일들 중 일부를 알고 있는 경우가 많다. 그러나 이들이 이런 대화 주제를 별로 좋아하지 않을 수도 있음을 알아 두자.
- 부모가 아닌 다른 사람의 집에서 자란 적이 있다면 이전의 양육자를 찾아가서 나에 대한 기억에 대해 물어본다. 내가 이전 양육자들의 양육을 어떻게 생각하고 있는지도 살펴보자.

부모에게든 자녀에게든 애착의 문제가 있다면 도움을 받아야 한다. 이는 빠르면 빠를수록 좋다. 성인이라면 더욱 적극적으로 자신의 나은 삶을 위해 노력해 가야만 한다.

당신의 인생이 포장되지 않은 울퉁불퉁한 길에서 시작되었는가? 그렇다면 이제는 그 길에 더 이상 머물러 있지 말고 새로운 길로 들어서 보자.

제7장

우리 자신과 다른 성인 보살피기

어른들도 보살핌이 필요하다. 나이와 상관없이 우리 모두는 적절한 인정과 자극을 받고 싶어 한다. 성인을 보살펴 줄 때는 그들의 허락과 상관없이 적극적으로 보살펴야 하는지, 아니면 그들이 요청할 때 보살필지 유연하고 균형 있게 조절해야 한다. 만약 과하게 보살핌을 주고 있다면 이런 원망을 들을 수 있다. '응석받이로 만드는 사람' '자신은 돕는다고 생각하지만 실제로는 남을 망치는 사람' '종속적인 관계를 만들려는 사람' '자비로운 독재자' 등으로 말이다. 타인을 잘 돌보기 위해서는 요구 사항을 귀 기울여 들을 필요가 있다. 우리는 다른 사람이 정말로 필요로 하는 것을 주어야 한다. 그러므로 우리가 주고 싶은 것을 주는 것이 아니라, 그들에게 필요한 것이 무엇인지 물어보고 그들이 원하는 것을 주도록 해야 한다.

주도적인 돌보기와 지지하는 돌보기

성인을 주도적으로 돌봐야 할 때는 아플 때, 스트레스 받았을 때, 방황할 때, 피곤할 때나 위험에 처해 있을 때, 마음이나 몸이 상처 입었을 때, 사랑하는 사람을 잃은 슬픔에 빠져 있을 때일 것이다. 우리는 이들에게 꽃을 보낼 수도 있고, 쪽지에 애정 어린 메시지를 남길 수도 있고, 죽을 끓여다 줄 수도 있다. 우리는 친밀한 관계에 있는 사람(배우자, 부모, 형제, 친구 등)을 돌보며 살아간다. 우리는 이들과 암묵적인 '계약'을 만들어 가곤 하는데, 이 중에는 매일 조율할 필요가 없는 계약들도 있다. 예를 들면 "내가 밖에서 일하고 오면 당신은 집에서 저녁 식사를 준비해 줘요."라고 말은 하지 않아도 우리는 이런 암묵적인 계약하에서 일상을 살아간다.

돌봐 주는 사람이 상대방에게 필요한 것이 무엇인지를 결정하고, 그 결정에 따라 보살피는 것은 주도적인 돌보기이다. 반면에 무엇을 돌봐 줄지 미리 결정하지 않고, 상대방의 필요에 따라 조정되는 돌봄은 지지하는 돌보기이다. 지지하는 돌보기는 수용되거나 거부될 수도 있으며 서로 간에 협상이 이루어질 수도 있다. 최근에 린의 친구 마리아의 엄마가 돌아가신 예로 지지하는 돌보기를 살펴보자. 린이 도움을 줄 때 마리아가 어떻게 반응하는지 살펴보자.

린이 도움을 제안하고 마리아는 받아들인다.

린이 "엄마가 돌아가셔서 정말 상심이 크겠구나. 내가 도울 수 있다면 돕고 싶어. 장례식에 참석할 손님 중에서 비행기 타고 오시는 분이 계신다면 내가 마중 나가서 모시고 오도록 할게."라고 말하자 마리아는 고맙다고 말하며 비행기 시간표를 건네준다.

린이 도움을 제안했으나 마리아는 거절한다.

린은 친구가 고통스러운 것을 안다. 그래서 "괜찮니? 이야기 좀 나눌까?"라고 묻자 마리아는 괜찮다고 한다. 그러자 린은 "알았어. 그렇지만 나중에라도 이야기하고 싶으면 알려 줘."라고 말한다. 마리아가 지금은 린의 제의를 거절하지만 마음이 바뀔 수도 있기에, 린은 마음의 문을 열어 둔다.

도움을 조율한다.

때로는 린의 도움이 마리아에게 필요한 것이 아닐 수도 있다. 가령 린이 "저녁 만들어서 오늘 밤 너의 집에 가져다줄게."라고 말할 때, 마리아는 이렇게 말할 수 있다. "고마워. 그런데 사실 난 저녁보다 오늘 우리 아이들을 학원에 데려다줄 사람이 필요해. 혹시 해 줄 수 있겠니?" 린은 일정을 확인해 본 후, 할 수 있다고 승낙을 하거나 할 수 없어서 미안하다고 할 수 있다. 상대방에게 그 상황에 대한 책임이 있음을 존중해야 하며, 마찬가지로 우리 또한 자신만의 결정권을 갖고 있음을 기억하자.

자신과 타인을 위한 주도적인/지지하는 돌보기 연습

주도적으로, 혹은 지지적으로 타인을 돌보는 능력은 무조건적인 사랑을 베풀려는 의지에서 솟아난다. 이 능력은 우리가 누구이며 우리의 욕구가 무엇인지를 정확하게 아는 것으로부터 시작된다. 친구의 알코올 중독에 맞서는 것은 주도적인 돌보기이다. 음주 관련 문제로 친구가 도움을 구할 때 격려하고 돕는 것은 지지하는 돌보기이다. 또한 이제 막 아기가 태어난 가정에 따뜻한 음식을 만들어 갖다주는 것은 주도적인 돌보기이며, 아기를 봐 줄 수 있다고 제안하는 것은 지지하는 돌보기이다. 깜짝 생일 파티를 하는 것은 주도적인 돌보기이고, 파티 계획을 같이 의논하는 것은 지지하는 돌보기이다.

예시 1

상황: 아내가 남편에게 아이 돌보는 것을 도와 달라고 한다.

남편의 반응

- 학대: 아내가 도움을 구할 때 욕을 하거나 약을 올린다.
- 조건적인 돌보기: "당신이 나보다 돈을 더 많이 벌어 오면 내가 아이를 봐 줄게."
- 주도적인 돌보기: "그래, 아이들은 아빠가 필요하지."라고 하며 자녀를 정성껏 돌보아 준다.
- 지지하는 돌보기: 자녀 양육에 대해서 아내와 조율한다. 자녀들 앞에서 엄마의 양육 방법에 대해 칭찬한다.
- 과잉보호: 도와주는 대신 아내에게 비싼 선물을 안겨 준다.
- 방치: 장시간 일만 한다. 혹은 여행을 다니거나, 술집에 가거나, 조기 축구회나 골프 등으로 장시간을 밖에서 보낸다. 집에서 일찍 나가고 늦게 들어온다.

예시 2

상황: 결혼한 딸이 임신 4개월에 유산을 해서 고통스러워한다.

엄마의 반응

- 학대: "내가 그 운동 하러 다니는 거 안 좋다고 분명히 이야기했잖아."
- 조건적인 돌보기: "울지 마."(행복할 때만 너를 사랑할 수 있다는 의미를 함축하고 있는 말이다.)
- 주도적인 돌보기: "엄마가 너 괜찮아질 때까지 간호도 해 주고 아이들도 봐 줄게."
- 지지하는 돌보기: "네 남편과 이야기해 보고 무엇이 필요한지 알려 주렴. 내가 도울 수 있는 것이 무엇인지 생각해 볼게."
- 과잉보호: "불쌍한 내 새끼! 최고의 전문의를 찾아가도록 하렴. 병원비 내 줄게."
- 방치: 유산에 대해 일절 언급하지 않는다. 중요하지 않은 일, 없는 일인 듯 대한다.

예시 3

상황: 엄마는 자녀와 남편의 필요를 최우선으로 여기고 자신의 필요는 무시해 왔다. 자녀가 최우선의 관심사이고, 그 다음이 남편이고, 마지막이 자신이라고 믿는다.

엄마의 반응

- 학대: '남편과 아이들이 원하는 것을 해 주려면 내가 일을 많이 해야 돼.'라고 생각하며 일하다가 병을 얻는다.
- 조건적인 돌보기: '가족을 위해서 희생하지 않는다면 내가 무슨 가치가 있겠어.' 라고 생각한다.
- 주도적인 돌보기: '내게 필요한 것이 무엇인지 아니까 그걸 위해 노력할 거야. 그리고 우리 가족 모두의 바람도 이뤄지도록 도와야지. 모두의 바람은 중요한 거야. 우리는 각자 원하는 것을 얻도록 서로 도와야 해.'
- 지지하는 돌보기: 자신의 바람과 가족의 필요를 도울 수 있는 기관이나 단체 등을 알아보고, 가입하여 활동한다.
- 과잉보호: 스트레스를 잊기 위해 쇼핑하고, 일하고, 먹고, 두통약을 복용하고, 충동적으로 술을 마신다.
- 방치: 엄마는 가장 중요하지 않은 사람이라는 믿음으로 그냥 살아간다.

자기 자신을 돌보기: 사랑을 위한 규칙들

만일 자신을 주도적으로/지지하며 돌보는 것이 힘들거나 다른 사람의 사랑을 받아들이는 것이 힘들다면, 지금 잠시 숨을 고르고 힘들어하는 까닭이 무엇인지 생각해 보자.

보듬고 지지하는 보살핌은 무조건적인 사랑에서 나온다. 만일 어렸을 때 무조건적인 사랑을 받지 못했다면, 다른 사람들이 우리를 사랑한다는 사실을 깨닫고 받아들이는 일이 어려울 수 있다. 가족에게 도움이 되는 일을 할 때만 사랑을 받는다고 생각한다면, 사랑한다는 말을 들었을 때 조마조마한 마음으로 이런 생각을 하게 된

다. '이 말을 들었으니, 난 무엇을 해야 하지?' 혹은 '내게 뭘 시키려고 이런 말을 하는 걸까?'

만일 어렸을 때 나보다 어른들의 필요가 우선시되는 것을 보고 배웠다면 사랑을 기대하지 않거나 신뢰하지 않게 될 것이다. 그러나 이제는 무조건적인 사랑이 있음을 믿고 배워야만 한다. 이는 많은 시간이 걸리는 일일지도 모른다. 그러나 자신을 위해 무조건적인 사랑을 많이 배울수록 자녀에게 더 나은 사랑을 베풀 수 있게 될 것이다.

과잉보호로부터 회복하기

과잉보호는 아동의 욕구보다 어른의 욕구가 우선하는 것이다. 만일 학대, 비난, 조건적인 사랑을 받은 사람들이 자신이 받은 양육을 깨닫고 회복하기로 결심한다면, 주변에서 지지나 인정 등의 도움을 구할 수 있다. 그러나 과잉보호를 받은 사람들은 자신에게 문제가 있다는 사실과 문제의 속성을 잘 깨닫지 못한다. 한참 후에 문제를 인식하게 되더라도 문제해결을 위한 지지 및 인정, 도움을 주변으로부터 받을 수 없는 경우가 많다.

과잉보호를 받은 사람들은 이렇게 말한다. "부모님은 내가 원하는 것이면 뭐든지 해 주셨어. 부모님은 나를 진정으로 사랑하셨지! 내가 이런 분들을 어떻게 나쁘다고 할 수 있겠어?" 설사 과잉보호를 받은 이들이 자신이 속았다는 것을 깨닫더라도 다른 사람들의 도움과 격려를 받기는 참으로 어려운 일이다. 어떻게 학대받았는지 다른 사람에게 이야기한다면 당신은 동정이라도 얻을 것이다. 그러나 똑같은 사람에게 당신이 지나치게 많이 받았던 것에 대해 이야기한다면, 당신은 아마 질투나 비난, 혹은 응석받이 아니냐는 질타를 받을 것이다. "복에 겨운 소리 하고 앉아 있네! 내가 그렇게 대접받고 자랐다면 좋았겠다." 사람들은 종종 과잉보호를 받는 것의 위험성을 인식하지 못한다. 우리는 과잉보호를 받은 아동기의 잔재로, 달콤하고 끈끈한 밧줄에 달린 채 부분적으로만 성장하는 고통에 시달리게 될 것이다. 아동기에 과잉보호를 받고 자란 124명의 성인들에게 일어난 일에 대해 알고 싶다면 제16장에 자세히 소개되어 있다.

성과 사랑

사랑받는 느낌에 대해서는 사람마다 선호하는 경험과 환경이 모두 다르다. 같이 하는 산책, 촛불, 하루를 신나게 같이 보내는 것, 잘 들어주기, 부드러운 터치 등 모두 다르다. 사랑 표현의 대부분은 신체적으로 접촉하고 따뜻하게 반응해 주는 것이다. 그렇기 때문에 많은 이들이 잘못 인식하여 자신이 성숙했다는 것을 보이기 위해, 혹은 사랑받고 있음을 느끼기 위해 섹스를 하고 섹스를 허락하는 것이다. 성행위는 사랑하는 관계 속에서는 사랑의 표현이 될 수 있지만 사랑을 느끼기 위해 성행위를 한다면 공허함만 남을 뿐이다. 사랑을 섹스로 대신하는 것은 공허함을 느끼는 문제부터 파괴적인 일에 이르기까지 많은 문제를 불러올 수 있기에 무척 위험하다. 더욱이 신뢰하는 사람이 신뢰와 믿음을 성적 착취의 수단으로 이용하게 되면 매우 위험하다. 그리고 이것이 돌보는 사람과 돌봄을 받는 사람 사이의 관계에서 일어나면 더욱 그렇다. 습관적으로 성을 이용하는 사람은 전문가를 만나 볼 필요가 있다. 건강한 성인이라면 성행위가 아니라 다양한 방식으로 육체적 접촉의 욕구를 충족시킬 수 있다.

- 치료 마사지를 받는다.
- 가까운 사람에게 안아 달라고 한다.
- 사랑하는 사람과 사랑을 키워 가고, 사랑하는 사람을 있는 그대로 받아들인다.
- 잘 먹고 규칙적인 운동을 하는 등의 긍정적인 방법으로 자신의 신체를 돌본다.

사랑받을 수 있음을 받아들이기

"난 사랑받고 있고, 사랑스러우며, 또 사랑을 하고 있어." 무조건적인 사랑을 받아들일 수 있는 사람들은 그러기로 결심했기 때문이다. 이런 결심을 한 사람들은 다음과 같은 몇 가지 믿음을 갖게 된다.

- 나는 조건 없이 주어지는 사랑을 받아들일 거야.
- 끝없이 주는 사랑은 존재해.
- 나는 조건 없이 사랑을 베풀 거야.
- 나는 사랑하는 사람들에게 둘러싸여 있어.
- 나를 사랑하지 않는 사람들로부터 나를 보호할 거야.

만일 일관되지 않은 양육을 받았다면 순간순간은 그럴듯하게 살아갈 수 있지만, 결국 진정한 사랑을 외면하고 사랑을 모르는 채 살아가게 될 것이다. 이는 사랑을 믿지 않거나 잘못 갈망했기 때문이다.

다음의 상황을 읽어 보자. 이 사람들이 가지고 있었던 처음의 생각을 살펴보고, 이들이 성장하기 위해 선택한 새로운 믿음 또한 유심히 살펴보자. 그리고 이들의 예를 통해 다시 성장하기 위한 아이디어를 얻어 보자.

앨리스: "부모님은 나를 사랑하신다고 말씀하셨고 나는 부모님의 행동을 의심하지 않아요. 그리고 부모님이 내게 보여 주신 사랑을 내 아이에게 주었어요. 그런데 나는 왜 여전히 공허한 느낌일까요?"

새로운 믿음: 나는 사랑스러워요. 그동안 받아 온 사랑을 되돌아보고 치유해 가고 있어요. 새로운 기쁨을 발견해 나가고 있어요.

프랭크: "부모님은 나를 사랑한다고 말씀하신 적이 한 번도 없었어요. 그래서 그

사랑을 다른 사람에게서 찾기로 결심했어요. 나를 사랑한다고 말하는 사람을 위해서라면 나는 모든 것을 할 거예요."

새로운 믿음: 나는 사랑스럽고 사랑받을 자격이 있어요. 지금 있는 그대로도 사랑스럽죠. 다른 사람들의 기분을 맞추기 위해 내 가치를 무시하지 않을 거예요.

헨 리: "부모님은 나를 버렸어요. 그래서 난 사랑받을 자격이 없다고 생각했지요. 누군가가 나를 사랑하게 된다면 그 사람이 떠날까 봐 두려워요. 그래서 더 상처받기 전에 그 사람이 나를 떠나게 만들 거예요. 아니면 내가 먼저 떠날 거예요."

새로운 믿음: 당신의 사랑을 받아들일게요. 그리고 사랑을 지속시키기 위해, 날 치유하도록 노력할 거예요.

에 드: "당신이 원하는 것을 내가 미리 헤아려서 해 주고, 당신으로부터 사랑을 받고 싶어요. 당신이 말하기 전까지 당신이 원하는 것을 내가 미리 알아차리지 못한다면 나 자신을 실패자라고 느낄 거예요. 당신의 사랑을 받기 위해 난 뭔가를 해야만 해요."

새로운 믿음: 당신의 사랑을 조건 없이 받아들일게요. 사랑하는 당신이 내게 필요한 것을 요구하는 것은 당연해요.

조 지: "부모님은 가난하고 정서적으로도 메마른 분들이셨어요. 사랑 표현을 하지 않으셨기 때문에 난 내가 사랑스럽지 않다고 믿었어요. 그래서 나는 사랑을 얻기 위해서는 어떤 노력을 해야만 하는 거라고 생각하게 되었지요."

새로운 믿음: 진정한 사랑은 거저 주어지는 것이라고 믿어요. 사랑을 얻기 위해서 뭔가를 할 필요가 없어요. 그저 받아들이기만 하면 되죠. 사랑은 거래가 아니에요.

케이트: "무시당했다고 느꼈어요. 그래서 내가 할 수 있는 모든 방법을 동원해 관계를 지속하려고 했어요. 나는 싸움에 휘말리기도 했고, 섹스로 사랑을 가질 수 있다고도 생각했어요."

새로운 믿음: 관심을 얻는 긍정적인 방법을 찾을 거예요. 섹스와 사랑의 차이를 알아요. 섹스는 사랑을 배가시키는 것이지 사랑을 대신하는 것이 아니에요.

마　티: "부모님은 나를 위해 무슨 일이든지 다 하셨고 모든 것을 주셨어요. 그게 좋았어요! 나 역시 부모님을 사랑했고요. 그래서 세상도 내게 그렇게 해야만 한다고 착각했었죠. 나는 준비가 되지 않았지만 가족을 떠나 바깥 세상으로 나갔어요. 그리고 많은 실패를 경험했죠. 내 실패는 내 잘못이 아니에요."

새로운 믿음: 내가 원하는 것들은 내가 책임을 지고 노력해서 얻어야 해요. 하지만 다른 사람의 도움도 기쁘게 받아들일 거예요. 세상은 나를 중심으로 돌지 않아요. 난 그 일부일 뿐이지요. 하지만 나는 소중하고, 다른 사람도 역시 소중해요.

이런 믿음들이 삶 속에 스며들게 되면, 살아갈 때 많은 도움을 받을 수 있을 것이다. 그리고 우리가 새롭게 결심한 믿음은 긍정의 말로 확인을 받아야 한다. 제25장에 나오는 긍정의 지지어로 당신을 격려할 수 있다.

사랑에 관한 새로운 믿음 갖기

사랑에 관해 예전의 상황, 생존을 위해 결정했던 것들, 믿음을 돌아보고 필요한 것을 얻지 못했거나 상처받은 것이 있다면 지금이라도 슬퍼할 수 있다.

어쩌면 우리 부모도 제대로 사랑을 받지 못해서 우리를 제대로 사랑할 수 없었는지도 모른다. 그러나 진실은 우리는 이미 충분히 사랑스러운 존재라는 것이다. 사랑의 감정을 회복하고 다시 성장하기 위해 필요한 것이 있다면 무엇이든지 해야 한다. 낡은 믿음 때문에 혼란스럽다면 우리의 믿음을 다시 살펴보아야 한다. 만약 그 낡은 믿음들이 성장에 방해가 되는 것을 알았다면, 그때가 새로운 믿음을 결심할 때라는 것을 명심해야 한다. 더 이상 자신을 방치하지 말고, 무작정 부모님을 옹호하는 것도 그만두고 성인으로서, 부모로서 걸맞은 새로운 믿음을 정립해 나가야 한다. 이런 새로운 믿음을 통해 우리는 치유되고 성장하게 될 것이다.

새롭게 변화한 후 앨리스는 "부모님이 나를 사랑하신다는 것을 믿었어요. 사랑한다고 말씀하셨으니까요. 그런데 말씀은 그렇게 하셨지만, 사실 부모님은 나를 방치했었고 내 마음속은 비어 있는 느낌만 있었어요. 부모님이 나를 제대로 보살피지 않았다는 것을 알고 난 후에 부모님이 베푼 사랑을 다시 받아들일 수 있었어요. 나 자신을 돌보게 되었죠. 내 아이들에게 나쁜 양육 방법이 대물림되지 않도록 노력할 거예요."라고 말했다. 조지는 "이제는 사랑받고 있다고 느껴요. 애써 태연한 척할 필요도, 부모님을 사랑하는 척할 필요도 없어요. 물론 부모님을 보호하려고 노력할 필요도 없고요. 난생 처음으로 부모님이 나를 사랑했다고 믿게 되었죠. 사실 어떤 면에서 부모님은 당신들의 최선을 다하신 거죠. 부모님의 방식으로 사랑을 보여 주신 거니까요."라고 말했다.

당신의 부모님이 당신을 사랑했는지, 그렇지 않았는지는 이제 중요하지 않다. 이것은 더 이상 질문거리가 아니다. 지금의 쟁점은 이것이다. 당신 자신을 사랑하고 있는가? 당신을 사랑하는 사람들의 사랑을 받아들이고 있는가?

타인의 사랑을 받아들이기

사랑받지 못한다고 느끼게 하는 잘못된 믿음이 있다면, 이 믿음을 변화시켜 다른 사람의 사랑을 믿지 못하는 마음을 바꾸어야 한다.

열심히 노력해야만 부모님의 사랑을 얻을 수 있었다면, 다른 사람이 자신을 사랑한다고 해도 그 사랑을 의심하게 된다. 그리고 자신도 모르는 사이에 마음속으로는 '무조건적인 사랑은 존재하지 않는다.'라고 생각하고 그 잣대로 타인의 사랑을 평가하게 될 것이다.

"사랑해."라는 말을 들으면, 말한 사람이 무언가를 원하고 있다고 느끼고 의심스러운 마음으로 받아들이게 된다. 사랑받을 자격이 없다고 생각하기 때문에 누군가의 사랑이 거북하거나 부끄럽게 여겨진다. 이런 믿음이 강한 사람들은 사랑이 다가오면 사랑을 거부하게 된다. 조건 없이 주어지는 사랑이 있다는 사실을 인정하지 못하고 사랑을 거절한다. 이런 사람들은 이렇게 말할지도 모른다. "난 괜찮아요. 고마워요. 괜찮아질 거예요. 도움은 필요 없어요."

아주 심각한 현상이다. 우리가 예전에 그렇게 바랐던 자아 존중감의 기초가 되는 그 사랑을 누군가가 주는데도 거절하게 된다.

어떤 이들은 '완벽하고' '착하고' '옳고' '더 나아지려고' 하면서 사랑받지 못하는 것과 수치심을 극복하려고 한다. 이것은 우리에게 고유한 능력과 사랑스러움이 있다고 믿는 대신, 타인의 기준에 우리의 자존감을 맞추는 것이다.

무조건적인 사랑을 분명하게 인정하고 믿기 전에는 진정한 사랑을 할 수 없다. 태어날 때부터 사랑스러웠고 지금도 사랑스럽다는 사실을 받아들이기가 여전히 힘들고, 수용하는 것에 회의가 들고, 사랑의 메시지를 무시하고 싶다면 다음의 방법이 도움이 된다.

- "사랑의 메시지를 받아들일 거야."라고 자신에게 말해 본다. 그리고 나서 어떤 느낌이 드는지 생각해 본다.
- 친밀한 사람에게 사랑의 메시지를 지속적으로 말해 달라고 부탁하고 주의 깊게 듣는다.
- "고마워요."라고 말한다.
- 상대방이 신뢰할 만한 사람인지, 사랑에 조건을 붙이는 사람인지 생각해 보고 원하는 사랑이라면 받아들인다. 그러나 조건이 달린 사랑이라면 그것으로부터 스스로를 보호한다.

우리는 사랑받을 만한 가치가 충분하며, 다시 성장해야만 한다는 것을 기억해야 한다. 그토록 갈망하던 사랑을 받아들이며 이제는 새로운 신념과 기술을 익히고 적용해 볼 때이다.

사랑만으로 충분하지 않다

무조건적인 사랑만으로는 충분하지 않다. 무조건적인 사랑을 주더라도 엄한 사랑의 구조를 만들어 주지 않으면, 그 사람의 삶 속에서 질퍽대고 경계가 없는 사람으로 성장하게 될 것이다. 반면에 무조건적인 사랑 없이 엄한 사랑의 구조만 만들어 준다면, 그 사람은 경직된 나날을 살게 될 것이다. 무조건적인 사랑은 엄한 사랑의 구조와 함께할 때 온전해진다. 사랑받는다고 느낀다면 우리는 "이것을 해." 혹은 "다른 식으로 해 보렴."과 같은 구조적인 메시지를 비난이나 수치로 느끼지 않는다. 자신이 사랑스럽다는 것을 알게 될 때, 우리는 비로소 우리를 존중하고 내적 구조를 우리 내면에 만들 수 있다. 무조건적인 사랑과 내적 구조 사이의 균형은 매우 중요하다. 왜냐하면 이를 통해 자녀들은 사랑을 잘 주고받을 수 있는 유능하고 균형 잡힌 성인으로 성장할 수 있기 때문이다.

제3부

엄한 사랑을 표현하는 최고의 방법: 내적 구조 만들기

당신의 현재는 당신이 지금 만들고 있음을 명심하라. 그리고 그것이 당신이 원하던 미래의 모습이 되도록 노력하라.

–앨리스 워커(Alice Walker)

제8장

내적 구조 만들기

엄한 사랑의 표현인 구조는 아동과 성인이 내면의 구조를 발달시키고 향상시키기 위해 건강한 방법으로 인정과 자극을 받을 수 있는 안전한 환경과 경계를 만들어 주는 메커니즘을 말한다.

구조는 무엇이며 왜 필요한 것인가

자기훈육(self-discipline)은 내적 구조와 같은 말이다. 내적 구조는 자신과 타인을 돌볼 때 필요한 가치와 행동 체계를 말한다. 부모가 자녀에게 외적 구조(돌보기, 가르침, 규칙)를 제공하면 자녀는 자신만의 내적 구조를 형성하고 자기훈육을 할 수 있게 된다.

오늘날은 부모 역할에 대한 공통된 문화적 기준이 존재하지 않기 때문에, 부모들은 구조를 어떻게 만들어 주어야 할지 혼란스러울 수 있다. '예전에는 나쁘다고 여겼던' 비난, 통제, 의무 등을 버리려다가 버리지 말아야 할 기준마저도 버리게 되었다. 휴지를 버리려다가 휴지통까지 버린 셈이 된 것이다.

오늘날 어느 정도의 구조가 아동에게 필요한지에 대한 논쟁이 계속되고 있다. 어떤 사람들은 아동의 행동이 무책임하고 무례할지라도 무조건 수용하고 지지하라고 말한다. 또 어떤 이들은 자녀를 강하고 훌륭하게 키우기 위해서는 강하게 다뤄야 한다고 말한다. 사실 이 두 경우 모두 자녀의 유연한 내적 구조나 자아 존중감을 형성시킬 수 없다. 자녀가 자신을 사랑스럽고 유능한 사람이라고 느끼게 하기 위해서는 많은 시간과 노력이 필요하다. 이는 자녀에게 사랑을 주고, 삶에 필요한 기술을 가르치고, 더불어 책임감을 가르침으로써 가능하다.

확신에 대한 갈망

확신(certainty)은 인간의 기본적인 욕구이며 이는 구조를 통해서 얻어진다. 인간은 육체적, 정신적으로 생존을 위한 안전과 보호의 구조가 필요하다. 구조의 반대말은 혼돈이다. 예측이 불가능하고 안정감 없이 혼란스러운 삶을 살아가는 사람들은 자신의 에너지 대부분을 안정감을 얻고 예측 가능한 방향으로 삶을 살아가기 위해 사용한다. 그렇기 때문에 다른 이들과 소통하면서 성장하고 기쁨을 누리는 데 필요한 에너지는 남아 있지 않게 된다.

내적 구조가 만들어지면 우리는 좀 더 효율적으로 살 수 있다. 어린아이는 스스로 구조를 만들 수 없기 때문에 부모들이 그 구조를 만들어 주고 가르쳐야 한다. 영아와 육아에게 구조를 만들어 준다는 의미는 그 아이들의 정서적 · 신체적 욕구를 지속적으로 충족시키는 것을 말한다. 이후 아동기 자녀들은 부모의 도움으로 내적 구조를 완성해 간다. 과제를 요령 있게 하고, 명확하게 사고하고, 정보를 수집하여 저장하고 수행하며 적절히 마무리 짓고, 시간과 생각, 자료 및 감정들을 적절하게 관리하고 조절하고, 책임감 있게 행동하고, 규칙과 가치를 발달시키면서 아이들은 구조를 만들어 간다.

그리고 부모는 자녀에게 큰 과제를 한 번에 할 수 있을 만큼의 작은 단위로 잘라서 하는 방법, 그 각각의 일들을 해 나가는 순서, 문제해결 방법을 가르쳐야 한다.

그리고 아이에게 경계를 만들어 주기 위해서, 조율하는 방법과 함께 건전한 관계에서는 '예.'라고 말하고 파괴적인 관계에서는 '아니요.'라고 말하는 방법을 가르쳐야 한다. 더불어 규칙과 기술, 잘못된 것에서 옳은 것을 선택하는 방법을 가르쳐 준다면, 아이들은 자신을 안전하게 보호하는 방법, 일을 잘 하는 방법, 생각을 명확히 하는 방법, 자신의 욕구를 충족시키는 방법, 다른 사람을 존중하면서 살아가는 방법 등을 배울 수 있다.

구조: 규칙과 기술의 조합

분명하고 지속적인 구조는 성인과 아동에게 확신을 갖게 한다. 또한 구조는 우리 자신이 사랑받고 있고 소중하고 유능하다는 것을 느낄 수 있게 하고, 안전한 동시에 자유롭게 만들어 준다. 만일 아동기에 긍정적인 내적 구조가 형성되지 않았다면 우리 자신과 자녀들을 위해 지금부터라도 배워야 한다.

규칙과 기술 모두가 있어야 구조를 제대로 세울 수 있다. 규칙은 기술을, 기술은 규칙을 강화시킨다. 부모는 자녀를 보호하기 위해 규칙을 만들기도 하지만, 자녀의 기술을 향상시키기 위해 규칙을 정하기도 한다. 규칙을 정할 때는 '반사회적이거나 좋지 않은 행동과 관련된 규칙이 있지는 않은가?'와 같은 질문을 스스로 해 보는 것도 필요하다. 아동은 한계가 설정된 규칙과 구체적인 기술을 배워 나가면서 내적 구조를 조금씩 단단히 만들어 간다. 아동이 더 많은 기술을 갖고 책임감을 갖게 되면, 스스로 규칙을 만들어 지키며 자신만의 가치를 갖고 삶을 살아가게 된다. 또한 구조를 통해 자녀는 자신을 돌보는 방법을 배우게 된다. 자녀가 내적 구조를 만들도록 돕는 동안, 부모는 자신을 돌보고 타인에 대하여 책임감 있게 행동하는 방법을 향상시킬 수 있다. 이번 장에서는 규칙에 중심을 두고 이야기할 것이다. 규칙은 어떤 종류가 있으며, 어떻게 만들어지고 평가할 수 있는지, 어떻게 의구심이나 수치심 없이 당당한 마음으로 만들 수 있는지 살펴볼 것이다. 아동에게 필요한 모든 구체적인 기술, 가령 장난감을 어떻게 조립하고 컴퓨터는 어떻게 이용하는지 등에 관해서는 다른 책들을 참고하길 바란다. 제7부 '다시 성장하고 성장하기'에서 나이에 알맞은 일반적인 기술에 대하여 설명할 것이다.

경계의 중요성

아동에게 명확한 경계(boundary)를 만들어 주는 것은 매우 중요하다. 울타리가 있는 놀이터와 울타리가 없는 놀이터에서 노는 아이들을 생각해 보자. 울타리가 있는 곳에서 노는 아이들은 주어진 공간을 모두 사용하여 놀이를 즐기는 반면에, 울타리가 없는 곳에서 노는 아이들은 경계가 되는 부분에서 멈칫하는 등 놀이 공간을 제한하면서 놀게 될 것이다.

부모의 규칙은 놀이터의 울타리와 같은 역할을 한다. 경계가 있다면 아동은 안전함을 느끼고 누군가가 자신을 돌보고 있다는 느낌을 받는다. 그래서 자유로이 자신과 타인을 탐색할 수 있다. 하지만 울타리 밖에서는 울타리 안에서와 같은 안전감과 안전성이 없다.

울타리나 경계가 없는 곳에서는 아이들은 눈치를 살피게 된다. 자발적이지 않고 호기심도 보이지 않고 새로운 시도도 할 수가 없다. 그리고 자신의 안전을 위해 조심하거나 자신을 돌보지 않게 된다. 반면에 울타리나 경계가 너무 비좁고 제한적인 경우 아동은 수동적이 되고, 반항하는 행동으로 주의를 끌려고 한다.

사랑으로 일관적인 경계를 그어 줄 때, 아동은 점차 자신만의 경계를 설정하게 되고, 자신을 소중히 여기게 되며, 자아 존중감을 갖게 된다. 또한 이러한 아동들은 안전한 방법 속에서 자극을 추구하고 인정을 구하게 된다.

모든 아동이 애정 어린 울타리 안에서 살고 있지는 않다. 어떤 아동은 실수를 심하게 혼내는 어른들로부터 경계를 배운다. 또 어떤 아동은 무엇을 해야 하고 무엇을 하지 말아야 하는지에 대해 아예 들어본 적도 없다. 이 두 경우 모두 부모가 원하는 대로 하지 못하면 멍청하고 어리석다는 지적을 듣는다. 어떤 아동은 자신의 행동과는 무관하게 부모의 성질 때문에 매를 맞으면서 무서운 규칙을 배우기도 한다. 또 말을 듣지 않으면 갖다 버리겠다는 부모의 위협을 들으면서 무섭고 엄한 규칙을 배우기도 한다.

안전할 수 있는 법 배우기: 싸우거나, 도망가거나 혹은 순응하거나

아이들은 절대 규칙에 순응하면서 안전할 수 있는 방법을 배운다. 예를 들면 운전 시 좌측으로 운전하는 것은 절대 규칙이다. 어떤 규칙들은 일찍, 철저하게 내재화되어 저절로 반응하게 된다. 운전 경험이 있는 사람은 어느 방향으로 운전해야 할지를 결정하는 데 힘을 낭비할 필요가 없다. 그리고 자동적으로 안전 운전의 규칙을 따른다.

하지만 안전한 삶을 위해서는 순응하는 것만이 능사가 아니다. 위험이 닥쳐 오면 우리 몸에는 이에 맞서거나 피하려는 충동적인 힘이 생겨난다. 그러나 도시에서의 생존 기술은 우리 조상이 야생 동물에 맞서 사용했던 것과는 다르다. 오늘날 최선의 생존 방법은 맞서거나 피하는 것이 아니라, 물 흐르듯이 유연하게 상황을 따르는 것이다. 이를 위해서는 사고하는 능력과 자기훈련이 요구된다. 왜냐하면 싸우고 싶고, 도망가고 싶은 충동을 억제해야 하기 때문이다. 이렇듯 물 흐르듯이 따르는 기술은 오랜 시간에 걸쳐 좋은 본보기를 통해 간접적으로 배우게 되거나, 주먹을 사용하는 대신에 협상하고 조정하고 때로는 양보를 하라는 직접적인 가르침을 통해 배우게 된다.

절대 규칙을 아는 아이는 안전을 위해 필요한 순종을 배운다. 오히려 규칙을 따를 필요가 없다고 믿는 어른이 있으면 아이들은 위험에 처하게 된다. 그리고 유연하게 상황을 따르는 방법을 배우지 못한 아이 역시 위험에 처하게 된다. 무엇이 조율 규칙인지를 생각하는 과정을 통해, 아이들은 어떤 순간에 어떻게 맞서고 피해야 하는지, 어떻게 유연하게 상황을 따라야 하는지 배워 가게 된다.

아이들은 어떻게 자신의 구조를 발달시키는가

생존하기 위해 아동은 주어진 상황 안에서 자신만의 구조를 발달시킨다. 일관되고 적절한 규칙을 가지게 되면 튼튼한 벽돌로 집을 짓게 되는 반면, 그렇지 못하면 경직되고 날카로운 비난의 벽돌로 집을 짓는 것과 마찬가지이다. 이런 아동들은 겉으로 보기에는 괜찮아 보이지만, 자신과 타인의 요구를 고려해서 적절한 결정을 내리지 못하고, 융통성이 없거나 날카로울 정도로 예민하다.

완고함과 비난을 통해 양육된 5명의 어른들을 살펴보자. 벤은 신체가 경직되어 있고 감정을 잘 느끼지 못한다. 사라는 쉽게 울고 자신을 지나치게 비난한다. 낸시는 입을 일자로 꽉 다물고 있으며 타인에 대해 지나치게 비판적이다. 그리고 네이던은 자신과 다른 신념을 가진 이들을 조롱하며, 셜리는 자녀들을 수십 년 전 방법으로 양육한다.

아동은 적절하지 못한 벽돌을 이용해서도 자신만의 구조를 만들어 낸다. 하지만 그 집은 잘 유지될 수 없다. 이런 아이들의 경계는 취약하고 내적인 힘이 부족하다. 이렇게 성장한 성인들을 살펴보자. 마르시는 자신의 의견을 주장하기 위해 전혀 모르는 이들의 대화에 끼어들어 대화를 방해한다. 잭의 팀 동료는 잭이 언제나 공로를 독차지하는 것이 늘 불만이다. 윌리엄은 사소한 무례함이나 모욕에도 공격적이 되어 늘 싸움을 벌인다. 지나치게 의존적인 성격인 앤은 자신이 무엇을 생각해야 하는지까지 남편에게 물어보고 결정한다.

혹시 올바르지 못한 방법으로 양육받았더라도 자신의 내적 구조를 다시 만들 수 있다. 자녀를 양육하는 방법으로 우리의 구조도 다시 만들어 갈 수 있다. 나이는 성장에 중요한 변수가 아니다. 성장을 위해서 지금 당장 시작하자.

구조를 만드는 여섯 가지 방법

엄격함의 정도가 큰 순서대로 제시한 것이다. 이 중 절대 규칙과 조율 규칙은 아동의 나이와 발달에 가장 적절한 구조화 방법이다.

완고함

어떤 부모는 자녀의 안녕과 행복을 위한다는 미명하에, 융통성 없이 완고하게 자녀를 다룬다. 하지만 이는 두려움에서 기인한 행동이다. 자녀의 발달 과업을 무시하고 사랑을 빌미로 위협하여 순종하도록 강요한다. 이런 부모는 자녀가 어떤 일에서도 자신의 의견을 낼 수 없다고 생각한다. 만약 중학생 자녀가 술을 마셨다면 완고한 구조를 제공하는 부모는 "다시 술병에 손을 댔다가는 집에 들어올 생각일랑 하지도 마!"라고 말한다. 이런 경우 자녀가 듣게 될 잠재적 메시지는 '너는 중요하지 않아.' '생각하지 마.' '거기에 있을 필요도 없고 존재할 필요도 없어.' '네가 실수하면 벌주거나 버릴 거야.' '네 능력 따위는 믿지 마.' 등이다. 이때 자녀가 느끼는 일반적인 정서나 생각은 중압감, 소외감, 분노, 두려움, 절망, 불안전함, 불신, 무시당한 기분, 무기력함 등이다. 그리고 이런 경우 자녀가 스스로 내리는 결정은 '내가 원하는 것보다 규칙이 중요해.' '나는 필요 없는 사람이야.' '부모님은 내게 관심이 없어.' '날 위해 뭔가를 해 줄 사람을 찾아야겠어.' '나는 순응하거나, 반항하거나, 못 본 척 뒤로 물러나 살 거야'. '잘못되면 다 내 탓이야.' 같은 것이다.

비난

자녀에게 바람직한 행동을 제시하기보다는, 비난함으로써 나쁜 행동에 대한 꼬리표를 달아 준다. 비난할 때는 '절대로' '항상' 등 사용하지 말아야 할 단어를 사용한다. 자녀를 깎아내리고 어떻게 실패했는지에 초점을 맞춘다. 조소와 경멸은 비난의 파괴적인 형태로, 이는 자녀에게 굴욕감을 준다. 만약 중학생 자녀가 술을 마셨다면 "너는 항상 형편없는 짓만 골라서 하는구나. 이제는 술까지 마셔 대고! 아주 네 애비랑 똑같구나, 똑같아."라고 말한다. 이런 경우 자녀가 받아들이는 잠재적 메시지는 '있는 그대로의 너는 멋지지 않아.' '뭔가를 바꿔야만 해.' '성공할 필요도, 유능해질 필요도 없어.' '너는 사랑스럽지 않아.' 등이다. 이를 통해 자녀는 무력감, 위축감, 거절감, 굴욕감, 분노, 부적절함, 무시당함, 상처받음, 짓밟힌 느낌, 두려움 등을 느낀다. 자녀가 스스로 내리게 되는 결정은 '모르는 것도 아는 척 행동해야 해.' '도움을 청하지 않을 거야.' '나는 더 열심히 일하고 강해지고 완벽해져야 해.' '만약 일을 제대로 못한다면 나는 나쁜 사람이야.' '나는 좋은 사람이 될 수가 없어.' '나는 희망이 없어.' '신경 쓰기 귀찮아.' 등이다

절대 규칙

절대 규칙은 반드시 지켜야 할 규칙이다. 부모가 이 규칙으로 양육하면 자녀는 자신의 정체성을 발견하고, 자신을 존중하며, 적절한 의사 결정을 할 수 있게 된다. 이 규칙은 변할 수 없고 강제적이지만, 경직되고 완고하지는 않다. 하지만 가족의 안녕과 복지가 문제될 경우, 이 규칙은 변경될 수 있다. 만약 중학생 자녀가 술을 마셨다면 절대 규칙을 적용하는 부모는 "네가 법적으로 술을 마셔도 되는 나이가 될 때까지 술을 마셔서는 안 된단다. 네가 이런 규범을 준수했으면 좋겠구나. 네가 만일 이러한 규범을 따르지 않는다면 안 좋은 결과가 생길 거야."라고 말한다. 이런 경우 자녀가 받아들이는 잠재적 메시지는 '네가 행복하고 안전하길 바라.' '네가 법을 준수하면 좋겠어.' '아빠, 엄마는 너를 돌보는 사람들이니까. 너에게 규칙을 준수하라고 말할 수 있단다.' 등이다. 자녀는 일반적으로 안전하며, 도움과 보살핌을 받는다고 느낀다. 자신이 능력 있고 소중하다는 느낌을 가지며, 책임감과 자신감이 생긴다. 때로는 좌절하고 화가 나기도 하며 반항심이 들기도 하지만 규칙을 따르고 책임지는 것을 배우게 된다. 자녀가 스스로 내리게 되는 결정은 '따라야만 하는 규칙이 있어.' '실수를 통해서 배울 수도 있어.' '나는 좋은 사람이야.' '나는 사랑스럽고 유능해.' '부모님은 나를 사랑으로 돌봐 주고 계셔.' 등이다.

조율 규칙

자녀를 조율 규칙으로 양육하면 명확하게 사고하는 방법, 문제를 해결하는 방법, 자신을 존중하는 법을 배우게 된다. 조율 규칙은 말 그대로 조율이 가능하다. 조율

과정을 통해 부모와 논쟁을 할 수도 있지만, 자녀는 규칙의 적절성, 결정에 필요한 정보의 평가 방법, 책임감 있는 행동 방법 등을 배울 수 있다. 만약 중학생 자녀가 술을 마셨다면 부모는 "술 마시는 것을 좋아하는 아이들이 있지. 그 아이들과 함께 하는 것이 괜찮다고 생각하니? 자유 시간을 친구와 술 마시면서 낭비하는 것보다 술을 안 마시는 아이들과 함께하는 것은 어떨까?"라고 묻는다. 이런 경우 자녀가 받게 되는 잠재적 메시지는 '생각하고 협상할 수 있으며 새로운 일을 시작할 수 있어.' '네 욕구는 중요하고 다른 사람의 욕구 또한 소중해.' '사물이나 사건을 있는 그대로 직시하고 다룰 수 있어야 해.' '자신과 다른 사람을 위해 긍정적인 힘을 갖게 되기를 바라.' 이런 경우 자녀가 보이는 일반적 반응은 존중과 관심을 받고 능력 있고 소중하다고 느끼며, 사랑받고 안전하다고 느끼고, 때로는 좌절감을 느끼기도 한다. 이로 인해 자녀가 스스로 내리는 결정은 '때때로 의존하기도 하지만 성장하는 것이 좋아.' '철저히 사고하는 방법을 알고, 다른 사람들에게 나와 같이 생각해 보자고 요청할 수도 있어.' '계속 책임감을 가질 거고, 나의 유능함을 점점 계발해 나갈 거야.' 등이다.

사탕발림

사탕발림 양육은 자녀에게 책임은 주지 않고 자유만을 허용하는 것이다. 보기에는 그럴듯하지만, 사실 아동은 규칙을 따를 필요가 없거나 따를 능력이 없다는 것을 내포한다. 아동의 능력을 평가절하하기 때문에, 결국 아동으로 하여금 무책임하고, 절망하고, 무력하고, 실패하게 만든다. 동시에 부모는 자신을 멋진 사람이나 순교자로 여기고, 자신이 모든 것을 통제할 수 있다고 느낀다. 만약, 중학생 자녀가 술을 마셨다면 부모는 "모든 아이가 술을 마신다니 너도 그럴 수 있겠지." 혹은 "술 마시고 운전하기에는 너무 어려. 그러니까 집에서 마시렴."이라고 말한다. 이런 경우 자녀가 받아들이게 될 잠재적 메시지는 '유능해지거나 책임감을 가질 필요가 없어.' '있는 그대로의 너는 멋있지 않아.' '네가 자라지 않았으면 좋겠어. 우리는 계속 너를 돌봐 줄 거야.' '부모의 욕구는 너의 욕구보다 더 중요해.'이다. 자녀의 일반적인 반응은 부모님을 위해서는 성장하지 않고 무능한 채로 있는 게 좋을 것 같다고 느끼는 것이다. 불안한 느낌이 있고, 무시와 조정을 당하는 기분이다. 미칠 것 같고, 가치를 인정받지 못하고, 사랑받지도 못하고, 불만족스럽고, 화도 난다. 여기서 자녀가 스스로 내리게 되는 결정은 '다른 사람의 감정과 욕구를 신경 써야만 해.' '나를 제외한 어떤 누구도 돌볼 필요가 없어.' '나를 돌볼 능력도 없고, 그걸 배울 능력도 없어.' '누가 도와주면 거기에는 분명히 대가가 필요할 거야.' '다른 사람에게 도움이 될 만한 규칙을 배울 수는 없을 거야.' 등이다.

유기

유기 양육 방식에서는 규칙, 보호, 접촉이 없다. 부모는 자녀를 위해 아무것도 할 수 없다고 말한다. 자녀들이 구조나 허가를 필요로 할 때 놀리는 것도 유기이다.

만약 중학생 자녀가 술을 마셨다면 부모는 "그 문제에 대해 이야기하고 싶지 않구나."라고 말한다. 부모는 물리적, 정신적으로 시간이 없거나, 바쁘거나, 아프거나, 자녀를 무시하거나 괴롭힌다. 자녀가 받아들이게 되는 잠재적 메시지는 '우리는 너를 돌보는 게 귀찮아.' '너를 원하지 않아.' '너의 욕구는 중요하지 않아.' '내 욕구가 중요하지.' '너를 위하는 사람은 여기엔 아무도 없어.' '너의 존재감은 없어.' '너는 여기에 있으나 마나야.' 이런 경우 자녀들의 일반적인 반응은 무섭고, 공포스럽고, 상처받고, 거절당하고, 무시당한 기분이며 화가 나고 절망스럽다. 자신은 아주 하찮은 존재이고 자살하고 싶다는 생각을 하기도 한다. 자녀가 스스로 내리게 되는 결정은 '도움을 청할 생각은 하지도 말아야 해.' '아무도 내게 신경 쓰지 않아. 살아남으려면 내 힘으로 해야 해.' '누가 돕는다고 해도 믿어서는 안 돼. 도움이나 믿음 따위는 내게 없는 일이야.' 등이다.

절대 규칙과 조율 규칙: 구조를 만들기 위해 규칙 정하기

완고함, 비난, 사탕발림, 유기의 방법을 버리고, 절대 규칙과 조율 규칙을 사용해 양육하기로 결심했다면, 다음의 사항을 생각해 볼 필요가 있다.

- 규칙이란 무엇이며 왜 중요한가?
- 절대 규칙은 무엇인가?
- 어떤 규칙이 절대 규칙인가?
- 조율 규칙을 정하는 방법은 무엇인가?
- 어떤 규칙이 조율 규칙인가?
- 규칙을 어떻게 현실에 맞추어 나가야 하는가?

규칙이란 무엇이며 왜 중요한가

규칙은 경계 또는 한계이다. 이 경계를 통해 우리는 기준을 정하고, 그 기준에 대한 순종/불순종의 결과도 예측한다. 규칙은 그 안에 속한 사람에게 안전감과 안정성을 주기 위해 만드는 것이다.

건강한 경계를 만들기 위해서는 자녀의 연령과 능력에 맞는 적절한 규칙을 만들고 그 규칙을 지키게 해야 한다. 규칙에서 배려가 느껴지고 보호와 안전을 위한 것이라는 생각이 들면 자녀는 자신이 보호받을 가치가 있고 부모로부터 사랑받고 있음을 느끼게 된다. 이외에도 규칙을 통해 자녀는 많은 것을 배울 수 있는데 성취감을 느끼고, 스스로를 자랑스러워하며, 성공할 것이라고 믿고, 자신과 타인을 배려하면서 풍요로운 삶을 살 자격이 있다는 것을 배우게 된다.

명확하고 긍정적인 규칙을 통해 아동은 자신의 욕구를 충족하고 신체적 · 심리적 위험으로부터 자신을 보호할 수 있게 된다. 부모에게서 유익한 규칙과 경계를 배운 아동은 위험한 상황을 피할 수 있으며 자신을 이용해 이익을 얻으려는 사람들이 자신의 경계를 침범하는 것을 알아차릴 수 있다. 건강한 경계를 지닌 아동은 자기를 이용하는 사람이나 부정적 경험이 자신의 삶을 침범하지 못하게 하고, 건전한 사람과 긍정적 경험만을 자신의 삶으로 초대한다.

규칙을 통해 부모는 자녀에게 안전과 더불어 한계를 가르칠 수 있다. 또한 규칙을 가르치는 과정에서 부모는 자녀에게, 훗날 아이가 자라서 사용할 수 있는 유익한 정보를 전해 주게 된다. 아이들이 규칙을 이해하고 내재화하기 전에 부모로부터 배워야 하는 것은 어떤 규칙들은 자신의 건강한 삶을 위해 반드시 필요하다는 것이다.

자녀를 안전하게 지켜 주는 절대 규칙

규칙에 대해 깊이 알아보기 전에, 절대 규칙과 조율 규칙의 차이점에 대해 살펴보자. 절대 규칙은 명령이나 요구이고, 조율 규칙은 일상사를 조정하고 적용할 수 있는 지침이다.

절대 규칙은 경계 및 규범이다. 어떤 부모들은 명령이나 요구로 전달하는 것은 뭔가 잘못된 일이라고 느끼기 때문에, 절대 규칙을 만들고 이를 자녀에게 시키는 것을 힘들어한다. 그래서 자녀가 해야 할 것을 말하기보다는 자신의 감정에 대해서 말한다. 예를 들어 아이들이 소리지르는 상황에서, "그렇게 소리만 지르지 말고 각자가 원하는 것을 생각한 후에 말을 해야 한단다."라고 말하지 않고 "너희가 그렇게 소리지르니까 엄마가 시끄러워서 못 살겠다."라고 말한다.

요구와 명령을 경직되고 완고한 방식으로 하지 않는다면 이는 학대가 아니다. 오히려 이를 통해 자녀는 가족들과 건강하게 상호작용하는 법과 규칙 준수의 중요성을 배우게 된다.

부모는 어떤 규칙이 절대 규칙인지 결정한다

각 가족은 어떤 규칙이 절대 규칙이고 어떤 것이 조율 규칙인지 결정해야 한다. 자녀의 성장에 따라 절대 규칙을 조율 규칙으로 바꾸는 시기를 아는 것은 자녀 양육에 있어 중요한 기술 중 하나이다.

절대 규칙으로 적합한 여덟 가지 영역을 소개하고, 각각의 예를 제시하겠다.

- 건강: "열이 있을 때는 누워 있어라."
- 안전: "음주 운전을 하지 마라."
- 준법: "운전할 때는 면허증을 꼭 지참해라."
- 윤리: "너희 선생님께 대신 거짓말을 해 주는 일은 하지 않을 거란다."
- 종교: "열네 살이 될 때까지 가족과 함께 예배에 참석하기를 바란다."
- 가족생활: "할머니가 건강하신 동안에는 생신 때 할머니 댁에 가야 한다."
- 부모의 선호: "내가 집에 있을 때는 음악 소리를 크게 틀지 마라."
- 이웃 환경: "여기는 조용한 동네야. 음악을 틀고 파티를 하고 싶으면 동네 사람들에게 미리 양해를 구해야 한단다."

앞의 어떤 예는 각 가정의 상황과 맞지 않을 수도 있다. 절대 규칙은 가족마다 차이가 있다. 자녀는 가족마다 고유한 특성이 있음을 이해하고, 우리 가족은 다른 가족과 어떻게 다른지 배울 필요가 있다.

어떠한 규칙을 절대 규칙으로 정할지 결정하기 위해서, 부모는 자신이 가지고 있는 가치 중 무엇이 안전한지, 어떤 점이 도움이 될지 명확하고 솔직하게 생각할 필요가 있다. 위험한 상황을 어떻게 다루고 대처해야 할지 확신이 없는 사람은 지혜로운 사람과 상의하는 것이 좋다. 여러 사람과 이야기를 나눠 본 뒤 당신의 안전 감각을 점검해 보자. 안전과 보호를 위한 당신과 자녀의 욕구를 중요하게 여겨야 한다.

그리고 가족 규칙은 모든 가족들이 명확히 알 수 있도록 해야 한다. 절대 규칙과 조율 규칙을 잘 보이는 곳에 붙여 두는 것이 도움이 된다.

자녀에게 생각하는 방법을 가르치는 조율 규칙

조율 규칙은 부모와 자녀가 합의한 규칙이다. 함께 아이디어를 내고, 함께 생각하고, 함께 결정한다. 어떤 부모는 아이와 조율하는 것이 자녀에게 약한 모습을 보이는 것이라고 생각하기 때문에 조율 규칙을 달가워하지 않는다. 하지만 사실 그 반대이다. 자녀와 함께 적절한 규칙을 조율하고 결정하는 과정에서 부모는 자녀에게 명확하게 생각하는 법을 가르칠 수 있다. 또한 자녀의 욕구에 대한 이야기를 들어 주고 이해하며 부모 자신의 입장을 돌아보는 과정을 통해, 부모로서의 능력을 보여 줄 수 있다. 이렇듯 조율하는 과정을 통해 자녀는 책임감 있게 생각하는 법을 배우고 새로운 정보를 습득해 간다.

조율은 어떻게 이루어지는가

규칙을 조율하는 것은 계약을 맺는 과정과 비슷하다. 계약을 통해 누가 어떤 영역에 책임이 있는지를 분명히 알 수 있다. 때로는 계약 내용을 기록함으로써 부모 자녀 간의 책임감을 더욱 분명히 할 수도 있다.

조율하는 동안 다루어야 할 주제는 다음을 포함해야 한다. 무엇을? 어떻게? 언제? 어디서? 누가? 얼마나 많이? 얼마나 오래? 그래서? 왜? 조율하는 과정에서 부모는 자녀가 요청한 사항에 대해 이런 질문을 해야 한다. 왜냐하면 자녀의 보호와 안전을 위한 경계를 설정하기 위해서는 적절한 정보가 필요하기 때문이다. 더불어 이런 기회를 통해 부모는 문제해결에 필요한 정보를 자녀에게 가르칠 수도 있다. 부모가 자녀에게 질문하는 방법을 살펴보자. 초등학교 5학년인 빌은 친구의 초대에 응하기 전에 부모와 조율을 한다.

다음의 대화를 통해 어떻게 조율이 진행되는지, 대화 중에 가족 규칙이 얼마나 많이 거론되는지 주목하자.

빌: "샘이 이번 주말에 호숫가로 놀러 가자고 초대했어요. 저 가도 돼요?"(어디서)

부모: "글쎄, 그 가족을 잘 모르는데 그 여행에 대해 좀 더 자세히 말해 줄래?"(무엇을)

빌: "샘의 부모님이랑 다른 두 친구가 같이 갈 거예요."(누가)

부모: "어떤 친구들? 내가 아는 애들이니?"(누가)

빌: "조는 아시죠? 그렇지만 켈리는 모르실 거예요. 켈리는 조의 친구예요."(누가)

부모: "그래, 조는 기억이 난다. 여행에 대해 다른 것도 말해 줘 봐."

빌: "금요일 방과 후에 떠나서 일요일 저녁에 돌아올 거예요."(언제, 얼마나 오래)

부모: "비상시에 연락 가능한 전화번호가 있니?"(어떻게)

빌: "알아볼게요."

부모: "너희 모두 샘의 부모님 차에 타게 되니? 안전벨트는 할 거니?"(어떻게)

빌: "그럼요. 그리고 오고가는 길에 맥도날드에서 햄버거 사 먹을 돈이 필요해요."(얼마나 많이)

부모: "그래. 필요한 돈은 줄게. 샘 부모님에게 일요일 저녁 언제쯤 집에 돌아올지 물어봐 주겠니? 월요일에는 학교 가야 하잖아."(얼마나 오래)

빌: "오늘 밤에 연습 끝나고 알아볼게요."(언제)

부모: "주말에 해야 할 일은 언제 할 거니?"(언제)

빌: "누나한테 저 대신 마당을 쓸어 달라고 부탁할게요. 공부는 목요일 밤에 미리 더 할 거고요. 제가 다음 주에 더 많이 할 테니까, 이번 주엔 제가 해야 할 집안일을 엄마가 좀 도와주세요."(누가, 무엇을, 언제)

부모: "그래. 그렇게 해 줄게. 그럼, 연락 가능한 전화번호와 집에 도착하는 시간을 알아본 후에 다시 이야기해 보자. 놀러 가서 무엇을 할 것인지 생각해 본 다음에 짐을 싸야 한다는 거 알지?"(언제, 무엇을)

조율 과정은 부모와 자녀 모두 만족하고 누가 무엇을 하게 될지 분명히 하게 될 때 끝이 난다. 또는 더 이상 조율을 해도 별 소득이 없을 거라는 결정을 부모가 내릴 때 끝나기도 한다. 앞의 예에서, 만일 빌이 일요일 밤 8시까지 집에 돌아올 수 없다면 부모는 놀러 가는 것을 허락하지 않을 수도 있다. 부모는 자녀의 건강에 책임이 있다. 5학년 아동은 등교 전날은 적어도 밤 8시 전에 집에 와서 잠자리에 들어야 한다고 빌의 부모는 생각할 수 있다. 절대 규칙은 조율 과정에서 중요한 역할을 한다.

조율 과정을 통해 아동은 생각하는 방법과 책임감을 배운다. 그리고 자신의 힘과 에너지를 생산적인 방향으로 사용하겠다고 다짐하게 된다. 성장해 감에 따라 자녀는 부모와의 신체적인 접촉을 줄여가는 대신, 인정을 얻는 방법으로 도전적인 태도를 보이거나, 토론이나 논쟁을 시도하기도 한다. 부모와 토론하는 것을 좋아하는 아이들은 이 과정을 통해 건설적인 조율의 기초를 배울 수 있다.

조율 과정 중에 자녀는 부모를 신뢰할 수 있게 된다. 또한 인생의 중요한 교훈을 배울 수도 있다. '때로는 내가 이기고, 때로는 네가 이기고, 때로는 우리 모두 이길 수 있어. 이길 때 기분은 좋아. 하지만 졌을 때는 실망을 다스리는 법을 배울 수 있어. 항상 이길 필요는 없어. 협력하는 기술을 배울 수 있으니까.'

부모와 자녀 모두 길을 잃은 느낌이 든다면, 가족 규칙과 계약을 명확하게 조율하고, 체벌과 비난이 아닌 사랑과 구조로 규칙을 강화할 때가 되었음을 알아야 한다.

자녀가 성장함에 따라 조율 규칙은 늘어나고, 이전에는 절대 규칙이었던 일부를 조율 규칙으로 바꾸어야 한다. 그리고 조율 규칙을 늘려 갈 때는 아동의 능력과 성숙 정도를 고려해야 한다.

어떠한 규칙이 조율 가능한가

다음은 조율 규칙의 일곱 가지 영역의 예이다. 부모와 자녀 누구든지 먼저 조율을 제의할 수 있다.

돈

가족의 규칙: 분수에 맞는 옷을 입어야 하며, 옷 구입 예산 안에서 옷을 사야 한다.

부모가 조율을 시도하는 경우: "올 가을에는 옷 사는 비용으로 이만큼 줄 거야. 그런데 네가 원하는 옷과 신발은 이것보다 비싸. 우리가 무엇을 할 수 있을지 이야기해 보자."

자녀가 조율을 시도하는 경우: "우리 반의 다른 애들은 그 운동화를 신어요. 저도 갖고 싶어요."

성적

가족의 규칙: 만일 성적이 내려가면 더 많이 공부해야 한다.

부모가 조율을 시도하는 경우: "성적표를 받은 지 2주가 지났구나. 성적을 올리려면 공부를 많이 해야 할 텐데, 잘 돼 가고 있니?"

자녀가 조율을 시도하는 경우: "지난번 성적표를 받은 이후로 학교 다녀와서 매일 두 시간씩 공부했어요. 지금은 성적이 더 올랐고요. 그래서 말인데요. 이제 공부 시간을 좀 줄이고 싶어요."

편의

가족의 규칙: 고등학생인 누나가 남동생의 공부를 돕는다.

누나가 조율을 시도하는 경우: "저 다음 주말에 작품 발표회에 가야 해서 동생의 공부를 도울 수 없어요. 대신 도울 사람이 없을까요?"

부모가 조율을 시도하는 경우: "옆집 아주머니가 물어보더라. 옆집 아이를 네 과외에 끼워 줄 수 있는지를 말이야. 두 아이를 다 가르칠 수 있겠니?"

집안일

가족의 규칙: 가족 모두는 집안일을 도와야 한다.

부모가 조율을 시도하는 경우: "주말에 해야 할 일들이 있어. 누가 언제, 무엇을 할지 같이 결정하자."

자녀가 조율을 시도하는 경우: "제가 맡은 일은 너무 따분해요. 좀 더 재미난 일을 하고 싶어요."

능력 수준

가족의 규칙: 자녀는 집에서 1km 반경 내에서만 자전거를 타야 한다.

자녀가 조율을 시도하는 경우: "저는 자전거를 정말 잘 타고 안전 수칙도 잘 지켜요. 이번 토요일에 친구들이랑 공원에 자전거 타러 가도 돼요?"

부모가 조율을 시도하는 경우: "자전거 실력이 정말 많이 늘었구나. 이제 더 멀리 나갈 수 있는지, 토요일에 우리 같이 동네 한 바퀴 돌아 볼까?"

성숙 수준

가족의 규칙: 자녀들은 성장함에 따라 새로운 기술을 습득하고 새로운 책임과 권리를 갖는다.

자녀가 조율을 시도하는 경우: "엄마 생신 선물, 이제는 제가 혼자 나가서 쇼핑할 수 있을 것 같아요."

부모가 조율을 시도하는 경우: "네가 혼자서 엄마 생일 선물을 살 수 있다면, 오늘 내가 서점에 가 있는 동안 쇼핑하도록 하렴."

사회 예절

가족의 규칙: 사회 예절과 규범은 상황에 적절하게 따라야 한다. 십 대 아들이 할머니를 만나러 가는데 귀걸이를 하고 싶어 한다.

부모가 조율을 시도하는 경우: "할머니를 뵈러 갈 거야. 네가 귀걸이 하고 싶은 것은 알지만, 할머니랑 그 친구분들께서 너를 오해하실까 봐 걱정이 되는구나."

자녀가 조율을 시도하는 경우: "할머니 뵈러 갈 때 귀걸이 하지 말라고 하실 줄 알았어요. 하지만 저는 할머니께서 익숙해지시기를 바라요."

현재에 맞게 규칙을 조절한다

한동안 규칙을 준수하고 계약을 잘 지키던 자녀가 어느 순간부터 이를 어기기 시작한다. 사실 아이들은 규칙이 도리에 맞고 자신에게 도움이 된다고 여기면 순순히 따른다. 그러나 규칙이 너무 엄격하거나 책임질 수 있는 능력 밖이라면, 이를 어기거나 잊어버리는 등의 행동으로 저항하거나 대든다. 이런 행동이 잦아지면 이 규칙을 점검해 볼 때가 되었다는 것이다. 어쩌면 자녀에게 더 이상은 맞지 않는 규칙일 수도 있다. 그게 아니라면 다른 고통과 괴로움을 겪고 있다고 부모에게 신호를 보내는 중인지도 모른다. 자극과 인정에 대한 자신의 욕구를 충족시키기 위해, 스스로 적합한 규칙을 찾아 나가기 시작한 것일 수도 있다.

자녀가 같은 절대 규칙을 두세 번 이상 어겼다면 이렇게 말해 보자. "이제 이 상황을 이야기할 때가 된 것 같구나. 처음 이 규칙을 만들 때 생각하지 못했던 부분을 생각해 봐야 할 것 같아. 그동안 변한 것들을 생각해 보고 내일 다시 이야기하자." 화가 나서 험악해진 분위기보다 침착하고 차분한 분위기에서 조율이 잘 이루어진다는 것을 기억하자.

자녀의 안전과 관련된 규칙이라면, 협상할 의사 없이 더욱 강하게 대처하기로 결정할 수도 있다. 만약 자녀가 절대 규칙을 싫어한다면 다음과 같이 대처할 수도 있다. 즉 자녀에게 더 많은 책임감을 주는 방향으로 당분간 그 규칙을 유지하는 것과 재조율하는 것 중 하나를 선택하도록 하는 것이다.

자녀가 십 대 후반이라면, 너무 오래돼서 바꿀 필요가 있는 규칙을 재조율하는 것과 자녀가 맞서더라도 그 규칙을 계속 유지하는 것 중 하나를 선택해야 한다. 어떤 청소년 자녀들은 가족으로부터 독립하기 위한 한 가지 방편으로 규칙을 꾸준히 지켜 나가기도 한다. 이것이 이들에게 나쁜 경험만은 아닐 것이다. 반면에 어떤 청소년기 자녀들은 부모로부터 독립하고 자신을 주장하기 위해 부모에게 짜증을 부리기도 한다. 자녀가 뭐라고 하건, 절대 규칙 중 양보할 수 없는 것이 있다면 당당하게 강행해 보자. 이를테면 부모님이 안 계실 때는 친구를 초대하지 않는다거나, 담배를 피우지 않는다는 등의 규칙 말이다.

어떤 규칙이 조율이 되는지 안 되는지 판단할 수 있으려면 아동의 연령과 그에 맞는 발달 과업을 고려해야 한다. 그러므로 부모는 연령에 따른 발달 단계와 그 과업을 이해해야 한다.

제10장

훈육을 통한 가르침

부모가 자녀를 위해 만들어 준 구조를 통해 자녀는 인생의 많은 교훈을 배워 간다. 습득한 기술과 기준은 내적 구조가 되고, 나아가 자녀들의 능력이 된다. 부모가 자녀를 위해 규칙을 만들고 이를 지키도록 하면, 자녀는 안전을 지키는 방법과 자신을 책임지는 방법, 다른 사람들과 상호작용하는 법, 그리고 자기 자신과 다른 이들을 돌보는 법을 배우게 된다.

하지만 만일 자녀가 규칙을 따르지 않는다면 어떻게 해야 할까? 그렇다면 부모는 자녀를 훈육해야 한다. 훈육(discipline)은 '배우다(discere)'라는 뜻에서 유래한 단어이다. 훈육이라는 말은 "아이들은 무엇을 배우는가? 우리는 무엇을 가르쳐야 하는가?"라는 질문을 우리에게 던진다. 그렇다면 과연 우리는 규칙에 대해 무엇을 가르치고 있는가?

우리 가족은 규칙에 대해 무엇을 가르치는가

우리 가족이 규칙에 대해 무엇을 가르치고 있는지, 나는 어떻게 느끼는지 생각해 보고, 사람들이 규칙에 대해 어떻게 말하는지 들어 보자.

- **규칙이 짐이 되는가?**: 직장에 규칙이 또 생겼어. 쓸데없는 일만 더 하게 생겼군.
- **배운 적도 없는 규칙을 알아야만 하는가?**: 업무 중에 실수를 했어. 우리 부서에서 이런 일은 없었다는데. 좀 제대로 알아보고 할 걸…….
- **규칙이 엉터리로 만들어졌는가?**: 뭐 이런 바보 같은 규칙이 다 있어! 아, 정말 누구 머릿속에서 나왔는지 궁금하다 궁금해!
- **들키지만 않는다면 규칙을 어겨도 괜찮지 않을까?**: 새로 온 과장의 경비로 내 지출을 메우고 있지. 아마 과장은 눈치도 못 챌걸.
- **규칙이 무시되고 지켜지지 않고 있나?**: 글쎄, 그러면 다른 규칙을 만들어 보지 뭐.
- **자녀를 희생한 대가로 어른이 이익을 얻는 규칙인가?**: 애들은 어른들이 말할 때 질문할 수 없다는 거 알지?
- **규칙은 도움이 되는가?**: 운전할 때, 한쪽 방향으로만 다녀야 한다는 규칙이 있다는 게 얼마나 다행인지 몰라.
- **규칙은 평가받을 수 있는가?**: 그 규칙은 더 이상 적절하지 않은 것 같아. 도움이 되는 방향으로 바꾸어 보자.
- **규칙 때문에 가족들이 서로를 더욱 존중할 수 있기에, 규칙은 소중한가?**: 서로 말대꾸하지 않는다는 가족 규칙이 있어서 참 좋아요. 그 규칙이 있으니까 서로 비난하는 대신에 어떻게 하면 도움이 될지 같이 생각하게 돼요.

학교나 가정에서 규칙은 부담스럽고 피해야 하는 것으로 배웠다. '규칙'이라는 단어를 들었을 때 발끈 화가 난다면 '규칙'이라는 단어를 사용하지 말고, "……이 기억나니?" "……인 이유를 생각해 볼래?"와 같은 질문을 해 보자.

- 사람을 무시하는 일에 대해 이야기했던 것 기억하니?
- 부드럽게 고양이 쓰다듬는 연습을 했을 때가 기억나니?

- 다 놀고 나면 장난감을 어디에 두어야 하는지 기억하니?
- 학교에 과자를 갖고 가려면 하루 전에 엄마한테 말해야 하는 이유를 생각해 볼래?
- 외출할 때마다 어디에 갈 건지, 언제 올 건지를 이 메모판에 적는 이유가 뭐라고 생각하니?
- 운전할 때 기름을 꼭 채워 넣어야 하는 이유 세 가지만 말해 볼래?

규칙을 생각하면 당신은 어떤 느낌이 드는가? 규칙이 친구처럼 친근하게 느껴지지 않는다면, 보다 친근한 규칙이 필요하다. 자녀가 규칙을 따르지 않는가? 그렇다면 혹시 규칙을 따르도록 격려하지 않았던 것은 아니었을까?

만일 우리가 규칙을 어기거나 피하는 모습을 보여 준 적이 있다면, 아이들은 우리의 행동이 바뀌기 전까지는 규칙을 따르지 않을 것이다.

성공적인 규칙 준수를 위해 가르쳐야 하는 것

모든 행위는 좋든 나쁘든 결과가 있다. 부모는 자녀에게 긍정적인 결과, 신뢰와 감사의 표현, 칭찬 등을 해 주어야 한다. 그래야 자녀는 자신감을 갖고 긍정적인 내적 구조를 가질 수 있게 된다. 때로 부모는 자녀가 잘하는 것이 당연하다고 여기기 때문에 잘한 행동을 인식하지 못한다. 그러나 자녀는 부모의 반응을 원하고 만일 잘한 행동을 했는데도 인정받지 못하면, 바람직하지 못한 방향으로 주의를 끌려고 할 것이다. 때로는 부모가 분명한 기대치를 알려 주지 않아서 자녀가 의도치 않게 불필요한 행동을 할 수 있다. 예를 들어 자녀에게 한 가지 집안일을 시키고 난 후, 그 일이 채 끝나기도 전에 바로 다른 심부름을 시키는 엄마를 생각해 보자. 이 엄마는 자녀에게 일을 마무리 짓는 방법을 가르치지 못하고 있다. 이는 사실 이 엄마가 의도한 바는 아니었다. 하지만 엄마가 자녀에게 각 집안일에 대해 자세히 설명해 주고, 얼마큼의 시간이 각각 걸리는지 세세히 일러 주면 자녀의 행동은 변화된다.

규칙을 위반하면

만약 자녀가 건전하고 유익한 규칙에 대해 저항하거나 무시하면, 이 아이는 중요한 무엇인가를 잃고 있는 것이다. 즉 성장을 축하받을 기회와 가족을 도울 수 있는 기회, 그리고 내적 구조를 세울 수 있는 기회도 잃게 된다.

모든 행위에는 결과가 따르며, 부모는 자녀가 어떤 경험을 하게 할지 선택할 수 있고, 자녀는 규칙을 어길 때 자신의 선택에 대한 결과를 배울 수 있게 된다. 부모는 자녀가 언제든지 잘못을 할 수 있음을 유념해야 하며, 동시에 자녀가 그 잘못을 해결하면서 교훈을 얻어야 한다는 것도 기억해야 한다. 이를 위해 부모는 많은 시간과 힘을 들어야 한다.

『미네아폴리스 스타 트리뷴』이 학생들의 비행 및 폭력에 관한 글을 공모하자, 초등학생부터 고등학생에 이르는 다양한 연령대의 학생들로부터 거의 5,000개에 이르는 글이 쏟아져 들어왔다. 많은 아이들이 자신의 글에서 "아이들이 응당한 대가를 치르지 않기 때문에 비행을 저지르게 된다."라고 기술했다. 또 어떤 아이들은 "비행학생들은 가정교육을 제대로 받지 못했고 내적 구조도 만들어져 있지 않다."라고 불평했다. 놀랍게도, 아이들은 '구조'라는 단어를 사용하고 있었다! 대다수는 비행학생 때문에 학업 및 활동에 방해가 되고 화가 난다고 말했다. 한 초등학교 4학년 학생은 이렇게 말했다. "반에서 나쁜 애랑 짝을 한 적이 있었는데요. 그때 너무 힘들더라고요. 그럴 때 보면 각 책상 사이에 모두 칸막이가 있었으면 좋겠어요." 비행 학생은 내적 구조가 없고 학급은 안전을 지켜 주는 규칙이 없다고 생각한 이 열한 살 아이는 물리적인 칸막이를 생각하게 된 것이다.

자연스러운 결과

부모는 긍정적 행동 또는 부정적 행동으로 발생하는 자연스러운 결과를 자녀가 경험하도록 내버려두기도 한다. 많은 경우 바람직하지 않은 행동은 자연스럽게 결과를 경험함으로써 수정되며, 그 경험은 아동이나 어른 모두에게 최고의 학습 경험이 된다. 자연스러운 결과의 예를 들어 보자. 공부하고 좋은 성적을 받는 일, 친구를 밀치자 친구도 나를 밀었던 일, 도시락 챙겨 오는 것을 잊어서 배고팠던 일, 과속하고 속도위반 딱지를 받았던 일 등이다.

잘못된 행동으로 인한 자연스러운 결과를 경험하게 되면, 자녀는 자신의 잘못된 행동을 스스로 점검하는 정도의 불편함을 느끼게 될 것이다. 만약 부모가 이 불편함을 제거해 준다면 자녀는 아무 결과도 경험할 수 없다. 하지만 자녀가 자연스러운 결과를 경험하도록 하는 동안에도 부모는 자녀를 지속적으로 돕고 지지해 주어야 한다.

종종 자연스러운 결과를 상기시켜 주는 것만으로도 충분할 때가 있다. 다섯 살 조슈아가 아버지에게 "신발끈 묶어 주세요."라고 졸라 대고 있다.

"네 신발끈은 네가 묶어야지. 아빠는 아빠 신발끈 묶고 있잖니."

"싫어요. 신발끈 안 묶을래요."

"걷다가 신발끈 밟으면 어떻게 될지 겪어 봐야 할 것 같구나."

아버지의 반응은 엄한 것도, 달래는 것도 아니었다. 단지 사실을 말했을 뿐이다. 그러나 조슈아는 스스로 신발끈을 묶었다.

그러나 자연스러운 결과를 경험하는 것이 항상 안전하거나 적절하지만은 않다. 책임감 있는 부모라면 차에 치이는 경험을 하라고 도로로 달려나가는 자녀를 막지 않는 일은 하지 않는다. 죽음이라는 자연스러운 일의 결과를 경험하라고 자녀의 마약 복용을 말리지 않을 부모도 없다.

논리적인 결과

논리적인 결과는 때로 자연스러운 결과가 위험하거나, 결과가 나오는 데 시간이 오래 걸리거나, 자연스러운 결과가 큰 불편을 안겨 주게 될 때 생각해 보게 된다. 논리적인 결과는 합리적이어야 하고, 규칙 위반과 관계가 있어야 하며, 관련된 모든 사항을 존중하고, 미리 공지되어야 한다.

논리적인 결과와 자연적인 결과의 차이점을 부모들이 어떻게 생각하는지 살펴보자.

- 자연스러운 결과는 모든 행동으로부터 나온다. 논리적인 결과는 책임감이 필요한 어떤 특정 행동에 초점을 두고 있으며, 자녀가 잘못한 부분을 고치도록 돕는다.
- 공부하지 않아서 시험에 낙제한 것은 자연스러운 결과이다. 밤늦게까지 집에서 공부해야 하는 것은 낙제에 대한 논리적인 결과이다.
- 자동차에 기름을 넣지 않아 겪는 자연적인 결과는 집까지 걸어오거나 차를 얻어 타는 것이다. 기름을 채울 돈을 버는 것과 돈을 벌 때까지 운전하지 않는 것은 논리적인 결과이다.

자녀의 행동에 대한 계약을 맺을 때, 만약 계약이 지켜지지 않거나 자연스러운 결과가 안전하지 않고 부모에게 불편함을 줄 때는 우리가 부과하는 논리적인 결과에 대해 설명해야 한다.

논리적인 결과의 문제점

부모는 자녀가 논리적인 결과를 분별할 수 있도록 최대한 많이 가르쳐야 한다. 만일 부모가 아이를 대신해 결과를 선택한다면, 아이는 책임감 있는 부모가 되어 존중받는 법을 모르게 된다. 그리고 아이는 논리적인 결과를 벌로 여기거나 불편함으로 여기고, 이를 피하려고만 할 것이다.

행위를 결과로 연결 짓는 분명한 방법이 없다는 점이 논리적인 결과의 또 다른 문제이다. 싸웠기 때문에 텔레비전을 못 보게 하는 것은 부모에게는 논리적으로 보일지 모른다. 왜냐하면 텔레비전에서 방송되는 폭력성의 영향을 줄일 수 있기 때문이다. 하지만 자녀는 텔레비전과 싸움의 연관성을 찾지 못할 수도 있다.

친구를 괴롭힌 자녀를 밖에 나가 놀지 못하게 하는 것은 논리적인 결과처럼 보이기도 한다. 하지만 이것은 자녀가 친구를 괴롭히는 대신에 무엇을 해야 하는가를 가르치지 않는다.

자녀가 자신의 행위로 인해 겪는 부정적인 결과로 힘들어한다면, 부모는 아이가 왜 그런 결과를 겪는지를 이해하도록 도와야 한다. 만약 결과를 벌로 받아들인다면, 자녀는 부모를 비난하거나 부모에게 앙갚음하고 싶어 할지도 모른다.

때로는 논리적으로 보이는 결과가 자녀보다 부모를 더 힘들게 하는 경우도 있다. 일주일 동안 자녀를 밖에 나가 놀지 못하도록 결정한 후에, 그 결정으로 힘들었던 적은 없었는가? 아이에게 텔레비전을 보지 못하게 한 후에, 아이들을 통제하지 못해서 힘든 적은 없었는가? 부모로서 자신이 지켜 내기 힘든 논리적인 결과를 놓고 갈팡질팡한 적은 없었는지 생각해 볼 필요가 있다.

문제해결에 초점 두기

자연적/논리적 결과보다는 해결에 중점을 두면서 잘못된 행동을 직접적으로 다루는 방법도 있다. 때때로 부모는 자녀가 잘못을 하면 이를 가르치기 전에 자녀를 조용히 하게 하고 타임아웃[1]을 시킨다. 그러나 타임아웃은 훈육이 아니라는 것을 명심하자. 타임아웃 이후에는 반드시 어떻게 훈육해야 할지 생각해야 한다. 해결책에 중점을 두면서 아이를 가르칠 때는 자녀 스스로 생각하고 책임감을 기르도록 가르쳐야 한다. 몇 가지 예를 살펴보자. "우유를 엎질렀으면 어떻게 해야 하지?" "엄마가 장보는데 계속 징징거리면, 다음에 여기 올 때 어떤 일이 생길 것 같니?" "학교에 지각하지 않기 위해 네가 할 일은 무엇일까?" "방 청소를 할 때는 네 가지 순서대로 해야 하는 거 알지?" "잠을 충분히 자려면 오늘 네 일정을 어떻게 조정해야 할까?"

1) 일정한 장소에 격리시켜서 반성의 시간을 갖도록 하는 것

해결할 수 없는 문제는?

유리컵이 깨졌을 때, 혹은 감정이 상하거나 창피한 일을 당했을 때는 문제를 '해결하는' 방법이 없을지도 모른다. 이럴 때는 조금씩 고쳐 가면서 긍정적인 교훈을 배워 나가자. 조금씩 고쳐 나가는 것은 몇 가지 면에서 자녀에게 도움을 준다. 처음에는 행동의 결과로 생긴 큰 영향력 때문에 불쾌감을 느낄 수 있지만, 고쳐 나가는 방법을 생각해 내고 이를 실행하는 과정을 통해 자녀는 자신감을 회복하게 된다. 이런 과정의 결과는 매우 긍정적이다. 왜냐하면 패자가 승자로 바뀌고, 자녀는 자신감과 자아 존중감을 가질 수 있기 때문이다.

상황을 고쳐 나가기 위해서는 다음 네 가지 사항을 기억해야 한다.

1. 잘못을 저지른 아동은 그 상황을 고칠 수 있는 몇 가지 방법을 생각해 내야 한다. 어른이 도와줄 수도 있다.
2. 상처받거나 피해를 입은 사람은 제안된 사항 중 한 가지에는 동의해야 한다. 혹은 자신이 원하는 새로운 방법을 제안할 수 있다.
3. 고쳐 나가는 과정은 위반한 행동과 관련 있어야 하며, 합리적이고, 적법하며, 적절해야 한다.
4. 만일 잘못을 저지른 아동이 어리다면, 아동이 결정한 개선 행위에 대해서 보호자의 동의가 필요하다.

제인 넬슨의 『긍정의 훈육』(김선희 역, 프리미엄북스)과 파버시 파시의 『훈육이 필요한 아이들』(박하영 역, 즐거운상상)에서 이에 관한 정보를 더 얻을 수 있다.

벌을 주는 것에 대하여

벌은 아동의 행동과 관련 없는 가혹한 대처 방법이다. 부모 스스로 무기력하다고 느낄 때, 혹은 자연적/논리적 결과를 수행할 수 없거나 결과가 특정 자녀에게 맞지 않을 때, 부모는 벌을 주게 된다. 벌을 줄 때 부모의 화난 감정은 가라앉을지도 모른다. 그러나 자녀의 문제점을 찾는 것이 목적이라면, 벌주는 것을 통해서는 찾을 수 없다. 벌을 주는 대신 훈육(또는 훈련)을 생각해 보자. 훈육은 더 많은 생각과 시간을 필요로 하지만, 이를 통해 자녀는 바람직하게 변할 수 있다. 벌을 주고 싶은 마음이 들 때가 있다면, 그때는 자녀에게 새로운 기술과 규칙을 줘야 하는 시기일 것이다. 만약 내가 화가 난다면, 규칙을 어긴 불편함을 자녀 대신 내가 떠안고 있는 것은 아닌지 생각해 보자. 그 불편함은 자녀의 몫이지 나의 것이 아니다. 만약 '이것은 아이의 문제이지 내 문제가 아니야. 어떻게 하면 이런 행동이 아이 자신에게 좋지 않다는 걸 알게 하지?'라고 생각하면 화가 날 일이 없을지 모른다.

나쁜 행동의 이면 바라보기

자녀가 자연적/논리적 결과나 규칙의 변화에 순응하지 않는다면, 잘못된 행동의 이면을 바라보고 다음과 같은 질문을 해 보자.

1. 훈육을 통해 가르치고자 하는 것은 무엇인가?
2. 훈육 방법은 아이의 기질을 고려한 것인가?
3. 아이의 행동이 인간의 기본 욕구가 충족되지 못했다는 신호는 아닐까?
4. 아이의 행동이 가족의 문제점을 반영하고 있지는 않은가? 아이의 문제 행동은 때로 가족 내의 중독, 질병, 자녀와 부모 사이의 갈등, 가정의 경제적 어려움, 가족의 죽음과 같은 문제를 반영하기도 한다. 또는 외부에는 말할 수 없는 가족의 비밀 때문에 그렇게 행동할 수도 있다.
5. 아이가 이웃이나 학교에서 폭력, 괴롭힘, 따돌림, 왕따 등을 당하고 있는 것은 아닌가?
6. 부모로서 내가 변해야 할 점은 없는가? 자녀가 아니라 내가 도움이 필요한 것

은 아닌가?

부모도 자연적/논리적 결과를 경험해야 한다

부모가 역할을 제대로 하지 않을 때 부모도 부정적인 결과를 경험할 수 있다.

어떤 가족이 규칙(부모와 자녀 모두에게 상과 벌이 주어지는 규칙)을 처음 도입했을 때, 자녀들은 이런 말을 뱉었다. "흥, 어른들한테 벌칙이 있다고? 어른들은 우리랑 한 약속을 깨면서 그냥 대충 넘어가 버리잖아." 그러나 계약의 규칙을 잘 이해하게 되면, 아이는 약속을 지키지 않는 부모에게 벌을 줄 수 있음을 깨닫게 된다. 아마도 자녀는 다음과 같이 생각할 것이다. 엄마와 아빠가 해야 할 일을 하지 않으면 나는 그만큼 엄마, 아빠를 신뢰하지 않을 거야." "엄마, 아빠가 일을 시키면 대충할 거야."

부모가 자신의 자연스러운 결과나 논리적 결과를 명백히 알 수 있는 때는 자녀가 "엄마, 아빠도 할 일을 안 하셨잖아요."라고 대들 때이다. 하지만 대부분 자녀들은 주로 규칙을 무시하고, 시큰둥하고, 방을 어지럽히고, 게으름을 피우고, 무례하게 굴고, 공부를 게을리하고, 가족의 가치를 깔보는 등의 소극적인 방법으로, 부모로 하여금 결과를 경험하게 한다.

부모는 협상한 계약에서 자신이 맡은 부분을 잘 지켜야 한다. 그렇지 않다면 위반을 과감히 인정하고, 계약을 수정하거나 결과를 겸허히 받아들여야 한다. 만일 부모가 자신의 책임을 다하지 못한다면, 아이들은 책임은 어린아이들만 지키는 것이라고 배우게 될 것이다. 나아가 그들이 성장하고 나이가 들었을 때 규칙 준수에 대한 책임감을 느끼지 못하게 될 것이다.

인생의 모든 지혜를 규칙으로 가르칠 수는 없지만……

부모가 중요하다고 믿는 삶의 지혜는 억지로 배워지는 것이 아니다. 많은 부모들은 자녀가 내재화하기를 바라는 중요한 지혜와 가르침과 규칙을 갖고 있다. 자녀들은 이런 규칙을 거부하고 조롱하기도 하지만, 마음속에서 들리는 목소리가 필요하다는 것 또한 알고 있다.

열아홉 살인 애니와 코키의 지혜로운 행동을 살펴보자.

애니의 엄마와 친구는 어느 주말, 아이들을 태우고 야외로 가고 있었다. 애니와 애니 친구 코키는 뒷좌석에 앉아 있었다. 앞좌석에는 엄마들이, 뒷좌석에서는 두 소녀가 수다를 떨고 있었다. 그러다가 우연히 애니의 엄마는 아이들이 나누는 말을 듣게 되었다. 코키가 "우리 엄마도 그렇게 말해 주셨으면 좋겠어."라고 하자 애니도 "나도 그래."라고 대답했다.

흥미로운 이야기라고 생각한 애니의 엄마는 아이들에게 같이 대화를 나누자고 제안했다. 애니 엄마는 코키에게 엄마로부터 어떤 말을 듣고 싶은지를 물었다.

그러자 코키는 "스물세 살 전까지 성관계를 하지 말라고 말해 주셨으면 좋겠어요."라고 단호히 대답했다.

"잠깐만! 애니야, 너도 내가 그렇게 말해 주기를 바랐니?"

"네." 하고 애니는 대답했다.

"하지만 네가 나에게 말한 것과는 좀 다른데?"

"네, 엄마에게서 벗어나고 싶고, 엄마가 나를 이해하지 못하니까 내 방식대로 살고 싶다고 말했어요." 애니의 엄마는 딸이 원하는 그 말을 자신이 왜 해 주지 못했는지 생각해 보았다. 어쩌면 딸이 어떻게 반응할지 두려웠는지도 모른다.

애니의 엄마는 청소년 자녀에게 성관계 자체를 나쁜 것으로 가르치면 안 된다고 배웠다. 자신이 할 수 있는 최선은 임신, 성병, 피임에 대한 정보를 주고, 자녀들이 알맞은 시기에 알맞은 결정을 하도록 돕는 것이라고 생각했던 것이다.

"그러니까 네가 내게서 벗어나고 싶다고 말했더라도, 내가 더욱 강하게 어린 나이에 섹스하지 말라고 말해 주기를 원했다는 거니?"

코키가 애니 대신에 대답했다. "고등학교 1학년 때 남자친구가 사랑한다고 하면서 '섹스하자.'라고 말했을 때, 저는 누군가의 목소리가 필요했어요. 나를 사랑하는 엄마의 목소리요. 섹스를 거절하고 나서 그런 것도 못 하는 바보라고 친구에게 놀림 받고 싶지 않았거든요. 안 된다고 말할 이유가 필요했어요."

"그래, 맞아."라고 애니가 말했다.

애니의 엄마는 처음으로 '마음에서 나오는' 부모의 규칙이 자녀에게 중요한 경계를 만들어 줄 수 있음을 알았다. 아마도 그녀는 스물세 살 전까지 성관계를 해서는 안 된다는 규칙을 강하게 말하면서 강요하지는 못했을지 모른다. 하지만 이른 성관계로 인해 딸이 겪을 수도 있는 자연적인 결과를 다음과 같이 생각해 보았다.

- 이용당했다는 느낌에 후회할지도 모른다.
- 성병에 걸릴 수도 있다.
- 너무 이른 나이에 성관계를 시작하면 자극적인 감각에만 사로잡힐 수 있다. 이런 자극에 탐닉한다면 인간관계의 기술을 제대로 배울 수 없고 성장할 수 없을 것이다.
- 미성숙한 성관계에 빠져 자신의 정체성을 찾는 작업을 등한시할 수도 있다.
- 다른 사람에게 빠져서 자신의 욕구나 재능, 목표 탐색을 잊을 수도 있다.
- 임신하게 될 수도 있다.
- 청소년기의 발달 과업은 나중으로 미뤄질 것이다. 어른이 돼서 이 시절에 다 하지 못한 경험을 그리워해도 그때는 이미 너무 많은 일로 바빠져 있을 것이다.

책임감 있는 부모라면 이와 같은 결과가 생기지 않도록 노력한다. 앞의 일화에서 우리가 배워야 할 교훈이 있다. 규칙에는 자녀의 건강하고 안전한 발달을 위한 부모의 바람, 희망, 기대도 포함된다는 것이다. 만약 우리가 자녀에게 이런 희망을 표현하지 않는다면, 자녀가 갖기를 원하는 방어 체계, 즉 도움이 필요할 때 그들을 지켜 줄 수 있는 보호 체계에 커다란 구멍이 생길 것이다. 그리고 이 이야기는 비단 딸을 가진 부모에게만 국한된 이야기는 아닐 것이다.

실생활에서 보는 내적 구조의 예

구조 고속도로

보살피기 고속도로와 마찬가지로, 구조 만들기도 고속도로에 비유해 생각해 볼 수 있다. 절대 규칙과 조율 규칙은 안전한 두 차선에 비유되고, 비난과 사탕발림은 갓길에, 완고함과 유기는 도랑에 해당된다. 만일 당신의 자녀 양육 자동차가 갓길로 미끄러졌다면, 과도하게 방향을 바꿔서 반대쪽 갓길로 빠지지 말고 고속도로 차선 위로 돌아오면 된다. 그리고 만약 도랑에 빠진 것을 깨달았다면, 역시 안전한 차선으로 되돌아온다. 도움이 필요하다면 자녀 양육의 견인차라 할 수 있는 친구, 부모, 학교, 부모 모임, 상담자 등을 부르도록 한다. 구덩이에 빠졌다고 한탄만 하지 말고 차선 안에 머무는 노력을 해 보자.

적용해 보기

다음의 예들을 사용해 지금 자녀에게 어떤 구조를 만들어 주고 있는지 검토해 볼 수 있다.

이 예들은 자녀들에게 구조를 만들어 주는 상황이므로 스스로에게 질문해 볼 수 있다. 자녀를 양육하면서 절대 규칙과 조율 규칙을 사용하고 있는가? 아니면 바람직하지 못한 네 가지 반응 가운데 하나를 사용하고 있는가? 만일 후자에 해당된다면 여기서 제안하고 있는 절대 규칙과 조율 규칙을 자신의 가족에 적용해 보는 것이 좋다. 만일 예시가 자신의 가족과 맞지 않는다면 적절하게 상황에 맞게 고쳐서 사용해 보도록 하자.

구조 고속도로

예시 1

상황: 네 살 자녀가 혼자서 차도를 건너려고 한다.

부모의 반응

- 완고함: 거칠게 팔을 잡아채고 "도로에 한 발짝이라도 내디디면 엉덩이를 때려 줄거야."라고 말한다.
- 비난: 아이에게 소리를 지르며 "도로에서 물러서! 너 대체 왜 그래? 그러면 죽

는다고 수백 번 이야기했지!"라고 말한다.

- 절대 규칙: 심각하게 말한다. "길을 건너고 싶으면 이리 와서 엄마와 함께 가렴. 길을 건널 때는 반드시 어른과 함께 건너야 해."
- 조율 규칙: 조율할 수 있는 내용이 아니다. 거리에서의 안전은 협상 불가능한 사항이다.
- 사탕발림: 애걸하듯이 말한다. "제발 그러지 마."
- 유기: 아이가 혼자 차도를 건너는 것도 알아채지 못한다.

예시 2

상황: 어린 자녀가 사탕을 먹고 있다.

부모의 반응

- 완고함: 사탕을 빼앗아 들고 말한다. "절대 사탕은 안 돼. 너한테 안 좋단 말이야."
- 비난: 인상을 찌푸리며 말한다. "이 못된 녀석. 이 사탕 어디서 났어!"
- 절대 규칙: 아이에게서 사탕을 건네받은 후 애정 어린 어투로 말한다. "사탕은 일주일에 두 번 줄게."
- 조율 규칙: "할아버지가 항상 사탕을 가져오시네. 사탕을 언제, 몇 개씩 먹는 게 좋을지 생각해 볼까? 사탕을 어디에 둘지도 같이 생각해 보자. 혹시 다른 사람에게 사탕을 좀 나눠주기도 할 거니?"
- 사탕발림: "엄마는 네가 먹는 건 뭐든 좋아. 우리 귀여운 공주님!"
- 유기: 규칙이 없다. 자녀는 사탕과 같이 단 음식을 아무 때나 먹을 수 있다. 부모는 자녀가 아동이 무엇을 먹는지 알지 못한다. 혹은 영양가 있는 음식 대신 단 음식을 먹인다.

예시 3

상황: 초등학교 1학년 자녀가 좋지 않은 숙제 점수를 받아 왔다.

부모의 반응

- **완고함:** "한 번만 더 이런 점수 받아 오면, 한 달간 집 밖에 못 나갈 줄 알아."
- **비난:** 화가 나서 말한다. "네가 게으르고 멍청해서 이렇게 된 거라고."
- **절대 규칙:** "저녁 먹은 후 온 가족이 책을 읽거나 공부를 할 때, 너도 같이 적어도 한 시간은 숙제를 해야 한단다."
- **조율 규칙:** 자녀와 상의한다. "엄마가 어떻게 도울 수 있는지 담임 선생님을 만나서 이야기해 볼까?"
- **사탕발림:** "숙제하기 싫은 거 엄마도 알아. 그래도 좀 해 봐라. 알았지, 응?"
- **유기:** 상황이 어떤지 알지 못한다. 성적표나 학교에서 걸려 오는 전화에도 별 반응이 없다.

예시 4

상황: 초등학교 1학년 자녀가 잠자려고 하지 않는다.

부모의 반응

- **완고함:** "무슨 일이 있어도 8시면 잠자러 가야 해. 절대로 예외는 없어."
- **비난:** "잠자러 가라고 할 때마다 말을 안 듣네. 침대에서 나오지도 말고 불도 켜지 마."
- **절대 규칙:** "네 스스로 일어나서 제시간에 학교 갈 준비를 할 수 있을 만큼 충분히 자야 한단다. 몇 시부터 자면 좋을지 생각해 보자."
- **조율 규칙:** "주말이나 방학 때는 잠자는 시간을 좀 더 유연하게 조절해 보자."
- **사탕발림:** "오늘은 좀 일찍 자도록 하렴. 네가 할 일은 엄마가 대신 해 줄 테니까."
- **유기:** 잠자는 시간에 대해 관심이 없다. 혹은 잠자는 시간이 부모의 기분에 따라 들쑥날쑥하다.

예시 5

상황: 열두 살 자녀가 저녁 식사에 늦는다.

부모의 반응

- **완고함**: "식사 시간은 아침은 8시, 점심은 12시 그리고 저녁은 6시야. 그 사이에 밥 먹는 일은 없어. 식사 시간에 자리에 없으면 못 먹는 줄 알아."
- **비난**: "저녁 시간에 맞춰 제때 집에 오는 걸 또 잊어 먹었니? 어디다 정신을 놓고 다니는 거야. 정신 차려. 오늘 저녁밥은 없어!"
- **절대 규칙**: "식사 시간에 집에 오지 않으면 남은 음식을 먹어야 할 것 같구나."
- **조율 규칙**: "식구들 각자 시간과 식사 시간이 맞지 않으면, 모두 가능한 시간으로 조정해 보도록 하자."
- **사탕발림**: "언제 먹고 싶니? 낮이든 밤이든 네가 먹고 싶은 시간에 준비해 줄게."
- **유기**: 아이가 식사 시간에 오든 말든 상관하지 않는다. 자녀가 무엇을 먹든 관심이 없다.

예시 6

상황: 초등학교 6학년 아들이 항상 다급히 집으로 뛰어들어와 숨거나, 싸움에 휘말린다.

부모의 반응

- **완고함**: 아이를 집에 들어오지 못하게 한다. 싸울 거면 이기라고 말해 준다.
- **비난**: 아이가 친구를 괴롭히는 입장이든, 괴롭힘을 당하는 입장이든, 꼴 보기 싫다고 말한다.
- **절대 규칙**: 자녀에게 자신의 안전을 지키는 방법을 알려 주고, 그 상황에서 빠져나와야 하는 시점도 알려 준다. 아이가 처한 환경의 안전 요소를 살펴보고 안전을 강화할 방법을 찾는다.
- **조율 규칙**: 부모가 겪었거나 들은 싸움, 빠져나왔던 방법 등을 이야기해 준다. 자녀의 상황을 생각해 보고 싸울 때, 도망갈 때, 유연하게 넘길 때 그 각각의

결과가 어떤지 이야기해 보도록 한다. 각각의 상황에 자연스럽게 대처하는 방법을 찾도록 돕는다.

- **사탕발림**: 언제나 부모가 함께하고, 아이를 절대로 혼자 내보내지 않는다.
- **유기**: 자녀에게 문제가 있는지도 모른다.

예시 7

상황: 고등학교 2학년 딸이 남학생과 여학생이 함께 만나는 친구 집에 가고 싶어 한다.

부모의 반응

- **완고함**: "학교에서 하는 모임은 괜찮지만 집에서 만나는 것은 안 돼."
- **비난**: "네 친구들은 문제가 많아. 술 마시고 담배 피우고, 뻔하지 뭐. 그보다 더 한 일도 할지 어떻게 알아? 난 너 못 믿으니까, 못 가."
- **절대 규칙**: "학교에서 열리는 파티라면 언제든 가도 좋아. 그리고 집에서 열리는 파티는 부모님이 댁에 계시면서 감독해 주실 때만 갈 수 있어. 부모님이 2층에 계시는 것만으로는 충분하지 않아. 안전하지 않은 느낌이 들면 언제든지 전화해야 해. 그러면 우리가 널 데리러 갈 테니까."
- **조율 규칙**: "파티가 어디서 열리는지, 언제 그 집을 떠날지 확실히 알려 줘. 즐거우면서도, 자신을 돌볼 수 있고, 또 안전할 수 있는 방법을 같이 생각해 보자."
- **사탕발림**: "난 네가 인기가 많으면 좋겠어. 그러니까 초대받은 파티는 다 참석하렴. 옷 필요하니? 새 옷 사 주련?"
- **유기**: "엄마는 약속이 있으니까 네가 하고 싶은 대로 해."

예시 8

상황: 고등학교 2학년 딸의 남자친구가 사랑을 빌미로 성적인 행위를 요구하고 있다.

부모의 반응

- **완고함:** "우리 집 식구인 이상 절대 그런 일은 안 돼."
- **비난:** "옷 입은 꼬락서니가 그게 뭐니? 싸구려 여자처럼. 대체 네가 원하는 게 뭔데?"
- **절대 규칙:** "그런 관계를 갖기에는 너무 나이가 어리구나. 네게는 지금 배워야 할 다른 것들이 많단다. 그건 나중에 해도 늦지 않아."
- **조율 규칙:** "네가 원한다고 해도 지금은 때가 아니라는 것을 명심하렴. 그런 것을 강요하는 남자친구에게 할 수 있는 말을 생각해 보자."(이를테면, "좀 더 나이가 들 때까지 기다리고 싶어." "집에 가서 샤워나 해." "자꾸 그런 식으로 밀어붙이지 마." "전에도 네가 나에게 물었던 것 같은데, 혹시 기억력에 문제 있는 거 아니야?" "미안한데 나 바빠." "싫어. 나는 다른 계획이 있어.")
- **사탕발림:** "이런, 세상에. 요즘 젊은 애들은 너무 빨리 성숙한다니까."
- **유기:** "네가 결정할 문제 같은데? 그리고 결국엔 어찌됐든 네가 하고 싶은 대로 할 거잖아."

자신과 가까운 사람들을 위해 적용하기

아이들에게만 구조가 필요한 것은 아니다. 인간 모두는 확실성에 대한 욕구가 있기 때문에 성인도 내적 구조를 필요로 한다. 만약 안전하지 않은 구조를 가지고 있다고 생각이 들면 사람들은 다양한 방식으로 이에 반응한다. 어떤 이는 그 상황을 피하고, 어떤 이는 머무르면서 안전한 구조를 만들어 낸다. 또 어떤 사람은 구석에 들어가 숨어 버리기도 하고, 어떤 사람은 인정받고 싶은 욕구, 즉 자신을 외부에 알림으로써 문제를 해결하려고 한다. 아마 우리도 이와 비슷한 경험을 했을 것이다.

살다 보면 우리는 다양한 구조와 체계를 접하게 된다. 운전하는 방법, 세금을 내는 법, 그리고 직장이나 공공장소에서 해도 되는 일과 할 수 없는 일 등이 그러한 예이다. 아마 가장 자유로운 동시에 가장 엄격한 구조와 체계는 우리가 우리 자신에게 부여하는 규칙일 것이다.

스스로의 구조를 견고히 하고 싶다면 절대 규칙과 조율 규칙을 생각해 보는 것이 도움이 된다. 이런 규칙은 어렸을 때 이미 들어야만 했었으며, 지금은 통합할 능력이 있다. 자녀에게 규칙을 가르칠 때 그 규칙을 우리 스스로에게도 적용할 수 있다.

예시 9

상황: 나를 아끼는 사람들이 스스로를 좀 더 돌보라고 말한다.

당신의 반응

- 완고함: "다른 사람들도 모두 자신의 욕구를 돌볼 수 있으면 나도 해 볼게."
- 비난: "나 어른이야. 약골들이나 자기를 챙기느니 뭐니 하면서 유난을 떨지."
- 절대 규칙: "나 자신을 돌볼 수 있는 일을 찾아서 매일 하나씩 실천해 볼게."
- 조율 규칙: "나 자신을 돌보는 몇 가지 방법을 생각한 다음에 무엇이 좋은지 결정할게."
- 사탕발림: "맞아, 난 정말 나 자신을 아껴야 해. 너무 할 게 많아서 어디서부터 시작해야 할지도 모르겠어."
- 유기: "내 욕구는 중요하지 않아."

타인과 경계 설정하기

다른 사람들은 우리에게 무엇인가를 계속 요구한다. 다른 사람의 부탁에 '예.' 또는 '아니요.'로 간단히 대답하기 힘들다면 다음의 방법을 생각해 볼 수 있다.

친구: "내일 나랑 같이 아침 먹을래?"

자신에게 물어보기: "내일 내 일정이 어떻게 되지? 11시에 회의 시작해서, 저녁에도 밤에도 회의가 연달아 있네. 모레는 하루 종일 워크숍에서 강의를 해야 하고." 다시 자신에게 말한다. "내일 보통 때보다 더 일찍 일어나서 친구랑 같이 아침 먹는

것이 내 건강에 좋을까? 차라리 잠을 한 시간 더 자는 게 나을 것 같은데. 만나서 아침 같이 먹자고 했다가 나중에 피곤해서 후회하느니 지금 거절하는 게 낫겠다."

친구에게 말하기: "미안해, 내일은 좀 더 자야 할 것 같아. 아침은 다른 날 먹자."

타인과 건강한 경계를 설정하고 있는지 알고 싶다면, 내가 어떤 입장을 취하고 있는지 검토해 보자. 건강한 경계를 세운다면 다른 사람들을 더욱 잘 보살필 수 있게 된다. 이 말에 의심이 든다면 자신의 욕구를 뒤로하거나 무시한 채 다른 사람의 욕구와 필요를 채워 주고 돌봐 주었던 때를 생각해 보면 된다. 아마도 그 사람들은 당신을 이용하려고만 했거나, 당신에게 화가 났거나, 혹은 당신이 그들에게 화를 냈을 것이다.

다음의 예를 읽어 보고, 각각의 예에서 바람직하지 못한 네 가지 입장을 취하는 것은 아닌지 살펴보자. 만약 그렇다면 제시하고 있는 절대 규칙과 조율 규칙을 자신의 상황에 맞게 적용해 보자. 그렇지 않은 경우라면, 건강한 경계 설정을 위해 다음의 예들을 적극 활용해 보자.

예시 10

상황: 상사와 문제가 있는 동료가 자신을 위해서 상사에게 거짓말해 달라고 부탁한다.

당신의 반응

- 완고함: 자신에게 말한다. "어떤 상황에서도 거짓말은 안 돼."
- 비난: 자신에게 말한다. "그 여자를 위해서 상사한테 거짓말을 하라고? 바보 아냐? 너는 허구한 날 남한테 이용만 당할래?"
- 절대 경계: 자신에게 말한다. "사람들은 각자 자신의 행동에 책임을 져야 해. 내가 나 자신에 책임을 지듯이 말이야."
- 조율 경계: 동료의 요청이 당신의 가치 체계에 위배되는지 가늠해 본다. 필요하다면 정보를 더 수집해 본다.

• 사탕발림: 자신에게 말한다. "그 여자를 도와줘. 그래야 그 여자가 내 편이 되지."
• 유기: 고려조차 하지 않는다.

예시 11

상황: 친구가 외국인 노동자를 비하하는 농담을 한다.

당신의 반응

• 완고함: 자신에게 말한다. "내 친구가 하는 농담에는 무조건 같이 웃는 거야."
• 비난: 자신에게 말한다. "그 친구는 편견이 심한 고집불통이야. 그 말을 듣는 내가 멍청하다."
• 절대 경계: 자신에게 말한다. "그런 농담은 옳지 않아." 그러고 나서 친구에게 그런 농담을 하지 말라고 말한다.
• 조율 경계: 당신이 할 수 있는 가장 효과적인 대답들을 생각해 본다.
• 사탕발림: 그 친구가 당신에게 피해 준 것은 없다고 자신에게 말한다. 친구에게 기분 좋게 웃어 준다.
• 유기: 웃고 나서 잊어버린다.

예시 12

상황: 이미 매우 바쁜 상황인데 학부모회에서 자원봉사를 해 달라고 당신에게 요청한다.

자기 자신에게 하는 말

• 완고함: "학부모회에서 하라고 하면 당연히 해야지."
• 비난: "나는 항상 너무 이기적이었어. 조금 더 일한다고 해서 몸이 상하진 않을 거야."
• 절대 경계: "내 체력과 정신력의 한계를 넘는다면 그 일을 하지 않을 거야."
• 조율 경계: "제안받은 일이 어떤 것이든 난 그 일을 거절할 수 있어. 생각하자! 내가 그 일을 정말 수락하고 싶은지, 아니면 내가 다른 방법으로 할 수 있는 봉

사가 있는지."

- 사탕발림: "해야지. 시간이 안 되면 일정을 쥐어짜서라도 만들어야지. 필요하다면 잠을 줄이면 되지 뭐."
- 유기: "생각하고 싶지 않아."

예시 13

상황: 배우자의 음주 문제로 가정에 문제가 생겼다.

당신의 반응

- 완고함: 배우자에게 말한다. "당장 나가 버려!"
- 비난: 배우자에게 말한다. "이 쓸모없는 인간아! 넌 대체 왜 그러고 사니?"
- 절대 경계: 배우자에게 말한다. "우리 같이 도움받을 곳을 찾아보도록 해요. 만일 당신이 도움을 받지 않는다면, 나와 아이들을 위해 그게 뭐든 결단을 내리고 실행에 옮길 거예요."
- 조율 경계: 음주 문제는 조율이 가능한 것이 아니므로 도움받을 수 있는 곳을 적극적으로 찾아본다.
- 사탕발림: 배우자에게 말한다. "술 먹고 피곤해요? 더 자고 싶으면 내가 당신 회사에 전화해서 당신이 독감 걸렸다고 말해 줄게요."
- 유기: 술을 먹어서 몸을 망치든 말든, 아무 말 하지 않고 내버려둔다.

예시 14

상황: 배우자가 계속해서 각종 고지서를 연체하고 미납한다.

배우자에게 하는 말

- 완고함: "고지서가 날아오면 반드시 납부 기한 내에 내도록 해요. 만일 한 번만 더 연체하면 당신한테 맡긴 생활비를 모두 몰수하고, 내가 모든 지출을 관리하면서 결정할 테니까 그렇게 알고 있어요."
- 비난: "뭐? 또 연체예요? 도대체 돈 관리를 어떻게 하는 거예요! 믿을 수가 없는

사람이네, 정말."

- **절대 경계:** "여보, 우리 생활비는 당신이 관리하기로 합의했잖아요. 내가 번 돈을 연체료로 쓰고 싶지 않아요. 그러니까 고지서가 날아오면 제때에 지불하고, 그렇지 않으면 과태료는 당신 용돈에서 해결해요."
- **조율 경계:** "둘 다 마음을 가라앉힌 다음에 이 문제를 다시 생각해 보고요. 고칠 것 이 있다면 다시 의논해요."
- **사탕발림:** "얼마가 더 필요해요?"라며 웃는다.
- **유기:** "당신이 무얼 하건 신경 쓰고 싶지 않아요. 당신이 돈 관리하기로 한 거니까 난 신경 쓸 필요가 없잖아요."

보살피기와 구조 고속도로

우리는 보살핌을 통해 자극과 인정을 받는다. 자녀의 존재를 있는 그대로(being), 또 자녀가 하는 그대로(doing)를 긍정적으로 지지할 때 자녀는 자극과 인정을 느낀다. 자극과 인정을 제공하는 방법을 강한 상호작용에서부터 부드러운 상호작용까지 여섯 가지 방법들을 통해 살펴보았다.

학대	조건적인 돌보기	부모 주도 돌보기	아이 지지 돌보기	과잉보호	방치

또한 내적 구조를 만들어 주면 확실성에 대한 욕구가 충족되는데 안전과 책임, 존중에 대한 규율을 가르치는 방법도 강한 상호작용부터 부드러운 상호작용까지 여섯 가지 방법을 통해 살펴보았다.

완고함	비난	절대 규칙	조율 규칙	사탕발림	유기

하지만 아이들은 보살핌이나 구조, 어느 하나만으로 살아가지 않는다. 신체, 정신, 영혼의 성장을 위해서는 보살핌과 구조가 조화를 이루어야 한다. 우리는 보살피기 고속도로와 구조 고속도로를 합하여 '보살피기와 구조 고속도로'라고 부르며

도로의 좌우 끝은 도랑, 그 안쪽은 갓길, 그리고 중앙은 자동차가 안전하게 움직이는 차선이라고 비유한다.

보살피기와 구조 고속도로를 표현한 [그림 12-3]을 이용할 수 있다. 그림을 작게 복사해서 지갑에 넣어 다닐 수 있고 냉장고에는 큰 복사본을 붙여 놓을 수 있다. 큰 그림 위에 장난감 자동차를 움직이며 자녀와 함께 이야기를 해 볼 수 있다.

- 프레드는 아이의 장난감 자동차를 빌려, 여태까지는 사탕발림의 갓길을 운전해 왔지만 앞으로는 규칙을 더 분명하게 하려 한다는 것을 아이에게 설명해 주었다.
- 대릴은 그가 도랑에 빠진다면 부모 모임으로부터 도움을 받을 수도 있음을 깨닫게 되었다.
- 보니는 절대 규칙 차선에서 과속으로 스포츠카를 운전하게 되면, 완고함이라는 도랑에 처박히게 된다는 것을 알았다.
- 토요일 저녁, 이안은 한 주간 양육 방법을 평가하기 위해서 고속도로 위에 많은 자동차를 놓아두었다. 많은 수의 차가 운전 가능한 차선에 있는 것을 보고 기뻤으며, 성공을 자축했다.
- 테레사는 자동차를 밀면서 자신이 피곤하다는 것을 알았다. 대부분의 자동차는 차선 안에 있었지만, 왠지 하기 싫은 길고 힘든 여행을 하는 기분이었다. 친구는 테레사의 차에 지금 기름이 많지 않음을 일깨워 주었다. 아이들은 잘 돌보아 왔으나 자신은 돌보지 않은 경우이다.
- 바니는 조건적인 돌보기 방법으로 양육받았다. 그래서 아이들이 자신을 즐겁게 해 줄 때는 사랑을 주고, 그렇지 않을 때는 혼을 내었다. 바니는 자신의 자동차가 조건적인 돌보기와 비난의 갓길에서 고장이 났다는 것을 알게 되었다. 그래서 자신을 위해서 누군가의 도움을 받아야겠다고 생각했다. 그리고 다시 성장해야겠다고 결심했다.
- 켈리는 자신과 자신의 친구들에게 해당되는 자동차들을 고속도로에 놓아 보

았다. 자신이 갓길 위를 달리고 있다는 것을 알았고, 그 갓길은 다른 차들로 번잡했다. 그녀는 차선을 함께 달릴 새로운 친구를 찾을 때가 되었음을 알았다.

보살피기와 구조 고속도로를 이용하게 되면, 자신이 어떤 양육을 하고 있는지, 어떤 차선을 선택해야 하는지를 이해할 수 있게 된다. 당신이 갓길로 가고 있다면, 마음속으로 큰 그림을 그려 보고 차선으로 다시 들어서도록 하자.

비록 차선 위로 달리기를 바라고 계속 그렇게 노력을 하지만, 길이 미끄럽거나 운전에 방해가 되는 일이 생긴다면 우리는 이따금씩 갓길에서 정차하게 된다.

우리의 목표는 다음과 같다.

- 고속도로의 차선 안에서 주행하기
- 보살피기와 구조의 균형을 유지하기
- 갓길에서 고속도로로 다시 진입할 때는 과도하게 방향을 틀지 않기
- 가능하다면 도랑에서 나오도록 하고, 필요할 때는 도움을 요청하기

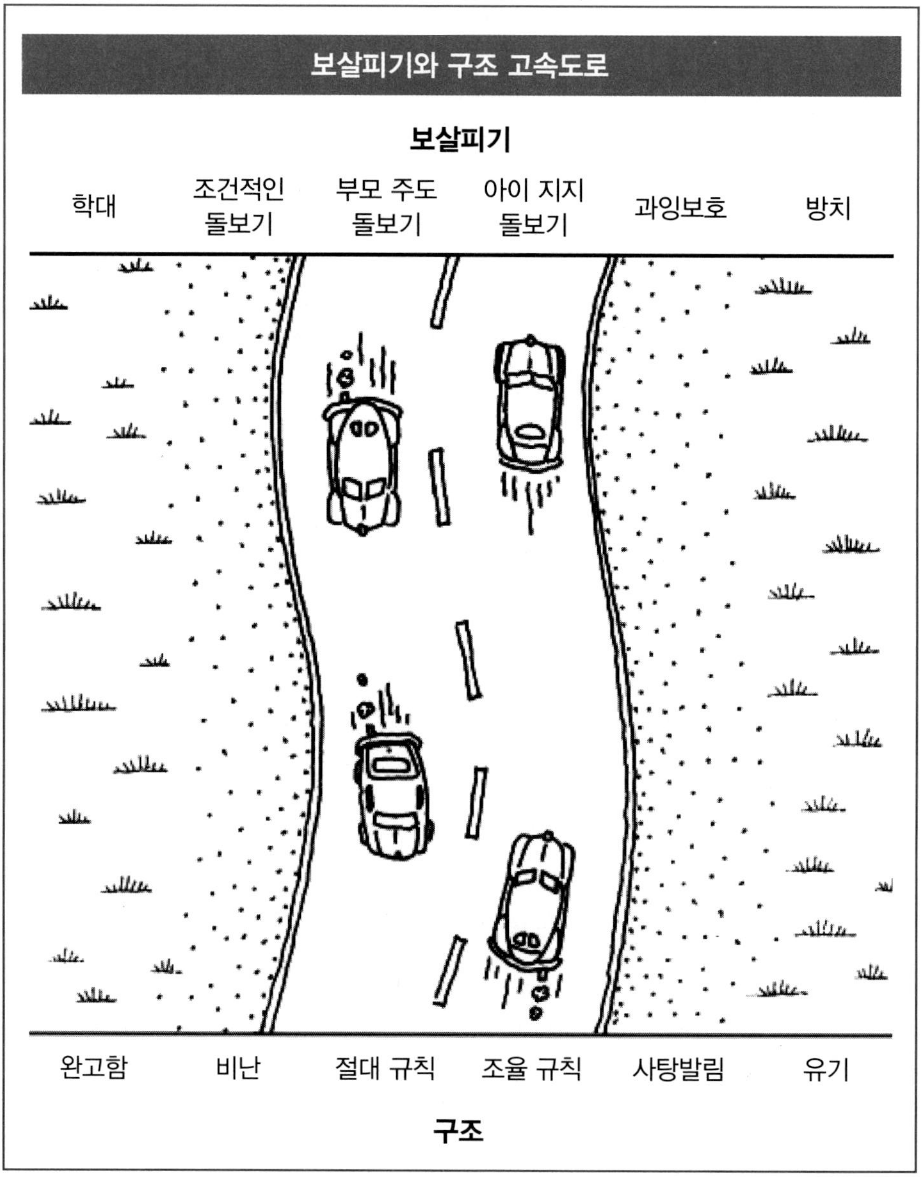

[그림 12-3] 보살피기와 구조 고속도로

제13장

부모가 규칙에 대해 서로 다른 견해를 가지고 있을 때

부모가 규칙에 대해 다른 견해를 가지고 있을 때

부모가 규칙들에 대해 서로 다른 생각을 갖고 있다면, 자녀는 아빠의 규칙과 엄마의 규칙이 다르다는 것을 알아야 하며, 부모는 자녀가 그 차이점을 잘 처리할 수 있도록 도와주어야 한다. 예를 들면 아빠와 함께 있을 때 학교 버스를 놓치면, 아빠는 아이들을 학교까지 데려다준다. 왜냐하면 아빠는 제시간에 등교하는 것이 중요하다고 생각하기 때문이다. 하지만 아이들이 엄마와 시간을 보내다 학교에 늦는다면, 아이들은 엄마 생각에 따라 학교까지 걸어가거나, 아니면 온종일 집에 있으면서 공부를 해야 한다. 왜냐하면 엄마는 아이들이 자신이 한 행동에 책임을 지는 것이 더 중요하다고 생각하기 때문이다.

중요한 규칙에 대한 합의점 찾기

만일 부모가 중요한 규칙에서 서로 의견이 다르다면, 비록 그 과정 중에 싸움이 생기더라도 반드시 합의를 이루어 내야 한다. 존 브래드쇼의 책 『가족』(오제은 역, 학지사)을 보면 공정한 싸움을 위한 열 가지 규칙이 제시되어 있다. 그 열 가지 규칙을 간단히 소개한다.

1. 단호하되 공격적이어서는 안 된다.
2. 지금의 문제를 다룬다.
3. 일장 연설은 피하고 구체적이고 특정한 행동의 세부 사항에 집중한다.
4. '나' 메시지를 사용하며 상대방에 대한 비판은 피한다.
5. 어떤 경우에도 솔직해야 한다.
6. 지나치게 사소한 것에 대한 논쟁은 피한다.
7. 비난을 삼간다.
8. 열심히 들으려고 노력한다.
9. 한 번에 한 가지 이슈로만 싸운다.
10. '옳은 것'에 집착하지 말고 문제의 해결책을 찾는 데 집중하며, 배우자에게 학대받는 상황만 아니라면 해결책대로 문제를 해결하려고 노력한다.

자녀를 보호하기

때로는 싸우고 난 후에도 합의에 도달하지 못할 수도 있다. 특히 부모가 각자 성장기의 경험을 통해 배우게 된 규칙에 대해 전혀 다른 태도를 보인다면 더욱 그러하다. 만약 부모 한쪽이 규칙이란 원래 깨지거나 어길 수 있고 무시해도 되는 것이라는 생각을 한다면, 그리고 한쪽이든 양쪽이든 모두 '내가 옳다'라는 강경한 자세를 고수한다면, 이제는 외부의 도움을 받을 때가 된 것이다. 친구나 성직자, 상담자, 혹은 자녀 양육을 위한 강좌 등은 부모가 규칙에 관해 의견 일치를 이루는 데 도움이 될 것이다. 부모는 때때로 자신의 완고함을 돌아보면서 유연성을 키워 가야 한다. 그리고 만약 한쪽 부모의 강경한 태도가 자녀의 정신적이거나 육체적인, 또는 성적인 문제에 영향을 미친다면 다른 한쪽 부모는 이에 대한 조치를 취해야만 한다.

부주의한 보모를 해고하거나 위험한 범죄자 곁에 우리 아이들을 두지 않듯이, 부모들은 때때로 아이와 다른 사람들의 관계에 적극적으로 개입해서 아이의 안전을 지켜 주어야 한다. 다음의 네 가지 예는 부모로서 다루기 어려운 상황을 보여 주고 있다. 식구들의 조롱, 강박적인 양육, 종교적인 완고함, 그리고 건강하지 못한 신체 접촉 등이 그 예이다. 다음의 예를 읽어 보고, 각각의 입장을 취했을 때 자녀와 부모가 받을 영향을 생각해 보자. 자녀에게 내적 구조를 만들어 줄 때 부모 자신도 더 건강한 구조를 갖게 된다는 사실을 명심하자.

예시 1

상황: 아빠가 조롱하듯이 웃으면서 어린 세 살 아들에게 "네 귀는 불뚝 튀어나왔어. 당나귀 귀 같아!"라고 말하는 것을 엄마가 듣는다.

엄마가 아빠에게 하는 말

- 완고함: "한 번만 더 그렇게 말하면, 아이 데리고 집 나갈 거예요."
- 비난: "꼭 그런 식으로 말하는군요. 그런데 그러는 당신 귀가 더 당나귀 귀 같거든요!"
- 절대 규칙: "그렇게 놀리면 아이가 상처 받잖아요. 아이한테 하는 말투를 좀 바꿔 봐요."
- 조율 규칙: "아이에게 그렇게 말하는 것은 좋지 않아요. 놀리는 건 이제 그만두고, 아이를 긍정적으로 지지하는 방법을 같이 찾아봐요."
- 사탕발림: "여보, 당신 정말 짓궂어."
- 유기: 남편과 아들에게 어떤 말도 하지 않는다.

예시 2

상황: 엄마는 우울증이 있고 죽고 싶다는 말을 한다.

아빠가 아홉 살 난 아이에게 하는 말

- **완고함**: "이제 네가 엄마를 돌봐야 한다." 목소리의 톤은 아이가 원하는 것과 필요한 것은 중요하지 않다고 말하고 있다.
- **비난**: "너 도대체 무슨 일을 했기에 엄마 기분이 상한 거야? 엄마가 걱정할 만한 일은 절대 하지 마."
- **절대 규칙**: "엄마가 다치더라도 네 잘못은 아니란다. 네가 막을 수 있는 일이 아니야. 너무 염려하지 마. 엄마에게 도움이 필요한지 아빠가 살펴볼게." 엄마의 치료를 위한 전문적인 도움, 아이들을 위한 적절한 보살핌, 아빠 자신을 위한 도움을 찾아야 한다.
- **조율 규칙**: 이 상황에 협상은 있을 수 없다. 엄마와 아이들을 위해 외부에서 도움을 받아야만 하며, 여기에는 협상의 여지가 있을 수 없다.
- **사탕발림**: "친구들이랑 놀지도 못하고 엄마 보살피느라 네가 고생이 많구나. 미안해서 어쩌니. 우리가 엄마에게 더 신경을 쓰면 엄마가 빨리 회복될 수 있을 거야."
- **유기**: 일하는 데 모든 시간을 써 버리고 아이들은 잊어버린다.

예시 3

상황: 프랭크가 몸담고 있는 종교 집단은 매우 엄격한 규율과 관행을 가지고 있다. 집단 구성원들은 자녀를 두려움과 매를 이용해 훈육해야 한다고 믿는다.

프랭크가 자기 자신에게 하는 말

- **완고함**: "비록 이것이 아이를 학대하는 것이라고 해도 나는 교주님의 가르침을 따를 거야."
- **비난**: "내가 규율을 따르지 않는다면 나는 나쁜 사람이야."
- **절대 규칙**: "아이를 때리거나 겁을 주는 것은 강하게 키우는 것이 아니라 두려

움에 떨게 만드는 거야. 학대나 위협 없이 훈육할 수 있는 방법을 찾을 거야."

- **조율 규칙:** "다르게 규칙 만드는 방법을 배울 거야. 그리고 우리 아이에게 도움이 되는 방법으로 결정해야지."
- **사탕발림:** "아이를 벌주라고 하는 방식은 별로 마음에 들지 않지만, 그래도 교주님이 틀릴 리가 없어."
- **유기:** "아이들의 느낌이나 바람, 반응 따위는 중요한 것이 아니야."

예시 4

상황: 남편이 사춘기 딸의 엉덩이를 만지는 것을 보았다.

부인이 남편에게 하는 말

- **완고함:** "당신이 살아 있는 한 절대로 아이들을 만날 수 없게 할 거예요."
- **비난:** "이 변태! 싸구려 인간 같으니라고."
- **절대 규칙:** "전문가가 당신과 아이가 함께 있는 것이 괜찮다고 말할 때까지 당신은 아이들과 함께 있을 수 없어요. 당신이 잠시 떠나 있든지, 아니면 내가 아이들을 데리고 친정에 가 있겠어요."
- **조율 규칙:** 협상은 이 상황에 맞지 않는다. 성인이 아동에게 가하는 부적절한 신체 접촉은 협상할 수 있는 안건이 아니다.
- **사탕발림:** "여보, 당신이 그러는 걸 보면 좀 걱정이 돼요."
- **유기:** 못 본 척한다.

이혼한 부모가 규칙과 결과에 대해 다른 의견을 가지고 있을 때

부모가 이혼을 한 가정의 자녀들에게 일관적인 규칙을 적용하는 것은 더욱 중요하다. 이혼 가정의 아이들은 불규칙한 스케줄, 두 가정, 새엄마, 새아빠, 새형제, 다른 학교 등, 자신이 통제할 수 없는 많은 불안한 요소에 적응해야만 한다. 특히 전환기에 부모가 내적 구조를 만들어 주지 않는다면 아이는 자신을 둘러싼 환경에 대해 불안감을 느끼게 된다.

부모들이 명확하고 일관성 있게 대할 때 자녀는 확신과 안정감을 느낄 수 있다. 그리고 건전한 구조가 만들어지면 아이들은 안전하고 보호받으며 사랑받는다는 느낌을 갖게 된다. 그러나 복잡한 감정의 혼돈 속에서 자녀가 헤매고 있다면 어떻게 도울 수 있을까?

- 자녀가 이혼으로 인한 슬픔을 풀도록 도와주는 것은 매우 중요하다. 만약 필요하다면 외부의 도움을 받는다.
- 자녀의 지지를 기대하지는 않더라도, 부모 모두가 이혼을 슬퍼하고 안타까워한다는 것을 알게 하는 것이 정말 중요하다.
- 비록 부모가 자신들의 차이를 극복하고 화합할 수는 없었지만, 부모 어느 쪽도 자녀를 두고 '이혼'을 원하지는 않았음을 설명해야 한다.
- 자녀가 당신과 전 배우자 사이의 불화의 원인이 아니었음을 반드시 확인시켜줘야 한다. 어른은 자신의 행동에 책임을 질 줄 알아야 한다.
- 자녀의 안녕을 최우선으로 하라. 이를 위해, 각 문제들이 자녀와 직접 관련된 문제인지, 당신에 관한 문제인지, 당신과 전 배우자 사이의 문제인지 밝혀야 한다.
- 규칙의 일관성은 자녀에게 당신의 사랑을 보여 줄 수 있는 하나의 방법이라는 것을 명심한다.
- 가능하다면 자녀의 생활 속에서 일어나는 일을 정기적으로 전 배우자와 논의하도록 한다.
- 자녀를 당신과 전 배우자 사이의 메신저로 절대 이용하지 않는다. 어른들 사이의 불화에 자녀를 끌어들이지 않는다.
- 아이 앞에서 상대를 비판하지 않는다. 하지만 아이가 질문을 한다면 사실을 이야기하도록 한다.
- 아이에게 엄마의 규칙과 아빠의 규칙 두 가지가 있다는 것을 알리고, 이 두 가지 규칙을 익히도록 도와준다. 하지만 부모는 큰 규칙에 있어서는 합의를 이

끌어 내기 위해서 노력해야 한다.

- 규칙과 결과의 근거를 논리적으로 설명해 주어야 한다. 그리고 이때는 이해하기 쉬운 용어를 사용한다.
- 자녀로 하여금 아빠와 엄마 사이에서 누구 한 사람을 선택하도록 하는 상황을 만들어서는 안 된다.
- 이혼에 대한 부모의 죄책감을 이용해서 자녀가 규칙을 지키지 않으려 한다면 이에 절대로 넘어가서는 안 된다.
- 당신의 집 안에서만 자녀에게 규칙을 시행하고 통제할 수 있다는 사실을 명심해야 한다.
- 당신의 가정 안에서 효과를 보았던 결과만을 사용해야 한다. 그리고 그것을 철저하게 따라야 한다.
- 훈육해야 하는 상황에 필요한 정보는 당신 스스로 찾아야만 한다. 아이나 이전 배우자의 말에만 의존해서는 안 된다.
- 자녀가 정서적으로, 신체적으로 학대를 받은 것이 아니라면, 전 배우자의 집에서 일어난 일을 제대로 알지도 못하면서 참견해서는 안 된다.
- 자녀가 당신과 전 배우자 사이에서 감정을 부추기려고 하는지 살펴보라. 만약 그렇다면 그런 선동에 놀아나지 말고 이를 거부할 수 있어야 한다.
- 당신의 가장 주된 의무는 당신이 할 수 있는 최선을 다해 자녀를 사랑으로 양육하는 것임을 명심한다. 이를 위해 진정으로 노력하고, 제대로 된 의사 결정을 하기 위해 자녀를 신뢰하도록 한다.

제14장

구조, 수치심, 피해자 비난

내적 구조를 지지하는 메시지

건강한 구조를 만들 때 도움이 되는 두 종류의 메시지가 있다. 잘한 일에 대해서 칭찬하고 계속 믿어 주는 것과 잘하지 못했을 때 더 잘할 수 있도록 도움을 주는 것이 그것이다.

첫 번째 메시지의 몇 가지 예를 살펴보자. "이 일을 어떻게 해냈는지 정말 놀랍고 존경스러워요!" "정말 훌륭한 논문을 쓰셨네요." "우와! 정말 잘했어!" "이 작품은 색의 조합이 멋있네요."

두 번째 메시지는 잘못하고 있을 때 어떻게 잘할 수 있는지 말해 주는 것이다. 이 메시지를 다른 이에게 전달하는 것은 쉽지 않다. 왜냐하면 이 말을 할 때는 다른 사람의 감정을 고려해야만 하기 때문이다. 하지만 이 메시지는 다른 사람의 감정을 상하게 하는 것이 아니라 이들을 배려하고 더 잘 되도록 돕는 것이다.

두 번째 메시지를 다음과 같은 방법으로 전해 보자. "……하니까 그렇게 하지 마시고요. 대신에 ……해 보세요." 예를 들면 "나무의 결을 따라 자를 때는 그 톱을 사용하지 마세요. 그 톱은 가로로 켜는 톱이거든요. 대신에 세로로 켜는 톱을 사용해 보세요. 제가 어떻게 하는지 보여 드릴게요." "당신이 나를 비난할 때면 난 너무 속상하고 당신한테 화가 나요. 어떤 행동이 마음에 들지 않는지, 그리고 그 대신에 어떻게 하기를 바라는지 말해 줘요."

"그거 그만해." 식의 메시지는 그만두는 대신에 무엇을 해야 하는지 말해 주지 않는다. 따라서 이 메시지는 비판이지, 구조가 아니다. 그리고 자녀를 격려하고 싶다면 말투나 단어 선택에 신경을 써야 한다. 침착하고 분명하게, 그리고 사랑스럽게 이야기해야 하며 말, 목소리, 태도는 단호하면서도 사랑이 가득해야 한다.

구조를 비난으로 듣는 경우

때때로 사람들은 구조와 관련된 메시지를 비난으로 받아들인다. "네가 한 것이 맘에 들어."라든가 "너는 더 잘할 수 있어."와 같은 메시지를 자녀가 비난이나 수치심으로 받아들이는 것을 알았다면, 뭔가를 해야만 한다. 예를 들어, 자녀가 칭찬을 받아들이지 않는다면 다음과 같이 해 보자.

- "진심으로 칭찬하는 거야. 받아들이도록 노력해 보렴."이라고 부드럽게 이야기한다.
- 자녀를 칭찬하거나 "더 잘할 수 있어."라고 격려할 때는 주의 깊게 들어 달라고 요청한다. 그리고 이때는 조용한 목소리로 말하는 것이 좋다. "내 이야기를 잘 들었는지 모르겠다. 다시 한번 잘 들어 봐. 내가 너를 사랑한다고 말하고 있는 거란다. 잘 듣고 내가 하는 말을 믿어 주렴."이라고 말해 준다.
- 부드럽고 다정하며, 조금은 장난스럽게 자녀의 팔을 살짝 치면서 "아빠 말 듣고 있는 거지?"라고 말한다.
- "내가 진심으로 한 말을 네가 들어 주지 않아서 기분이 조금 언짢구나. 그런 의도가 아니었는데, 너는 내 말이 비난이라고 생각되니?"

• 부드럽게 자녀를 안고 다독이면서 메시지를 반복해서 들려준다.

이런 대화는 성인에게도 도움이 된다. 우리의 부모가 우리를 완고함, 비난, 사탕발림, 유기로 양육했을 수도 있다. 만약 부모님이 건강하지 못한 구조를 나에게 만들어 주었다면, 받아야 했지만 받지 못했던 사랑을 슬퍼해도 괜찮다. 그리고 비난이나 수치심을 느끼지 않고 새로운 메시지를 받아들일 수 있는 방법을 결정할 수 있다.

대물림되는 가장 강력한 부정적인 메시지는 유년 시절에 들었던 비난이나 사탕발림성 메시지이다. 이런 오래된 메시지나 목소리가 마음속에 내재화되어 있으면, 이는 자신의 가장 큰 적이 된다. 왜냐하면 우리는 이 메시지로 인해, 잘못한 일에 대한 죄책감과 우리 존재 자체에 대한 수치심을 혼동하게 되기 때문이다. 유년기에 받은 메시지를 생각해 보자. 어쩌면 여전히 옛날의 그 파괴적인 언어로 자신에게 이야기하고 있을지도 모른다.

우리의 부모가 사탕발림으로 양육했다면 우리가 받아들인 메시지는 '인정받기 위해서는 자신을 희생해서라도 다른 사람의 필요와 욕구를 충족시켜야 한다.'일 것이다. 그래서 여전히 지금도 건강하지 못한 방법으로 교류하거나 자신이 책임져야 할 태도, 감정, 행동에 대해 오히려 타인을 비난하고 있을지도 모른다.

비난과 수치심의 악순환

때때로 사람들은 무심결에 파괴적인 말을 내뱉곤 한다. 또는 구조를 위한 메시지를 비판으로 받아들여 비난받는다고 느끼기도 한다. 건강한 내적 구조가 없는 사람은 구조를 비난으로 여긴다. 특히 구조를 위한 직선적인 말을 듣게 되면 자동적으로 이를 비난으로 받아들이고 수치심까지 느끼게 된다. 그리고 이러한 감정을 밖으로 쏟아 다른 사람을 비난하게 된다. 이런 사람의 특징은 다음과 같다.

- 구조를 비난과 수치스러움으로 받아들이기 때문에 이를 거부한다.
- 다른 사람이 하는 일을 의도적으로 방해한다.
- 내적 구조를 만들도록 도와주는 사람과 논쟁을 하려 하거나 그 사람을 비난한다. 혹은 그 사람을 후려치는 것을 정당화할 수 있을 때까지 악의적인 감정을 쌓아 둔다.

비난, 학대, 유기로 양육받은 사람들은 다른 사람을 비난하는 대신에 자신을 비난하는 것에 익숙하다. 이런 사람들이 비난을 받거나, 구조화를 비난으로 느낀다면 다음과 같은 행동을 보인다.

- 상처는 받지만 그 상황에 순응한다.
- 수치심을 느끼지만 순응한다.
- 수치심을 느끼고는 숨어 버리거나 문제를 회피하거나 잊으려고 한다.

자신을 책망하는 경향이 있는 아동은 누군가가 해야 할 일을 알려 주면 다음과 같이 말한다. "어떻게 하는지 몰라서 그랬어요. 저 혼자 알아서 다 해야만 하잖아요. '이렇게 해야지.'라고 누군가가 내게 말한다는 건 내가 무슨 문제를 일으켰다는 말이잖아요." 만약 선생님이나 직장 상사가 이들의 잘못이나 부적절한 행동을 지적한다면, 이들은 이런 말을 '넌 정말 형편없는 사람이구나.'라는 말로 해석해 버린다.

다른 사람에게서 받은 비난, 사탕발림, 학대, 방치 때문에 스스로를 비난하는 사람들은 내재화된 피해자 비난으로 고통받는다.

피해자에게 책임을 전가하는 비난

피해자 비난(Victim Blame, 혹은 피해자 책임 전가)은 이미 벌어진 일에 대하여 피해자를 비난하는 과정이다. 또한 발달 단계에서 자연스럽게 발생할 수 있는 일로 자녀를 비난하는 것도 피해자 비난이다. 다음은 피해자 비난의 예이다.

- 한 살 난 아이가 물건을 만졌다고 때리고 혼낸다(한 살 정도의 아이가 주위의 사물을 탐구하는 것은 정상이다. 부모는 아이에게 안전한 장소를 제공해야 하며, 자녀가 위험한 물건에 다가가려고 하면 아이의 주의를 다른 곳으로 돌려야 한다).
- "싫어요."라고 말하는 세 살 난 아이에게 나쁜 아이라고 말한다(세 살 아이의 발달 과업은 부모로부터 독립적으로 생각하기이다. 부모는 '싫어요/아니요'를 연습하는 아이에게 "멋진데."라고 말해 줘야 한다. 왜냐하면 아이는 앞으로의 인생을 살아가면서 많은 것을 거절해야 하는데, 이런 연습을 통해 그 방법을 배울 수 있기 때문이다).
- 초등학교 입학을 두려워하는 여섯 살 난 딸을 비웃는다(여섯 살은 세상이 크다는 것을 알기 시작하는 나이이다. 부모는 아이의 두려움을 이해해야 하며, 아이를 학교에 데리고 가서 학교를 보여 주고 규칙을 이야기해 주며 안심시켜야 한다).
- 변성기인 십 대 아들을 놀린다(부모는 사춘기의 시작을 축하해 주는 방법을 배워야 한다).
- 어린 소녀의 몸을 만지거나 놀리고는 아이가 예뻐서 그랬을 뿐이라고 말한다(어른은 언제나 아동과 청소년을 존중하고 보살펴 주어야 한다).

피해자 비난을 심하게 경험한 사람들, 즉 학대와 무시를 당한 사람들, 심한 차별을 경험한 사람들, 학교나 군대에서 심한 왕따나 폭행을 당한 사람들은 종종 이런 메시지들을 자신 안에 쌓아 놓고 자기 자신을 책망한다. 다음은 내재화된 피해자 비난의 몇 가지 예이다.

- "내가 말괄량이가 아니었더라면 엄마는 나를 사랑해 줬을 텐데."(도움이 되는 생각: "있는 그대로의 나를 사랑으로 받아 주는 부모를 가질 만한 자격이 나에게는 있어.")
- '내 미모는 축복이자 저주였어. 열두 살 때 언니의 남자친구가 내 몸을 만지고 좋아했던 건 내가 예뻤기 때문이지.'(도움이 되는 생각: '열두 살 때 언니의 남자친

구가 나를 성추행했어.')

- '나한테 문제가 없었다면 남편이 바람을 피우지는 않았을 텐데.'(도움이 되는 생각: '남편이 바람을 피운 거야.')
- '내가 조용하다면/착하다면/집 청소를 잘한다면/좋은 성적을 받는다면/재미있는 농담을 한다면/뛰어난 사람이라면, 부모님은 술을 마시지 않을 거야.'(도움이 되는 생각: '부모님은 술을 너무 많이 마셔. 그래서 나는 도움이 필요해.')
- '만약 다른 사람들이 내 과거가 지저분하다는 것을 알면 나를 좋아하지 않을 거야. 그러니까 꼭꼭 감추고 아무한테도 말하지 않을 거야.'(도움이 되는 생각: '사랑이라고 생각해서 성관계를 했던 거야. 그런데 차여서 힘들었고. 그리고 다른 사람들도 그런 식으로 나를 이용하고 버렸어. 그게 범죄는 아니잖아. 나를 지키는 방법을 알고 싶어. 난 도움이 필요해.')
- '아버지가 교도소에 있어. 그래서 네가 날 좋아하지 않을 것 같아.'(도움이 되는 생각: '아버지가 교도소에 있어. 나쁜 짓을 하셨으니까. 하지만 네가 나만 봐 주면 좋겠어.')
- '내가 잘생기고 운동도 잘하고 공부도 잘한다면, 아이들이 나를 이렇게 왕따시키고 괴롭히지는 않을 텐데.'(도움이 되는 생각: '어떤 이유에서든 친구들이 나를 일방적으로 괴롭히는 것은 옳지 않아. 부모님과 학교에 도움을 요청할 거야.')

이제는 변할 수 있다

어떤 이들은 "이것을 해." 또는 "너는 더 잘할 수 있어."라는 말을 피해자 비난으로 받아들여 수치심을 느끼고 상처를 받는다. 또 어떤 이들은 합리적이고 적절한 방법의 제안을 저항하거나 타인과 환경을 탓한다. 당신이 이런 행동을 하고 있다는 것을 발견한다면, 이제는 자신을 변화시키기로 결정해야 할 때가 온 것이다. 우리 자신에 대한 믿음을 달리해야 할 때가 된 것이다. "그런 생각은 잘못된 거야. 이게 더 잘할 수 있는 방법이야."와 같이 말해 보자. 도움이 될 것이다. 격려나 충고를 비난이 아닌 말로 받아들이는 연습을 해야 한다. 피해자의 입장에서 벗어나 유능하고 자신감 있는 사람이 되기로 결심하자. 다른 이의 지혜를 빌려 우리의 행동이나 능력을 향상시킬 수 있음을 기억하자.

사실 어떤 이들은 "너는 더 잘할 수 있어."라는 메시지를 서투르게 전하기도 한다. 비판적인 말이나 말투를 사용하면서 말이다. 그러나 비록 그 사람들이 정말 비난을 하더라도 그 속에서 우리에게 도움이 되는 부분을 찾을 수 있다. 비난은 받아들이지 말고 도움이 되는 것만 받아들이자. 우리는 비난이 아닌, 유익한 구조를 가질 자격이 있다. 다른 이의 말에서 도움이 되는 부분을 받아들여 우리의 삶과 능력을 향상시키는 데 사용하자.

다시 성장하기: 변화에 관한 이야기

마틴의 이야기

마틴은 구박받는 환경에서 자라났다. 다시 말하면 마틴의 부모는 '비난'의 양육 방법으로 양육한 것이다. 매일매일 규칙이 바뀌었고 규칙을 어길 때 벌은 무거웠다. 마틴은 몸을 낮추고 아주 조용히 지내야 한다는 것을 배웠다.

마틴은 자신이 경험한 양육이 너무 힘들고 싫어서 자신의 자녀만은 다르게 양육할 것이라고 결심했다. 그래서 자녀들을 즐겁게 하기 위해 자녀에게 모든 것을 양보했다. 아이들이 자신을 싫어하는 것이 두려웠던 마틴은 자녀를 위해 자신을 희생했고, 규칙을 만들지도 않았으며, 따르게 하지도 않았다. 사탕발림으로 자녀를 양육했고 무기력한 순교자가 되어 자신을 희생했다. 하지만 결과적으로 자녀의 모습은 자신의 어린 시절 모습과 다르지 않았다. 이들 모두에게는 내적 구조가 줄 수 있는 보호, 안전, 자유가 없었기 때문이다.

자녀들이 학교에서 친구들과 문제를 일으키기 시작하자 마틴은 이제 뭔가를 해야겠다고 결심했다. 마틴은 힘없이 무기력한 자신의 모습에 염증이 났다. 그러던

중 어떤 부모 모임을 알게 되었고, 그 곳에서 자신과 자녀들을 돌보는 새로운 규칙과 방법을 배우고 긍정적인 메시지를 듣게 되었다. 마틴은 '다시 성장하기' 시작했다. 그가 매일 반복해서 읊조리며 믿기 시작한 메시지는 **'나는 중요하다.' '나는 사랑과 존경을 받을 만하다.' '나는 강하면서도, 사랑스럽고 존경할 만한 부모가 될 수 있다.'**였다. 마틴은 부모의 역할을 배우며 이를 받아들이기 시작했다. 규칙을 만들어 자녀로 하여금 지키게 하고, 자녀를 계속해서 따스하게 지지해 주고, 자녀들이 자신의 의견을 고집하면서 규칙을 따르지 않을 때는 아이의 비위를 애써 맞춰 주려고 하지 않았다. 다음은 마틴이 참여한 부모 모임에서 제시한 구조의 열두 가지 원칙이다.

1. 모든 행동은 긍정적이든 부정적이든 결과가 있다.
2. 벌과 상은 반드시 효과적이어야 한다. 부모는 잘못된 행동에 대해 적절한 결과를 결정해야 한다.
3. 자녀는 규칙을 어겼을 경우 어떤 결과가 발생할 수 있는지를 미리 알아야 한다. 때때로 자녀가 결과를 결정하도록 할 수 있다.
4. 규칙을 만들고 조율을 하고 따르게 하는 것은 부모의 의무이자 사랑의 행동이다. 자녀들이 이에 대해 불평을 하든 논쟁을 하려 하든, 싫어하든, 아니면 집을 떠나겠다고 으름장을 놓든 부모의 의무는 지속되어야 한다. 자녀와 말다툼을 할지라도 부모는 자녀에게 내적 구조를 만들어 주어야만 한다.
5. 훈육은 자기 자신과 타인을 돌보는 기술과 태도를 자녀에게 가르치는 과정이다. 자아 존중감이 있어야 훈육을 할 수 있으며 두려움, 수치, 조롱으로는 훈육을 할 수 없다. 자녀를 수치와 조롱으로 통제하는 부모들은 아이들이 쉽게 무릎을 꿇고 원하지 않는 행동을 멈추기 때문에 이를 효과적이라고 생각한다. 그러나 조롱받은 아이들이 다시 일어나는 것이 얼마나 힘든지 이 부모들은 알지 못한다.
6. 부모가 두려움, 복수심 등을 느끼거나 지쳐 있을 때 자녀에게 벌을 준다면 이것은 자녀에게 상처가 된다. 그리고 부모가 이렇게 지쳐 있다는 것은 자신과

자녀를 보호하고 돌보기 위한 새로운 구조나 규칙, 더 단단한 경계가 필요하다는 신호가 된다. 벌은 자녀의 건강한 성장에 동기를 부여할 때만 효과가 있다.

7. 많은 규칙보다 적은 규칙이 낫다. 마틴은 규칙을 37개에서 20개까지로 줄이고 나중에는 6개로 줄였다.
8. 규칙을 적어서 붙여 놓는 것도 좋은 방법이다.
9. 무엇을 해야 할지 잘 모르거나 문제를 풀기 위해 최선을 다해도 해결되지 않는다면, 반드시 도움을 받아야 한다.
10. 실수하는 것은 괜찮다. 성공할 때까지 계속해서 고쳐 나가 보자.
11. "내가 잘못했어. 다시는 하지 않을게."라고 자녀에게 사과하는 것도 좋은 방법이다.
12. 당신의 마음속에서 최선이라고 믿는 것에 진심을 다하자.

이제 마틴의 이야기를 들어 보자. "아들이 이제 막 운전을 시작했어요. 지금은 가까운 마을 주위만 운전하도록 허락했고요. 제가 기름을 넣어 주지만 전체 기름 양의 4분의 1 이하로 내려가면 안 된다고 말했어요. 아들이 몰고 난 뒤 제가 자동차를 몰려고 할 때 기름이 4분의 1 이하로 떨어져 있으면, 아들은 자기 용돈으로 기름을 채우지 않는 이상 다시는 차를 몰 수 없지요. 이것은 협상의 여지가 없답니다. 나는 아들과 자동차를 쓰는 것에 대하여 협상을 하죠. 아이가 언제 차를 쓸지, 어디로 갈지, 누구를 태우고 갈지, 무엇을 할지를 말입니다."

마틴은 부모 모임에서 많은 도움을 받았고 구조화를 잘 실천하고 있는 다른 부모의 방법을 적용해 보기도 했다. 아들을 위해 긍정적인 규칙을 설정하는 일에 익숙해지면서, 마틴은 자신을 위해서도 건강한 경계를 설정하는 일이 점점 쉬워지고 있다는 것을 깨닫게 되었다.

우리도 어쩌면 마틴처럼 부모님이 건강하지 못한 방법으로 우리를 양육했다는 것을 깨달았을 수 있다. 이것이 사실이라면 우리에게 내재된 부모님의 양육 방식을 변화시키려는 결단을 해야 한다. 자신을 위해서 건강한 구조를 만들고 배울 수 있으며, 이를 자녀에게 가르칠 수 있다.

사랑과 함께할 때 내적 구조는 완전해진다

신디는 생각이 깊은 사람이다. 보살피기와 구조 고속도로를 유심히 보고 난 뒤 신디는 한숨을 쉬었다. '애들 아빠가 과잉보호를 한다는 생각이 들면 나는 아이들에게 완고해지곤 했어. 우리 둘 다 안전한 차선을 달리지 않았어. 사랑을 어디에서 찾지?'

폴은 자신의 가족 가계도를 3대에 걸쳐 그려 보았다. '나는 어릴 때 방치됐었어. 어른이 되어서는 힘들게 일하면서 내 몸을 혹사했고. 하지만 내 아이들에게만큼은 그렇게 대하지 않기로 마음먹었어. 그래서 완고하게 되었지. 학대를 하지 않은 것은 좋았는데, 엄해지는 것도 아이들에게 방임이나 마찬가지이니 결국 악순환의 고리에 빠진 거지. 나는 이 고리를 끊을 거야. 사랑과 구조의 균형을 맞춰 갈 거야.

사랑받는다고 느낄 때 비로소 자녀는 구조를 믿을 수 있고 수용하게 된다. 사랑과 보살핌이 없는 구조화는 가혹한 것이며 부모와 자녀의 욕구를 반만 채워 줄 수 있을 뿐이다.

제4부

과잉보호: 그릇된 보살핌, 부적절한 구조

뭔가 부족해.

그리고 앞으로도 계속 그렇겠지.

–익명의 과잉보호 연구 참가자

제16장

과잉보호: 어느 정도가 적절한가

어떤 부모라도 자녀에게 도움이 되는 것이라면 무엇이라도 주고 싶을 것이다. 그리고 자녀에게 너무 많이, 또는 너무 적게 주는 것은 아닌지도 고민할 것이다. 이 장에서는 필요 이상으로 지나치게 많이 주는 과잉보호(overindulgence)에 대해 이야기하려고 한다. 지나치게 많이 받고 자란 자녀가 성인이 되면 어떻게 되는지, 이들을 어떻게 도울 수 있는지도 살펴볼 것이다.

세 자녀의 아빠인 윌리엄은 이렇게 말한다. "저는 과잉보호에 대해 배울 필요가 없어요. 그것이 뭔지 알거든요. 부자들이 자녀한테 주는 비싼 여행, 학원, 옷, 장난감에 관한 이야기잖아요. 일부 조부모들도 그렇게 하고요. 할머니, 할아버지가 비싸거나 원하지 않아도 손주에게 끊임없이 사다 주는 거잖아요. 이미 다 알고 있으니까 배우지 않아도 돼요. 저는 장난감도 조금밖에 안 사 줘요. 그래서 우리 아이들은 버릇없지 않아요."

과잉보호는 아이를 버릇없게 키우는 것(spoiling)과는 조금 다르다. 아이가 버릇없다고 말할 때는 보통 아이의 행동 때문에 어른들이 짜증나는 경우이다. 과잉보호를 받은 아이는 버릇없는 행동도 보이지만 그 결과는 버릇없이 키우는 것보다 훨씬 좋지 않다.

사람들은 일반적으로 윌리엄이 말한 것처럼 생각한다. 하지만 지나치게 많이 주는 것은 일부 '특별한' 부자들만이 하는 것이 아니다. 많은 사람들이 과잉보호와 관련된 다음의 질문들에 대해 궁금해했다.

- 과잉보호에 대해서 더 설명해 주세요.
- 아이를 과잉보호하고 있다면 그것을 어떻게 알아차릴 수 있죠?
- 정말 이것이 자녀한테 해로운가요?
- 여태까지 과잉보호를 했다면 앞으로는 어떻게 해야 하죠?
- 이것은 제가 충분히 아이를 보살피지 않았다는 이야기인가요, 아니면 구조를 잘못 만들고 있다는 이야기인가요? 아니면 사람이나 상황을 깎아내리고 있다는 이야기인가요?

이 물음들에 대답하기 위해 과잉보호에 대해 연구를 시작했으며, 이에 관해 잘못된 신념이 많이 있다는 것을 알게 되었다. 제4부는 이 연구 결과를 바탕으로 쓰였다.

과잉보호란 무엇인가

제4부에서는 다음과 같은 내용을 살펴보았다.

- 과잉보호의 의미
- 과잉보호를 하는 사람들
- 과잉보호를 하는 방식
- 어렸을 때 과잉보호를 받으면서 자란 사람의 특징
- 부모가 자녀를 과잉보호하는 이유
- 과잉보호 대신 해야 할 것들

아마 우리들은 자신의 경험과 관찰을 토대로 과잉보호의 의미를 정의할 것이다. 하지만 어떤 사람은 과잉보호라고 여기는 것을 다른 사람은 괜찮다고 생각할 수도 있다. 그래서 이에 대한 정확한 뜻을 알 필요가 있다. 이 뜻을 알기 전에, 다음의 네 가지 질문에 자녀와 자신에 대한 생각을 적어 보라. 경제력, 사랑, 관심, 편안함, 음식, 장난감 등이나 당신이 중요시하는 관점을 염두에 두고 적어 보라.

- 무엇이 너무 부족한가?
- 무엇이 적당한가?
- 무엇이 풍부한가?
- 무엇이 지나치게 많은가?

이런 문제를 다른 사람과 이야기하다 보면 '너무 적다'고 말하는 뜻이 사람마다 다르다는 것을 알게 될 것이다. 어떤 사람은 죽지 않고 겨우 살아갈 정도를 '너무 적다'고 하는 반면, 어떤 사람은 모든 기본 욕구를 채워도 '너무 적다'고 한다. 두 가지 중 어떤 경우이든 사람들은 궁핍함을 느낀다. 또 '적당하다'는 뜻도 사람마다 다르다. 어떤 사람은 기본 욕구가 채워지면 적당하다고 하고, 어떤 사람은 자기의 모든 욕구가 다 채워져야만 적당하다고 말한다. '풍부하다'는 것도 마찬가지이다. 어떤 사람은 아주 강한 기쁨을 느껴야만 풍부한 것이고, 어떤 사람은 타인과 나눌 수 있는 어떤 것만 있어도 풍부하다고 말한다. 마지막으로, 어떤 사람은 풍부함이 다다를 수 있는 그 끝을 '지나치게 많다'고 하는 반면, 어떤 사람은 '지나치게 많은' 것은 사람을 질식시키고, 답답하고, 무력하게 하는 것이라고 생각한다.

만약 부모가 지나치게 많은 것을 준다면 자녀를 과잉보호하는 것이다. 이것이 이 장에서 다룰 내용이다. 책을 읽으면서 '지나치게 많이 주는' 것은 어떤 의미인지 살펴보고, 자녀에게 하고 있는 행동, 부모가 나를 키운 방식을 다시 생각해 보길 바란다.

과잉보호의 의미

과잉보호의 사전적 의미는 방탕에 대한 관용부터 '지나치게 많음'에 이르기까지 다양하다. 사전에서 많은 도움을 받을 수 없었기 때문에 어렸을 때 과잉보호를 받으면서 자라 온 성인들에게 과잉보호의 의미를 물었다. 그리고 이 조사를 바탕으로 정의를 내렸다.

워크숍이나 뉴스 레터를 통해 과잉보호를 받으며 성장한 사람들을 모집한 후, 그들과의 심층 면접을 통해 다음과 같은 정의를 내리게 되었다.

과잉보호는 자녀에게 좋아 보이는 것을 지나치게 빨리, 지나치게 오랫동안, 지나치게 많이 주는 것이다. 즉, 아이의 연령, 관심, 재능에 어울리지 않는 경험이나 활동, 물건 등을 주는 것이다. 과잉보호는 아동의 욕구를 충족시키는 것이라기보다 부모의 욕구를 충족시키는 과정이다.

과잉보호하는 부모는 아이의 욕구를 맞춰 주고 싶은 마음에 가족의 자원을 자녀에게 필요 이상으로 제공한다. 그러나 사실 이런 방식은 자녀의 욕구를 제대로 채워 주지 못한다. 과잉보호를 받은 아이는 풍요 가운데서도 부족함을 느낀다. 이들은 너무 많이 가졌기 때문에 적극적으로 행동할 필요성을 느끼지 못하며, 결국 잠재적으로 발산할 수 있는 최고의 가능성을 박탈당한다.

과잉보호는 아동 방치의 한 형태이다. 과잉보호를 받은 아동은 자신의 발달 과업을 제대로 수행할 수 없으며 삶 속에서 필요한 것을 배워 나갈 수 없다.

연구 대상

설문지는 뉴스 레터, 워크숍, 모임, 대학 강의 등에 참석한 사람들에게 배부되었다. 730명의 사람들이 11쪽 분량의 설문에 응했으며, 앞의 정의를 근거로 730명 중 124명이 어렸을 때 과잉보호를 받은 경험이 있다고 응답했다. 이 장의 내용은 124명의 반응을 바탕으로 한 것이다. 과잉보호를 받고 자란 사람과 그렇지 않은 사람이 느끼는 차이는 다음 문장에서 단적으로 드러난다. "과잉보호를 받지 않은 사람들은 우리의 고통을 전혀 이해하지 못해요." 124명의 연구 대상은 대부분이 여성이고, 부모가 모두 있었으며, 교육 수준이 높았다. 이들 중 대부분은 미국인이었고, 캐나다, 영국, 호주 사람도 있었다. 물론 이 조사가 미국인 전체를 대상으로 무작위로 대상을 추출한 것이 아니기 때문에, 과잉보호를 받은 사람이 남자보다 여자가 많고, 한 부모 가정보다 두 부모 가정에서 빈번하며, 혹은 이것이 교육 수준과 상관이 있다고 말할 수는 없다. 또한 교육 수준이 높은 사람들만이 과잉보호 문제에 관심이 있다고 말할 수도 없다. 다만 이 장에서 말하고자 하는 것은 자신이 과잉보호를 받고 자랐다고 응답한 사람들의 일반적인 특징이다. 이 장을 읽어 갈 때는 표본이 지닌 한계성도 함께 생각하길 바란다.

과잉보호에 대한 잘못된 생각

당신도 과잉호보를 떠올리면 이 장의 처음에 언급했던 윌리엄처럼 생각할지도 모른다. 외둥이, 금지옥엽, 할머니의 손주 사랑 등만을 생각할지도 모른다. 어쩌면 아기 때부터 부모와 조부모의 선물 공세를 받고 책임감 없이 자란 사람을 생각할 수도 있다. 그리고 가족이 자신들에게 전부인 어린 천사를 위해서 모든 것을 해 주지만 이것을 희생이라고 생각하지 않는 것이 '과잉보호'라고 생각할지도 모른다.

그러나 연구에 의하면 이 생각이 정확한 것이 아님을 알 수 있다. 어떤 잘못된 신념이 있는지 하나씩 살펴보자.

잘못된 신념 1: 과잉보호를 받는 전형적인 경우는 외동아이이다.

현실: 대부분의 해당 연구 대상에게는 2~3명의 형제가 있었다. 그리고 그들 중 4분의 3은 자신의 형제도 과잉보호를 받고 컸다고 응답했다.

잘못된 신념 2: 자녀를 과잉보호하는 부모는 경제적인 여유가 있는 사람이다.

현실: "당신이 어렸을 때 당신 가족의 수입은 다른 가족에 비해서 어떠했는가?"라는 질문에 대해 응답자의 6%가 수입이 아주 많았다고 대답했다. 수입이 많았다고 한 경우는 27%, 다른 가족과 비슷했다고 한 경우는 43%, 수입이 적었다고 한 경우는 16%, 아주 못 살았다고 한 경우는 5%였다. 응답자의 대부분인 64%의 사람들이 부유한 사람이 아니거나, 주위 사람보다 못사는 사람들이었다.

잘못된 신념 3: 조부모의 지나친 사랑이 아이들을 버릇없게 만든다.

현실: 이번 연구에 의하면, 해당 연구 대상자의 96%가 자신의 부모가 자신을 과잉보호했다고 응답했다. 엄마, 아빠 모두가 자신을 과잉보호했다고 응답한 사람은 43%였으며, 엄마 혼자 과잉보호를 한 경우는 42%, 아빠가 과잉보호했다고 대답한 사람은 11%였다. 오직 4% 응답자만이 할머니가 자신의 과잉보호자였다고 응답했으며, 할아버지는 아예 리스트에 있지도 않았다. 결국 자신을 과잉보호하는 사람은 조부모가 아닌, 부모인 우리 자신이다. 부모들이여, 다른 사람들을 탓하지 말고 자신의 행동을 돌아보자.

잘못된 신념 4: 부모들은 주로 어린아이한테만 과잉보호를 하는 경향이 있다.

현실: 조사 연구에 의하면, 21%의 응답자는 부모가 자신의 아동기에 과잉보호를 했다고 말했고, 38%는 사춘기에 그랬다고 응답했으며, 22%는 부모가 지금도 여전히 그렇게 하고 있다고 답변했다. 많은 부모들은 자녀가 성인이 되었을 때도 계속 과잉보호를 한다. 예를 들면, 자녀의 카드빚을 갚아 주거나, "아무 때나 손주를 데려오려무나."라고 하면서 말이다.

잘못된 신념 5: 과잉보호를 하는 부모는 자녀가 행복하기를 바라기 때문에 절대로 학대하지 않는다.

현실: 해당 연구 대상의 19%가 신체적으로 학대받은 경험이 있다고 대답했다. 그리고 이 중 절반이 벨트 등의 물건으로 이따금씩 맞았다고 응답했다.

- 엄마가 성질을 부릴 때는 진공청소기 줄, 신발, 빗, 빗자루 등으로 우리를 때렸어요.
- 우리 부모님은 손으로 때리거나, 아니면 벨트나 막대기로 때렸어요.
- 우리 아빠는 아무 때나 불쑥불쑥 우리랑 엄마를 때리곤 했어요.

정신적인 학대는 이번 연구에서 조금 더 흔하게 보고되었다. 70%의 연구 대상자가 조롱이나 무시, 창피를 당했다고 응답했으며, 부모에게서 사랑을 받지 못했다고 말했다. 다음의 예를 살펴보자.

- 내 외모나 체력이 별 볼 일 없대요.
- 나는 똑똑하지 못하대요.
- 선물은 많이 받았는데 사랑은 받지 못했어요.
- 아빠는 내가 실수할 때마다 놀리면서 멍청이라고 불렀어요. 너무 창피했어요.

많은 선물과 자유가 주어지면서도 사랑을 느끼지 못하는 상황은 사실 어린아이에게는 받아들이기 힘든 경험이다. 이런 상황에서 아이는 '내가 부족한 사람이기 때문에 사랑을 받지 못하는 거야.'라고 생각할 수밖에 없다.

그리고 이번 조사에서 14%의 응답자는 가족에게서 성적으로 추행을 당했다고 대답했다. 이런 형태의 학대는 자녀의 경계 형성에 문제를 가져온다. 어떤 영역에서는 경계가 없어도 큰 문제가 없지만 신체적으로나 성적인 문제에 대해서 경계를 갖지 못하는 것은 심각한 문제가 된다.

절반에 가까운 49%의 응답자가 자신의 가정에 중독의 문제가 있다고 답했다. 이런 상황 속에서 자녀들은 이중 구속[1]의 문제를 겪는다. 즉, 부모는 아이를 계속해서 과잉보호하고, 자녀는 이 부모를 돌봐야만 한다. 또한 이런 부모들은 중독 때문에, 혹은 경계를 설정할 에너지가 부족하기 때문에 자녀를 과잉보호하게 된다. 자신들이 주지 못하는 것을 다른 것으로 보상하고 그 죄책감을 무마하기 위해 자녀를 과잉보호하기도 한다.

잘못된 신념 6: 부모는 주로 선물, 비싼 옷, 장난감, 여행, 좋은 과외 등을 자녀에게 쏟아부음으로써 자녀를 과잉보호한다.

현실: 응답자의 절반이 이런 것들을 부모에게 받았으나, 업무를 조직하고 정리하며 완성하는 과정에서 배울 수 있는 책임감이나 사회성 기술 등은 배우지 못했다고 응답했다. 과잉보호가 물건을 많이 사 주는 문제와만 관련 있다고 하는 것은 잘못된 신념이다. 오히려 자녀에게 필요한 기술과 책임감을 가르치지 않는 것이 과잉보호의 가장 큰 문제이다.

이 연구를 요약하면, 결국 부모가 가장 주요한 과잉보호자이며, 과잉보호의 가장 큰 문제점은 자녀를 책임감 있는 가족 구성원으로 키우지 못했다는 점이다. 즉, 많은 자유와 특권이 주어지지만 자녀들은 삶에 필요한 기술과 규칙을 준수하는 것을 배우지 못하였다.

1) 상호 모순되는 2개 이상의 메시지를 동시에 받음으로써 갈등, 분노, 무력감을 느끼는 상태

제17장

과잉보호의 위험성

좋은 것 같은데 왜 위험하다고 하는 것인가

과잉보호는 전반적으로 모든 영역에 오랫동안 나쁜 영향을 미친다. 그 영향력은 다음과 같이 여섯 가지로 요약된다.

- 결정을 할 때 잘못 하게 된다.
- 필수적으로 배워야 할 기술을 배우지 못한다.
- 어느 만큼이 적당하고 정상인지 모른다.
- 경계 설정에 어려움을 겪는다.
- 이중 구속에서 벗어나지 못한다.
- 고통을 겪는다.

저자의 연구는 과잉보호를 받고 자란 성인의 프로파일을 완벽하게 알아내지는 못했다. 왜냐하면 잘못 내린 결정은 사람마다 다르고, 과잉보호를 받은 상황이나 나이에 따라 부족한 기술이 모두 다르기 때문이다.

어떤 사람들은 과잉보호를 단순히 '자기도취(narcissism)'로 일축해 버리기도 한다. "이런 사람들은 자기도취자들이야. 아주 자기중심적이지." 그렇다면 과연 과잉보호를 받은 사람은 자기도취자일까? 물론 그럴 수도 있다. 그러나 자기도취란, 대개 언어 발달 이전에 문제가 생겨서 자신이 생각하는 이상적인 모습으로 자신이 보이도록 상황을 조정하는 것이다. 즉 이는 과잉보호와는 다르다. 자기도취가 상황이나 타인을 조정하기 위해서 자신의 행동을 이용한다면, 과잉보호를 받은 이들은 대개 자신의 행동 결과를 잘 인식하지 못한다. 자기도취자에게는 특별한 치료가 필요한 반면, 과잉보호를 받고 자란 사람은 자기에게 필요한 기술을 습득하고 배움으로써 자신의 의지로 문제점을 고쳐 나갈 수 있다. 어떤 이들에게는 어려운 일일 수도 있다. 그러나 많은 이들이 이 문제를 인식하고 다른 방법으로 바꿀 수 있다는 사실에 기뻐하며 다시 성장하는 것을 즐거워한다.

다음은 연구에서 나타난 과잉보호의 일반적인 결과 여섯 가지이다.

결정을 할 때 잘못 하게 된다

어떤 아이들은 자신은 특권만 누리고 자신의 행동에 책임을 지지 않아도 된다고 스스로 결정한다.

- 내가 설사 자기중심적이라고 해도 다른 사람들은 날 아껴 줘야만 해. 나는 다른 사람과 사귀는 훌륭한 사회적 기술을 배우지 못했거든.
- 내가 할 수 없다고 생각하면 그건 시도할 필요도 없어. 사람들이 내 방법을 알아주지 않는다면 그건 그 사람들이 나를 싫어한다는 말이지. 내가 실수해도 다른 사람들은 나를 보호해 주고 이해해 줘야 돼. 만약 그렇지 않다면 그 사람들은 나를 미워하는 거야.
- 성숙해질 필요 없어.

반면 책임감 있는 아이들은 정반대의 결정을 내린다.

- 열심히 노력하면 고칠 수 있을 거야. 나는 고칠 거야.
- 내가 부족할 수도 있어. 내가 받은 것이 옳은 것은 아니야. 혼자 결정을 내리는 일은 어려워.
- 좀 더 독립적인 사람이 될 거야. 다른 사람이 날 조종하게 두지 않을래.
- 과잉보호를 받은 내가 나 자신과 형제들을 위해 무언가를 해야 한다는 걸 알았을 때는 너무 버겁다는 생각이 들었어. 하지만 내게도 규칙이 필요하고 해야만 하는 의무가 있다는 것을 알았어. 이를테면 아무도 내게 집안일을 하라고 하지는 않았지만 나는 집 청소를 했어. 집안일도 하지 않고 자랐다는 것을 친구에게 이야기했을 때 정말 창피했어. 그래서 나 자신에게 규칙과 책임을 주기 시작했어.

어떤 아이들은 과잉보호를 받은 경험을 분하게 여긴다.

- 나는 늘 화가 나 있었어. 모든 관심을 받았지만 그게 싫었어. 그저 나를 혼자 내버려두기만을 바랐어.
- 친구들처럼 보이고 싶어서 집안일을 하는 것처럼 거짓말을 했어. "6시 30분에 만날래? 그전까진 설거지를 해야 하거든." 그런 일을 하지도 않았으면서 말이지.

이런 잘못된 결정을 내리는 사람과 직장 생활을 한다고 생각해 보자. 이들은 자신이 맡은 일은 하지 않으면서 오히려 당신을 탓할 것이다. 그리고 책임감 있는 사람들이 모인 팀 활동도 어렵게 만들고, 부지불식중에 자신의 아픈 상처가 건드려지기라도 하면 성질을 부릴 수도 있다.

필수적으로 배워야 할 기술을 배우지 못한다

어떤 사람들은 보편적인 기술을 배우지 못했다고 응답했다. "저는 사람을 사귀는 방법을 잘 몰라요." 또 어떤 사람들은 어떤 특정 기술이 없다고 응답했다. "전화하는 방법을 배운 적이 없어요. 어렸을 때 엄마가 항상 모든 전화를 받았어요. 지금도 전화가 오면 뭐라고 말해야 할지 몰라서 전화를 잘 받지 않아요. 그래서 아내는 이것 때문에 저한테 늘 화를 내죠." 인터뷰를 하면서 부인에게 이런 사실을 말했냐고 이 남자에게 물었다. "아니요. 너무 창피해서 말을 못 했어요. 당신이라면 마흔여섯 살인 남자가 전화 받는 방법도 모른다고 말할 수 있겠어요? 비서를 구하기 전까지는 직장에서도 힘들었어요."

부모가 자녀에게 어떻게 전화하는 방법을 가르치는지 잠시 생각해 보자. 생후 9개월 아기는 장난감 전화기를 갖고 있다. 그리고 여덟 살 아이라면 전화로 자기가 누군지 이야기하고 간단한 전화 내용은 받아 적어 놓을 수 있다. 이 사이에 얼마나 많은 단계들이 빠져 있을까? 창피해서 말도 못 하는, 배우지 못한 기술이 얼마나 더 있을까?

건강한 내적 구조를 만들기 위해서는 학습 기술도 배워야 한다. 다음은 앞의 응답자들이 어렸을 때 배워야만 했던 기술의 예이다.

- 나는 만족 지연(delayed gratification) 능력[1)]이 부족해요. 어릴 때는 내가 원하는 모든 것을 가질 수 있었지요. 하지만 지금은 내가 필요하다고 당장 살 수 있는 게 아니죠. 절약하는 게 너무 힘들어요.

---

1) 만족 지연 능력은 나중에 더 크고 좋은 것을 얻기 위해 지금 주어진 것들을 포기할 수 있는 능력이다. 스탠퍼드 대학의 월터 미셸(Walter Mischel) 박사의 유명한 마시멜로 실험이 이 현상을 잘 보여 주고 있다. 아이에게 마시멜로 1개를 주고 지금 먹을 것인지, 아니면 지금 1개를 포기하는 대신에 잠시 후 더 많은 마시멜로를 먹을 것인지 선택하게 하였다. 만족 지연 능력이 있는 아동은 지금의 1개를 포기하고 참았다가 나중에 더 많은 마시멜로를 먹었다.

- 결정을 내리는 능력이 부족해요. 중요한 결정을 내릴 때면 항상 쓸데없는 말만 해요.
- 내가 관심의 중심이 되지 않으면 사람들 속에서 어떻게 행동해야 할지 모르겠어요.
- 그냥 내려놓고도 죄책감을 느끼지 않는 자발성을 배웠더라면 하는 아쉬움이 있어요.

어떤 아동들은 과보호로 '학습된 무기력'[2]이 발달했다. 부모가 자녀에게 열심히 뭔가를 하게 한다고 해서 자녀가 열심히 사는 법을 배우는 것은 아니다. 어떤 아이들은 과외와 학원 공부를 열심히 하면서 애를 쓰지만, 너무 많은 활동을 하면서 과보호되고 있다. 이런 경우 아이들은 수영을 배우고, 음악 학원과 무용 학원을 다니느라 정작 자신들이 배워야 할 일상생활의 사회적 능력이나 자기관리 기술을 배울 기회가 없다.

어느 만큼이 적당하고 정상인지 모른다

이번 연구의 응답자 중 71%는 자신이 직면한 문제 중 하나가 얼마큼이 적당하고 무엇이 정상인지를 모르는 것이라고 지적했다.

- 원하는 것을 충분히 가질 수 없을까 봐 두려워요.
- 언제쯤 필요한 만큼 돈이 생길까요?
- 얼마큼의 시간과 물건을 아이한테 줘야 하는지 모르겠어요.
- 음식, 옷, 물건들은 대체 어느 정도 사는 게 적당한 거죠?

2) 과거의 반복된 실패나 좌절로 인하여 실제로 자신의 능력으로 극복할 수 있는 상황에서도 자포자기하는 것을 말한다.

- 내게 얼마큼 필요한지를 친구에게 묻고 확인을 받아요. 나는 어느 정도가 나한테 적당한지 천천히 배워 가고 있어요.
- 관대한 것과 과잉보호의 차이를 모르겠어요.
- 어떤 것이 정상인지를 알려면 책을 읽어야만 해요.

인터뷰 중에 한 여성이 말했다. "어느 만큼이 적당한지 알지도 못하고 나이 들어 죽게 될까 봐 무서워요." 자녀를 사랑하는 부모라면 자녀가 훗날에 이런 이야기를 하는 것을 원하지 않을 것이다. 부모는 어느 만큼이 적당한 것인지를 자녀에게 가르쳐야 한다. "얼마만큼 그네를 높이 밀어 주면 좋은지 알려 줘. 알았지?" 부모는 자녀에게 본보기가 되고 모든 영역에서 어느 만큼이 적당한 양인지를 책임감 있게 가르쳐야 한다. "됐어. 그만큼이면 적당해."

어느 만큼이 적당하지를 가르칠 때는 자녀의 성격을 고려해야 한다. 성격에 따라 어떤 아이에게는 다른 아이보다 자유재량을 더 줄 수도 있다. 또한 아동의 학습 스타일도 고려해야 한다. 어떤 아이들은 언어로 표현해 주는 것이 좋다. "그만큼이면 충분해." 또 어떤 아이들은 행동으로 알려 줘야 한다. "이 바구니 안에 찰 정도로만 장난감을 사 줄 거야. 더는 안 돼." 또 어떤 아이에게는 시각적인 메시지를 주는 것이 좋다. 아이스크림 통에 쪽지를 붙여서 "다른 사람도 먹을 수 있게, 아이스크림을 남겨 놓아라."라고 알려 줄 수 있다.

또한 아동의 발달 단계에 맞추어 어떻게 가르칠지도 고려해야 한다. 다음의 사항들을 살펴보자.

- 1단계(출생에서 6개월): "우리 아가, 엄마는 지금 너를 집으로 데려가고 있단다. 오늘 너무 많은 일이 있어서인지 무척 피곤해 보이는구나."
- 2단계(6개월에서 18개월): "잘 수 있도록 엄마가 준비해 줄게. 너무 오래 깨어 있었어."
- 3단계(18개월에서 3세): "책 몇 권은 잠깐 다른 곳에 치워 놓을게. 여기에 다른

책이 충분히 있으니까. 그리고 이 중에서 한 권을 고르면 엄마가 읽어 줄게."

- 4단계(3세에서 6세): "이제 집으로 오렴. 햇볕에 너무 오래 있었어."
- 5단계(6세에서 12세): "소풍 갈 때 음식과 물이 얼마큼 필요한지 한번 생각해 보자꾸나."
- 6단계(12세에서 19세): "공부하는 시간, 집안일하는 시간, 친구 만나는 시간을 어떻게 하면 균형 있게 맞출 수 있을까?"

어느 만큼이 적당한지를 아는 것[3)]과 만족 지연 능력은 삶의 중요한 기술일 뿐만 아니라 게임, 음식, 섹스, 일중독을 예방하는 강력한 요인임을 기억하라.

경계 설정에 어려움을 겪는다

구조의 한 가지는 기술을 가르치는 것이며, 또 다른 것은 규칙을 정하고 경계를 가르치는 것이다. 연구에서, 어렸을 때 집에 규칙이 있었는지를 물었을 때, 응답자의 88%는 규칙이 있었다고 대답했고, 75%는 규칙을 지켰다고 말했다. 그러나 56%는 규칙을 어겼을 때 그 결과에 일관성이 없었다고 응답했다. 일반적으로 규칙은 집에 들어오는 시간, 성적 관리, 타인과의 관계 등에 관한 것이었다. 그리고 오직 16%의 응답자만이 집안일 분담에 대한 규칙이 있었다고 대답했다. 한 응답자가 말했다. "규칙은 없었어요. 그냥 걱정만 할 뿐이었죠."

응답자들은 또한 성인이 되어서 경계를 설정하고 이를 꾸준히 지키는 것은 무척 힘든 일이라고 토로하고 있다. 과잉보호를 받은 아이들은 경계를 세우고 이를 배우는 데 어려움을 겪는다. 어디까지가 자신의 영역이고, 어디서부터가 다른 사람의

3) 아이에게 적당한 정도와 나눔의 기술에 대해 책을 통해 더 알고 싶다면, 크리스틴 애덤스의『나랑 친구 할래?』(노은정 역, 비룡소), 대니얼 그리포의『우리 같이 놀래?』(노은정 역, 비룡소), 장대위의『오리가 알 욕심을 내더니』(웅진주니어), 벤자민의『욕심꾸러기 생쥐와 빨간 사과』(이경희 역, 웅진주니어)를 참고해 보자. 만약 아이가 만화책을 좋아한다면, 서지원의『욕심과 유혹을 이기는 힘, 절제』(좋은책어린이)가 있다.

영역인지 알지 못한다. 과잉보호를 받고 자라 온 사람의 말을 들어 보자.

- 경계는 정말 저를 헷갈리게 만들어요. 제 생각에는 저와 상관없는 일인 것 같은데, 제가 해결해야 할 일이라고 말하잖아요.
- 제가 배우지 못했던 기술이 제 인생 전체에 영향을 미치고 있어요. 바로 경계를 설정하는 문제이지요. 저는 종종 삼각관계에 빠져요.
- 경계 설정(예를 들면 "아니요."라고 말하는 것), 사회생활, 친밀감 형성, 커뮤니케이션 모두가 너무 어려워요.

경계를 설정하는 것만이 문제가 아니다. 경계를 침범당했을 때 오는 고통 또한 문제이다. 인터뷰 중에 많은 사람들은 다른 사람들이 자신에게 화를 낼 때의 당혹스러운 느낌을 토로했고, 상대방을 불쾌하게 하지 않고 언제, 어떤 방법으로 자신의 침착성을 되찾을 수 있는지 모른다고 말했다.

그러나 자녀에게 경계를 가르쳤다고 해서 하루아침에 알게 되는 것은 아니다. 아이들은 각자의 연령에서 자신이 경험한 내적 구조를 통해 경계를 세우고 이를 지켜 가는 것을 배운다. 그리고 각각의 발달 단계에서 아이들은 자신의 욕구와 타인의 욕구를 구분하고 분리하는 방법을 배워 간다.

응답자였던 하이디와 샌디는 발달 단계별 긍정적 말과 행동(제25장 참고)에 대해 읽은 후 말했다. "과잉보호를 하는 부모는 이렇게 말하지 않아요. 어떻게 말하는지 다시 적어 볼게요."

과잉보호를 확인하는 한 가지 방법은 자녀에게 의존성을 요구하는 메시지를 주는지, 혹은 발달 단계별 긍정적인 말과 행동을 보여 주는지를 확인하는 것이다. 과잉보호의 메시지를 조금 줄 수도 있고 많이 줄 수도 있지만, 주목해야 할 사실은 과잉보호 메시지를 많이 주든 적게 주든 아이들은 이중 구속의 메시지 속에서 성장하고 있다는 것이다.

발달 단계별 긍정적 말과 행동	과잉보호의 메시지
1단계	
• 네게 필요한 것은 내게도 중요하단다. • 나는 너를 사랑하고 즐거운 마음으로 보살필 거야.	• 네게 필요한 것은 너무 비싸. • 나는 너를 사랑하고 넘치도록 보살펴 줄 거야.
2단계	
• 나는 네가 새로운 것을 시도하고, 자라고, 배워 가는 것을 보는 게 행복하단다. • 너는 모든 것에 관심을 가질 수 있어.	• 네가 계속 어린아이였으면 좋겠고 내 말만 들었으면 좋겠어. • 너는 모든 것을 가질 수 있어.
3단계	
• 네가 스스로 생각하기 시작해서 기쁘구나. • 너랑 조금 떨어져 있어도 너를 계속 사랑한단다.	• 네가 내 방식으로 생각하게 되어 기뻐. • 너와 떨어져 있게 되면 나는 내 정체성을 잃을 거야.
4단계	
• 너는 도움을 청할 때도 당당할 수 있어. • 너는 다양한 역할을 배워 가면서 여러 방면에서 유능해질 거야.	• 너는 힘이 없어. 그러니까 내가 너를 도울게. • 다양한 역할을 배워 볼 수는 있겠지만 곧 무능력하다는 것을 알게 될 거야.
5단계	
• 나와 다르더라도 나는 너를 사랑해. 그리고 너와 함께 성장할 거야. • 다른 사람과 함께 살 때 도움이 되는 규칙을 배울 수 있어.	• 네 의견이 나와 같을 때만 사랑해. • 너한테 뭔가를 사 줄 때 기분이 좋아. • 너는 나와 함께 살 때 도움이 되는 규칙, 즉 내 규칙을 배울 수 있어.
6단계	
• 네 자신이 누구인지 알아 가고 독립하는 법을 배울 수 있어. • 나는 너를 언제나 사랑해. 내 도움이 필요하면 말하렴.	• 부모인 내가 누군지 알아야 해. 그리고 내게 의존하는 법을 배우렴. • 나는 너를 언제나 사랑해. 돈이 필요하면 내게 말할 거지?

이중 구속에서 벗어나지 못한다

이번 연구에서 직접적으로 묻지는 않았지만, 여러 가지 응답에서 확연하게 나타난 현상은 이중 구속(Double Binds)의 문제였다. 이중 구속은 서로 모순되는 2개 이상의 메시지 및 경험이 함께 전달되는 것이다. 종종 부모는 자녀의 삶을 편안하게 한다는 좋은 의도로 과잉보호를 하지만, 자녀가 유능해질 수 있는 기회를 차단함으로써 훗날 자녀의 삶을 힘들게 할 수 있다는 것은 알지 못한다. 그렇기 때문에 삶의 중요한 기술에 서툴다며 부모가 자녀를 비난하는 것은 어불성설이다. 결국 자녀들은 혼란과 깊은 분노를 느끼면서 이중 구속에 갇히게 된다.

과잉보호를 하는 부모가 전하는 이중 구속의 메시지를 살펴보자.

- 나에게 의존해./너는 언제 철이 들거니?
- 나는 네게 모든 것을 줬어./너는 왜 스스로 네 것을 찾으려고 하지 않니?
- 네가 원할 때마다 돈을 줄게./너는 왜 돈 관리를 하지 못하니?
- 내가 너를 위해서 해 줄게./왜 너는 혼자 스스로 못 하는 거야?
- 내가 너를 지켜 줄게./왜 너는 너 하나도 관리하지 못하니?
- 너는 그것을 배울 필요가 없어./너는 그것도 모르니?
- 네게 필요한 것이 뭔지 나는 알아./어떻게 너는 네가 필요한 것도 모르니?
- 너의 요구에 모두 응해 줄게./너는 내게 감사한 줄도 모르니?
- 넘치도록 줄게./도대체 너는 어느 만큼이 네게 적당한지도 모르니?

만약 자녀에게 이중 구속을 하고 있다면, 한 가지 메시지만 주도록 노력하라. 그리고 부모와 자녀 모두가 이중 구속의 덫에 걸려 있다면, 부록의 '이중 구속으로부터 벗어나기'를 참고하여 극복해 보자.

고통을 겪는다

“좋은 것이 넘치도록 많은 것은 참으로 멋진 일이다.”라고 쓰여 있는 글귀를 본 적이 있다. 그러나 이것은 절대로 사실이 아니다. 특히 과잉보호를 받고 자란 이번 연구 대상자들에게는 더더욱 그렇다. 오히려 그것은 고통이다. 잘못된 결정, 삶의 기술 부족, 얼마큼이 적당한지를 모르는 어려움, 경계 설정의 어려움과 이중 구속으로 생긴 문제의 결과 때문에 이들은 큰 스트레스를 받는다.

그리고, 이들은 조롱당하고 과잉보호받은 일을 숨겨야 하는 고통에 직면해 있다. 과잉보호를 받아 온 이들은 적극적으로 인터뷰에 응했지만 비밀도 무척 많았다. 몇몇 응답자는 주위에 아무도 없는 것을 확인한 후에도 “둘만 얘기할 수 있는 곳으로 가면 안 될까요?”라고 물어 오기도 했다. 이들 모두는 자신이 놀림당한 이야기를 했으며 누군가가 자신의 고통을 기꺼이 들어 주는 경험도 처음이라고 했다. 또한 자신이 겪은 일들이 자신만의 일이 아니며, 이를 이야기할 수 있다는 사실에 안도하는 모습이었다. 가령 이런 상황을 생각해 보자. 누군가가 구타당하고, 담뱃불에 데고, 성폭행을 당하고, 방치되었다고 이야기한다면, 우리는 “정말 유감이에요. 절대 일어나서는 안 되는 일이 당신에게 일어났군요.”라고 말할 것이다. 그러나 어떤 사람이 “나는 내가 원할 때마다 놀았어요. 집안일을 해 본 적도 없고요.” 또는 “나는 운전 면허증을 따기도 전에 빨간색 스포츠카를 선물로 받았어요.” 또는 “고등학교 때 너무 예쁜 새 옷이 갖고 싶었던 적이 있었어요. 아빠께 말씀드렸더니 바로 사 주시더라고요.”와 같이 말한다면 당신은 무슨 말을 할 것인가? 이에 대한 일반적인 반응은 “운도 좋군요.” 또는 “나도 그런 거 갖고 싶었는데.” 또는 “불평할 거리가 뭐가 있는데요?” 혹은 “정말 재수없어.”일 것이다.

과잉보호를 받은 이들은 자신의 고통을 나누고 무엇이 정상인지를 알고 싶지만, 그 경험을 다른 이에게 말할 때마다 조롱과 부러움을 동시에 받곤 한다. 그래서 이들은 아무 말도 하지 않는 것이 낫다고 생각하고, 과잉보호받은 일을 비밀로 하곤 한다.

인터뷰에 응했던 이들도 과잉보호를 받은 경험을 이야기하려고 했을 때 도움을 주거나 공감하는 사람이 거의 없었다고 말했다. 그리고 이들 중 몇몇은 부모가 자신을 사랑해서 그렇게 한 것이라고 생각하기 때문에 자신의 느낌과 생각을 부모와 이야기할 수 없다고 대답했다.

그러나 응답자의 4분의 3은 자신의 문제를 이야기한 적이 있다고 했다. 그중의 절반은 엄마와 이야기했고, 나머지는 형제, 친구, 배우자나 상담자와 이야기했다고 응답했다. 그렇다면 이야기를 들은 사람의 반응은 어떠했을까?

47%는 화를 냈고, 41%는 부루퉁했으며, 35%는 대수롭지 않게 생각했고, 21%는 그 사실을 부인했으며, 11%는 말한 사람을 조롱했고, 2%는 그저 들어주기만 했고, 이들을 공감해 주는 사람은 거의 아무도 없었다고 한다(답변이 100%가 넘는 이유는 복수 응답이 가능했기 때문이다).

여기서 우리는 과잉보호를 받은 사람들의 이야기에 어떻게 반응해야 하는지를 분명히 배울 수 있다. "운도 좋군요."보다는 "과잉보호를 받고 자랐다니 유감이에요. 그것 때문에 힘들어하는 사람들이 있다고 하더라고요. 그래서 어떻게 극복해 가고 있어요?"라고 말해야 한다.

응답자 중 4분의 3의 사람들은 과잉보호를 받는 자신의 상황을 바꾸려고 노력했다고 말했다. 이들은 거부하고, 맞서고, 대항하고, 물러서는 등의 노력을 해 왔다. "그래요. 나는 상황을 바꾸고 싶었어요. 6학년 때 스스로 내 옷을 옷걸이에 걸기로 결심했어요."

어렸을 때, 과잉보호를 더욱 받고 싶은 마음에 상황을 몰아 붙인 적은 없는지 이들에게 물었다. 그러자 절반 정도가 그런 경험이 있다고 대답했다. 그리고 응답자의 82%가 자기가 원하는 것을 얻기 위해 상황을 조종하는 것을 배웠다고 대답했다. 부모가 만든 환경 속에서 아동이 무엇인가를 배워 간다는 것이 놀랄 일은 아니지만, 압력을 행사하고 상황을 조종하는 능력은 아마도 부모가 가르치고 싶었던 기술은 아니었을 것이다. 그리고 이런 바람직하지 못한 기술은 아동의 후기 삶에 고통을 가져올 수 있다. 연구 과정 전반에 걸쳐 응답자들은 자신들의 고통과 불안을 호소하고 있었다. 다음의 예를 살펴보자.

- 부모님의 통제 아래에 있지 않거나, 다른 부모들보다 우리 부모님이 잘 모른다는 생각이 들면 저는 불안했어요.
- 부모님의 사랑을 잃을까 봐 두려웠어요. 그래서 집에서는 제 진짜 감정을 표현하면 안 되는 거라고 생각했어요.
- 꾸미고, 허풍 떨고, 강한 척하고, 모든 것을 아는 척해 왔어요. 진짜는 그렇지 않은데 말이에요. '엄마가 나를 계속 보살펴 줬으면 좋겠어요.'라고 말하는 제 마음을 들키고 싶지 않아요.
- 제가 다른 사람들에게 거는 기대는 적당한 것 같지 않아요. 그 사람들은 저를 실망시키죠. 저는 그 사람들을 위해서 정말 많은 것을 해 주는데 얼마큼이 적당한 것인지는 잘 모르겠어요.
- 꿈속의 왕자님이 나타날 거예요. 늘 보호받았으면 좋겠고요. 저는 많은 돈을 벌 만큼의 능력은 안 되는 것 같아요. 하긴 그럴 필요도 없지만요. 제 왕자님이 해 줄 거니까요.
- 저는 뭐든 시작하면 지나치게 많이 해요. 일하는 것, 돈 쓰는 것, 어떤 것을 성취하는 것, 말하는 것, 먹는 것 모두요.

과잉보호를 받은 그 결과는 너무 고통스럽고 훗날의 삶을 이와 같이 힘들게 만든다. 그러므로 부모는 무조건적인 사랑과 더불어 내적 구조를 만들어 주는 자녀 양육 방법을 찾아야 한다.

부모들은 왜 과잉보호를 하는가

과잉보호도 일종의 방치이기 때문에 아동의 후기 인생에 고통이나 불편함을 준다. 그렇다면 부모는 왜 과잉보호를 하는 걸까? 이 질문에 답하기 전에, 다음의 참/거짓 퀴즈를 한번 풀어 보자. 그리고 이번 연구 조사 결과를 통해 나온 과잉보호의 이유들을 추측해 보자.

부모가 과잉보호를 하는 이유

만약 다음의 진술이 맞는다고 생각하면 '참'에, 틀렸다고 생각하면 '거짓'에 동그라미해 보자.

부모가 과잉보호를 하는 이유는

1	참 / 거짓	자신의 죄책감을 줄이기 위해서이다. 죄책감이 적을 때는 작은 선물을 준다.

2	참 / 거짓	자신이 어렸을 때도 과잉보호를 받고 자랐기 때문이다.
3	참 / 거짓	자신이 어렸을 때 많이 받지 못했기 때문이다.
4	참 / 거짓	편애하는 것을 감추기 위해서이다.
5	참 / 거짓	배우자나 아이들의 조부모와 경쟁하기 위해서이다.
6	참 / 거짓	자녀를 조종하는 한 방법이기 때문이다.
7	참 / 거짓	자신이 거부당하거나 누군가가 자신을 반대하는 것이 두렵기 때문이다. '좋은 게 좋은 것'이라고 생각한다.
8	참 / 거짓	자녀를 자신이 원하는 모습으로 만들고 싶기 때문이다.
9	참 / 거짓	자신이 좋은 부모라고 느끼기 위해서이다.
10	참 / 거짓	경계를 설정하는 능력이 부족하기 때문이다.
11	참 / 거짓	공평하기 위해서이다.
12	참 / 거짓	자녀에 대한 통제권을 두고 배우자와 경쟁하는 방법 중 하나이다.
13	참 / 거짓	저항이 별로 없는 방법이기 때문이다.
14	참 / 거짓	자녀가 칭얼거릴 때 빨리 해결할 수 있기 때문이다.
15	참 / 거짓	상반되는 목표를 무마하기 위해서이다.
16	참 / 거짓	자녀에게 인기를 얻고 싶어서이다.
17	참 / 거짓	학대하는 것에 대한 보상이기 때문이다.
18	참 / 거짓	바빠서, 또는 다른 일에 몰두해서 자녀와 함께할 수 없는 것에 대한 보상이기 때문이다.
19	참 / 거짓	같이 있어 주지 못하는 것이 미안해서 사랑을 사려고 하기 때문이다.
20	참 / 거짓	어떻게든 자녀의 관심을 얻고 싶기 때문이다.
21	참 / 거짓	자녀를 우상화하기 때문이다.
22	참 / 거짓	부모의 위상을 세우고 싶기 때문이다. "내가 얼마나 좋은 부모인데."
23	참 / 거짓	대중매체의 영향 때문이다.
24	참 / 거짓	자녀를 행복하게 해 주고 싶기 때문이다.
25	참 / 거짓	자녀의 친구 중에서 내 아이가 가장 낫기를 바라기 때문이다.

26	참 / 거짓	다른 부모들과 경쟁해서 자신이 더 잘하고 싶기 때문이다.
27	참 / 거짓	자녀가 화를 내는 것이 두렵기 때문이다.
28	참 / 거짓	갑갑한 삶을 사는 자녀가 안돼 보이기 때문이다.
29	참 / 거짓	규칙 없이 사랑을 주기 때문이다.
30	참 / 거짓	자신의 욕구를 자녀에게 투영하기 때문이다. 즉, 자녀에게 비싼 옷을 입히고, 반장이나 학생회장이 되도록 돕고, 좋은 학원에 보냄으로써 만족을 얻기 때문이다.
31	참 / 거짓	배우자와 조부모에게 대항하기 위해서이다.
32	참 / 거짓	자신이 갖지 못했던 것을 자녀에게 주고 싶기 때문이다.
33	참 / 거짓	아동의 발달 단계를 모르기 때문이다.
34	참 / 거짓	대중매체의 영향력이나 주위 사람들이 주는 압력에 맞설 자신이 없기 때문이다.
35	참 / 거짓	주위 사람들에게 습관적으로 의존하기 때문이다.
36	참 / 거짓	조부모나 집안의 다른 어른을 기쁘게 하기 위해서이다.
37	참 / 거짓	가족에게 있는 질병에 대한 보상 심리 때문이다.
38	참 / 거짓	자녀를 가르칠 시간과 에너지가 없기 때문이다.

이 38개 항목은 모두 참이다. 이 모든 이유들은 이번 조사에서 보고된 사항들이다. 그럼 이 연구가 우리에게 말하는 것은 무엇일까?

질문: 부모들은 왜 과잉보호를 할까? 과연 자녀의 안녕을 위해서인가?

답: 아니다. 과잉보호를 받은 사람의 67%가 과잉보호는 자신들의 안녕을 위해서가 아니라 부모에게 문제가 있기 때문이라고 대답했다. 다음의 이야기를 들어 보자.

- 아빠는 일 때문에 늘 집에 없었어요.

- 아빠가 우리를 무시하고 학대한 것 때문에 엄마는 우리에게 죄책감을 느꼈어요.
- 형이 청각장애인인데 엄마는 그것을 자신의 탓이라고 생각했어요.
- 엄마는 어렸을 때 가난해서 직장을 구하러 집을 떠나야만 했대요.
- 내가 네 살 때 아빠가 돌아가셨어요.

부모는 자녀의 안녕을 위해서 그렇게 한다고 생각하지만, 과잉보호를 받고 자란 어른들은 부모가 자신들보다는 부모 자신의 욕구를 충족시키기 위해 그렇게 했다고 생각한다. 여기서 우리는 어떻게 과잉보호를 멈출 수 있는지 힌트를 얻을 수 있다. 먼저 우리 자신의 욕구를 들여다보자. 그리고 자녀를 통해서가 아니라, 직접 우리 자신의 바람을 발견하고 충족시켜 보자.

제19장

과잉보호 대신 무엇을 해야 하는가

과잉보호에 대해 이런 의문이 들 수 있다. '내가 과잉보호를 해 왔는지를 어떻게 알 수 있으며, 또 어떤 적절한 행동을 취할 수 있을까?'

어떻게 알 수 있는가

과잉보호를 받는 아이들은 여느 아이들과 다를 것이 없지만, 어떤 특정 영역에서 나이에 맞지 않거나 지나친 행동을 한다. 과잉보호를 받는 아이들의 일반적인 특징은 다음과 같다.

- 징징대고 사람에게서 떨어지지 않는다.
- 다른 사람을 고려하지 않고 자신이 원하는 것을 요구한다.
- 제약받는 것이 싫어서 지시를 무시한다.
- 규칙을 무시한다.
- 대화에 불쑥 끼어들어 방해한다.

- 타인의 감정에 무심하다.
- 또래에게든 어른에게든 사회적으로 부적절하게 행동한다.
- 다른 사람들이 자기를 위해서 뭔가를 해 주기를 기대한다.
- 지나치게 겁이 많거나 너무 겁이 없다.
- 혼란스럽게 행동하거나 화가 나서 행동한다.
- 나이보다 어리거나 훨씬 어른스럽게 행동한다.

과잉보호를 받는 아이들이 이 행동 모두를 보이는 것은 아니다. 그러나 만약 자녀의 행동이 이 항목들과 3개 이상 일치한다면 과잉보호가 그 원인일 수 있다.

그렇다면 이제 무엇을 해야 하는가

- 가장 먼저 중요하게 해야 할 일은 우리가 왜 자녀를 과잉보호하는지 그 이유를 밝혀내고 그 믿음과 습관을 바꾸는 일이다.
- 우리는 멈출 수 있다. 지금 당장 그만두자. 우리는 사람들이 왜 과잉보호를 하는지 그 이유를 알고 있다. 이제 우리 자신의 이유와 우리 안에 있는 욕구를 밝혀내야 한다.
- 자녀의 발달 단계와 각 단계별 욕구와 발달 과업을 배울 수 있다.
- 보살피기와 구조 고속도로를 살펴보고 그동안 무엇을 해 왔는지 생각해 보자. 만약 갓길이나 도랑에 있다면, 과잉보호와 잘못된 사랑을 아이 지지 돌보기와 부모 주도 돌보기로 바꿀 수 있다.
- 자녀에게 필요한 건강한 구조를 만들기 위해서는 시간과 에너지를 써야만 한다.
- 다음과 같이 말하지 말자. "이게 뭐 그리 대단한 일이라고 그래. 쓸데없는 소리 이제 그만해. 이건 내가 알아서 할게. 걱정하지 마."
- 이제는 이렇게 말해 보자. "이건 정말 중요한 일이야. 나는 이 상황을 바로잡아야만 해. 어떻게 문제를 해결할 수 있을까? 어떤 도움이 필요할까?"

- 세심한 주의를 기울이면 얼마큼이 적당한지 아이에게 가르칠 수 있다.
- 우리 자신을 돌볼 수 있는 일이라면 무엇이든지 해 보자. 그러면 누군가를 과잉으로 보호할 필요가 없다. 우리가 과잉보호를 받지 않고 자랐다면 그런 상황에 있는 사람들의 고통을 모른다는 것을 기억하자. 과잉보호를 받지 않고 자란 606명의 연구 대상자는 과잉보호를 받고 자라는 것이 고통스럽고, 수치스러우며, 극복하기 무척 힘든 경험이라는 것을 이해하지 못했다.
- 만약 과잉보호를 받고 자랐다면 이제는 우리 자신과 자녀에게 하는 그런 행동을 중단하자. 설사 과잉보호가 좋은 마음에서 시작됐을지라도 결코 괜찮은 것이 아니라는 것을 기억해야 한다. 사랑과 과잉보호는 종이 한 장 차이이다. 자신에게 적절한 내적 구조와 사랑의 방법을 찾아, 이제는 다시 성장하기 시작해야 한다.
- 규칙이 엄격한 학교나 직장, 군대 등 구조가 명확하고 일관성 있는 곳은 과잉보호를 받고 자란 이들에게 도움이 될 수 있다.
- 만약 과잉보호를 받고 자라 온 사람과 함께 지내게 된다면 그 사람의 자기중심적인 태도가 우리를 향한 것이 아니라는 것을 기억하자. 당신과 함께 텔레비전을 보던 그 사람이 자기 마음대로 채널을 바꾼다면, 아마도 그 사람은 당신이 옆에 있다는 사실조차 의식하지 못하고 있을 것이다. 이들의 행동을 묵과하면 제멋대로인 이들의 행동은 계속될 것이다. 지속적으로 경계를 설정해 나감으로써 이들을 돕는 동시에 우리 자신도 성장해 나가도록 하자.

그러나 사실 현대 사회의 분위기는 부모에게 과잉보호를 해야 한다고 말하고 있는 것처럼 느껴진다. 그래서 올바른 양육은 마치 시대를 거스르는 것처럼 느껴지기도 한다.

발달 단계별로 과잉보호를 대신할 수 있는 것들

출생에서 6개월

존재하고 살아가며 양육자와 애착을 형성하고, 욕구 충족을 요구하는 시기이다. 이 시기에 아기를 과잉보호하는 예는 아기가 징징거릴 때마다 젖을 주거나, 배고파 보이거나 엄마 생각에 아이가 배고픈 것 같으면 우유나 젖을 주는 것이다. 이런 경우 아기가 심리적으로 내리는 결정은 '나는 내가 언제 배고픈지 몰라. 내가 필요한 것을 요구할 필요도 없어. 세상은 나에게 다 해 줄 거야.'이다. 대신 바람직한 양육법은 엄마가 아기가 부를 때까지, 혹은 신호를 줄 때까지 기다리는 것이다. 그리고 옷이 젖었는지, 달래 주기를 원하는지, 음식을 원하는지 등을 체크하는 것이다. 이렇게 바람직하게 양육하였을 때 아기는 심리적으로 다음과 같은 결정을 하게 된다. '나는 내게 필요한 것이 무엇인지, 그리고 무엇을 요구해야 하는지를 알아.'

6개월에서 18개월

아동이 주위의 세상을 탐색하고 자신의 감각을 신뢰하며 양육자와 애착을 형성하는 시기이다. 이 시기에 아동을 과잉보호하는 행동은 아기가 장난감에 손을 뻗을 때마다 집어 주고 그 장난감으로 놀아 주는 것이다. 그리고 아기의 연령보다 높은 수준의 장난감을 사 주는 것이다. 이런 경우 아동이 내리는 결정은 '내가 원하는 것을 얻기 위해서 멀리 나갈 필요가 없어. 나는 세상을 탐색하는 방법을 모르겠어.'이다. 과잉보호 대신 바람직한 양육법은 아기가 탐색할 수 있도록 안전한 물건과 환경을 제공하고, 자신의 방법대로 하게 내버려두는 것이다. 주방용품으로 놀게 한다거나 적당량의 장난감을 주는 것이다. 이렇게 하면 아동은 '주변을 탐색하고 배우는 것은 안전해. 나는 내 감각을 신뢰할 수 있어.'라는 결정을 내리게 된다.

18개월에서 3세

이 시기에 아동은 인과관계의 사고를 시작하고 자신이 세상의 중심이라는 믿음을 포기하며 간단한 명령(그만해, 기다려, 멈춰 등)을 따르기 시작한다. 이때 과잉보호하는 행동은 아동이 싫다고 할 때마다 부모가 져 주는 것이며, 아동이 원하는 것 이상의 것을 얻게 되는 것이다. 이런 경우 아동은 '나는 세상의 중심이야.' '나는 내가 원하는 모든 것을 가질 수 있어.' '나는 타인을 배려할 필요가 없어.'라고 생각하게 된다. 과잉보호 대신 바람직한 양육법은 아동이 원하는 것을 얻을 때도 있고 얻지 못하는 때도 있다는 것을 알게 하는 것이다. 아동을 혼내지 않고 침착한 방법으로 일관되게 하면, 아동은 '이리 와.' '그만해야지.' '가자.' '잠깐 기다려.' 등의 간단한 부모의 명령을 잘 따르게 된다. 이를 통해 아동이 내리게 되는 결정은 '나는 다른 사람도 생각해야 해.' '나는 싫다고 말할 수도 있고 화낼 수도 있어. 그래도 난 사랑을 받아.' '나는 지시를 따를 수 있어.' 등이다.

3세에서 6세

타인으로부터 분리된 자신의 정체성을 확고하게 하는 시기이다. 힘을 사용하는 방법을 배우고, 행동에 결과가 따른다는 것을 배운다. 이 시기의 과잉보호 행동의 예는 슈퍼마켓 계산대 앞에서 사탕을 사 달라고 징징대면 3번 정도 안 된다고 말하다가 결국 2개의 사탕을 사 주는 것이다. 이런 과잉보호를 통해 아동은 '오직 내가 원하는 것만 중요해. 나는 타인의 욕구, 바람, 감정을 고려할 필요가 없어. 나는 내가 원하는 모든 것을 가질 거야.' 등의 결정을 내리게 된다. 반면 바람직한 양육의 예는 슈퍼마켓에 가기 전에 아이가 사탕을 가질 수 있는지 없는지 여부를 확실히 한다. 그리고 혼내거나 미안한 마음 없이 정해진 대로 한다. 일관성 있는 부모의 이런 행동은 아동으로 하여금 '나는 내가 원하는 것을 요구할 수 있어.' '부모님과 규칙은 믿을 만해.'라는 결정을 하게 한다.

6세에서 12세

자신의 책임과 다른 사람의 책임에 대하여 배우고 규칙과 구조에 관한 기술을 알게 되는 시기이다. 이 시기의 아동을 과잉보호하는 예는 아이가 종종 학교에 늦기 때문에 엄마는 아이의 책가방을 챙겨 주고 기다려서 학교까지 데려다주는 것이다. 이런 경우 아동이 내리는 결정은 '나는 유능하지 않아.' '나는 나 자신을 보살피는 방법을 배울 필요가 없어. 타인도 보살필 필요가 없어.'이다. 대신 바람직한 양육은 자녀에게 어떻게 하면 학교에 늦지 않을지 방법을 물어보는 것이다. 만약 학교에 늦었더라도 자녀를 대신해서 선생님에게 변명을 해 주지 않는다. 이런 양육은 자녀로 하여금 다음과 같은 심리적 결정을 내리게 한다. '나는 나 자신과 타인에 대하여 책임감 있는 행동을 배워야 해.'

13세에서 19세

완전히 독립된 인격체로 성장하는 시기이며, 타인에게 관심을 보이고 자신의 욕구와 감정에 책임을 지는 시기이다. 이 시기의 과잉보호의 예는 아이가 학교 일로 바쁘기 때문에 집안일을 시키지 않는 것이다. 그리고 아이가 원할 때마다 부모의 일정을 조정해서 아이가 원하는 곳에 데려다주는 것이다. 이런 경우 아이가 내리는 결정은 '나는 유능할 필요가 없어.' '내가 속한 가족을 위해 뭔가를 할 수 있을 만큼 유능하지 않아.'이다. 반면 바람직한 양육의 예는 아이가 무엇을 해야 하는지에 대해 아이와 함께 조율하고, 필요한 것들을 어떻게 얻을 수 있는지 함께 이야기를 나누는 것이다. 이런 경우 아이가 스스로 내리는 결정은 '나는 나 자신과 타인에 대하여 책임이 있어.'이다.

제5부

부정하기: 우리를 꼼짝달싹 못하게 하는 덫

하느님은
게임에 빠져 있고
두려움 속에 살고
고통을 감추고
악마의 공격을 받고
무의미하게 소리지르고
분노하고
그리고 이 모든 것을 반복하는
아이들을 구하신다.

–스티브 린치(Steve Lynch)

제20장

우리는 어떻게 부정하는가

“그래, 일 때문에 가족과 함께할 시간이 많지는 않았어. 그렇다고 내가 무슨 일중독이었던 것도 아니잖아. 난 그냥 내 일이 재미있었던 것뿐이고, 덕분에 회사에선 없어선 안 될 사람이 됐지.”

“고등학생 아들이 술 좀 마시고 문제를 좀 일으키긴 했어. 그런데 그런 것도 한 때잖아. 그리고 내 생각엔 친구들보다 문제가 많아 보이지도 않고. 애들은 그냥 애들이야.”

“끊임없이 생기는 가족 문제 때문에 난 너무 지쳤어. 헬스장에 가서 운동할 시간도 힘도 없어.”

이런 예들은 부정(denial)의 여러 가지 모습들이다. 만약 어떤 사람이 자신의 삶에 대해 어렸을 때 강압적인 분위기 속에서 어떤 결정을 내렸다면 그 사람은 자신의 삶에 대해 방어적인 태도를 취하게 된다.

종종 오래전에 내린 그 결정이 의식 밖으로 나올 때도 있지만, 대부분의 사람들은 깊이 생각하지 않고 이전의 그 방식에 따라 살게 된다. 이런 오래된 결정으로 인해서 나온 행동이 자신을 방어하기 위해 쓸모없거나 해로운 것으로 나오게 되는데,

이를 일컬어 부정이라고 한다. 현재의 착각 때문에 해롭거나 쓸데없는 행동을 해놓고도 변화하기를 완강히 저항한다면 이것 역시 부정이다. 그리고 계속해서 부정하고 방어하려는 과정은 디스카운트(Discount, 깎아내리기)라고 한다. 제5부에서는 다음과 같은 내용을 살펴본다.

- 디스카운트는 무엇이며, 사람들은 어떻게 디스카운트하는가?
- 디스카운트가 아동에게 미치는 영향은 무엇인가?
- 네 단계 디스카운트의 예로는 어떤 것들이 있을까?
- 디스카운트를 어떻게 알아차리며, 이를 어떻게 멈출 수 있을까?
- 보살핌, 내적 구조, 디스카운트를 종합해서 어떻게 문제를 해결할 수 있을까?

디스카운트란 무엇인가

디스카운트란 '있는 그대로' 보지 않고 더하거나, 덜하거나, 다르게 말하거나 행동하는 것을 말한다. 이는 문제해결을 하지 않기 위해 거부하려고 하는 것이다. 디스카운트는 왜곡된 사고 과정이다. 상황을 깎아내린다는 것은 현실에 적절하게 반응해야 하는 책임을 부인하는 것이며, 이것은 마치 기존의 결정이나 생각에 맞춰 현실을 바꾸려고 하는 것과 같다. 상황을 깎아내리면서 사람들은 문제, 상황, 욕구를 자기 마음대로 다시 정의하고, 자기는 현실에서 아무것도 할 것이 없다고 믿어버리거나, 상황이 요구하는 것보다 더 적은 일을 해낸다. 다시 말하면 상황을 깎아내리면서 현실에 대한 자신의 책임을 회피한다. 결국 자신을 무능력한 사람으로 만들어 간다. 무엇을 할 수 없고, 무슨 일이 일어나는지 알 수 없다고 느끼는 것은 우리가 자신을 변화시킬 힘(power)이 없다고 오래전에 결정했기 때문이다. 예를 들어, 다나는 어렸을 때 자신을 안전하게 지키지 못할 것이라는 결정을 내렸다. 현재 독극물을 다루는 직업을 가진 그는 불이 날까 봐 언제나 두려움에 떨고 있다.

힘은 나와 다른 사람이 무엇을 필요로 하는지 알고, 그 정보에 입각해서 행동으로 옮기는 능력이다. 잘못 사용된 힘은 착취이다. 그리고 긍정적인 힘은 나 자신과 타인의 욕구를 보살피는 행동으로 드러난다. 그러나 우리 중 어떤 사람은 어린 시절 자신의 가정 안에서 정직하거나 현명하거나 힘이 있는 것처럼 행동하는 것은 안전하지 않다고 느꼈을 수 있다. 어른들이 결정 내린 세상 속에서 어른들의 말과 생각, 심지어 느낌까지 순종하는 것이 더 안전하다고 느꼈을 수도 있다. 어쩌면 어떤 가족은 자녀가 받아들일 수 없는, 혹은 어른들조차 받아들일 수 없는 어떤 비밀을 갖고 있을 수도 있다. 결국 이 과정 중에 우리는 자신을 깎아내리면서 우리의 힘을 포기해 왔다.

아마도 사람들은 때때로 부정하면서 살아갈 것이다. 그리고 자신의 오래된 느낌을 방어하려는 습관 때문에 디스카운트를 하기도 한다. 어떤 디스카운트는 크게 나쁜 영향을 미치지 않지만, 어떤 디스카운트는 심각한 영향을 미친다. 이 장을 통해서 디스카운트가 무엇인지 살펴보고, 자신의 오래된 디스카운트 습관을 인식해 보도록 하자. 만약 언제 어떻게 디스카운트하는지 안다면, 우리 자신과 자녀를 위한 바람직한 변화를 도모할 수 있을 것이다.

무엇을 디스카운트하는가

사람들은 자기 자신이나 타인, 상황을 깎아내린다. 다음 예시는 존이 디스카운트하는 방법과 이를 통해 방어하려는 결정과 생각들이다.

- 자기 자신을 디스카운트한다: "이 상황에서 내가 할 수 있는 것은 아무것도 없어요."(오래된 결정: "나는 중요하지도 않고 힘도 없어요.")
- 타인을 디스카운트한다: "마리에 대해서는 할 말이 없어요. 그 여자는 절대 변하지 않아요."(오래된 결정: "마리아는 고집이 세고 완고해요.")
- 상황을 디스카운트한다: "번개 치는 것을 보긴 했는데요. 여긴 괜찮을 거예요. 골프 계속 칠 거예요."(오래된 결정: "그런 일은 내게 생기지 않을 거야.")

타인과 상황을 디스카운트할 때는 자기 자신도 깎아내리고 있음을 명심하자. 만약 존이 자기 자신을 중요한 사람이라고 여겼으면 그 상황에서 어떤 행동을 취했을 것이다. 만약 마리아에 대한 자신의 오래된 결정을 바꿨다면, 마리아에게 다가가 대화를 나누었을 것이다. 만약 자신도 죽을 수 있는 사람이라는 것을 인정하고 번개로부터 자신을 안전하게 지키고 싶었다면, 존은 그 순간에 골프 치는 것을 중단했을 것이다. 존이 붙들고 있는 오래된 결정, 태도, 행동 등이 그가 어렸을 때부터 형성된 것이라면, 존은 무의식중에 디스카운트를 할 것이며, 자신이 부인한다는 사실조차도 인식하지 못할 것이다.

어떻게 디스카운트를 하는가

정보, 문제, 의견 등을 디스카운트하거나, 왜곡하거나, 무시하기 위해 사람들은 보통 과장된 생각을 한다. 현실을 '있는 그대로' 보기보다 아주 크게, 또는 아주 작게 만들면서 자신의 부정을 정당화한다. '언제나' '절대로' '결코'라는 표현을 쓰거나, '내가 수백 번도 넘게 말했거든.' 또는 '그건 그다지 중요한 문제가 아니야.'처럼 과장하거나 축소하는 말과 태도를 보인다.

과장된 생각을 하며 디스카운트할 때마다 우리는 책임을 회피하고 자신의 책임을 타인에게 전가하고 있는 것이다. 롤로 메이(Rollo May)는 힘을 '우리가 유지하고 싶은 것을 유지하고 바꾸고 싶은 것을 바꿀 수 있는 능력'으로 정의한다. 우리가 디스카운트를 하게 되면 이는 우리 자신과 자녀 모두를 제대로 보살피지 않는 것이다. 즉, 우리의 힘을 포기하고 있는 것이다.

네 단계의 디스카운트

사람들이 하는 디스카운트 방식을 고찰함으로써 우리가 어떻게 디스카운트를 하는지, 그리고 어떻게 이를 멈출 수 있는지를 발견할 수 있다. 이 책에서는 이것을 디스카운트의 단계라고 부를 것이다. 자크 리 쉬프(Jacqui Lee Schiff)는 디스카운트의 단계를 다음과 같이 설명한다.

- 1단계: 상황, 문제, 사람 등의 존재를 디스카운트한다.("문제없어.")
- 2단계: 문제의 심각성을 디스카운트한다. ("큰 문제는 아니야.")
- 3단계: 문제해결의 가능성을 디스카운트한다. ("구청을 상대로 싸워 이길 수 없어.")
- 4단계: 문제를 해결할 수 있는 개인의 힘을 깎아내린다. ("그 문제에 대해서 내가 할 수 있는 일은 없어." 또는 "그 문제 때문에 뭔가를 하려니 마음이 편치 않아.")

그렇다면 네 단계 디스카운트의 차이를 살펴보자.

디스카운트와 능동적이고 책임감 있는 행동의 차이

디스카운트는 있는 그대로의 현실을 다르게 인식하고 부인하는 과정이다. 자신의 욕구와 능력, 타인의 욕구와 능력, 현실, 상황 등의 가능성을 깎아내린다.

1단계: 문제없어

1단계 사람들은 모든 것에 아무 문제가 없는 것처럼 반응한다. 예를 들어 할아버지 장례식 때문에 온 가족이 모였을 경우 "안녕? 뭐 별일 없지?"라고 말을 한다. 이런 경우 아동들이 받아들이는 메시지는 "너는 네가 뭘 알고 있는지도 모르잖아. 그러니까 네 생각이나 욕구를 믿을 수가 없단다."이다. 일반적인 아동들의 반응은 문제가 해결될 수 없다는 것으로 귀결된다. 자녀는 각 단계에서 절망, 자기의심, 타인에 대한 불신, 자신이 아는 것에 대한 불신, 부모를 업신여김, 감정은 중요하지 않음, 거부, 포기, 혼돈, 사랑받지 않음, 수치, 무기력감, 약함 등의 반응을 보이게 된다. 자녀는 누가 자신을 안전하게 보호해 줄 것인지 불안하고 두렵다. 더불어 자녀가 어린 시절 내리게 되는 결정은 성인기까지 그대로 가지고 가게 되는데 다음

과 같은 것이다. '나는 내 생각을 믿을 수가 없어요. 나는 뭔가가 잘못된 것이 분명해요.'

2단계: 심각하지 않아

2단계에 있는 사람들은 문제가 있다고 생각은 하지만 그 문제가 심각하지 않다고 여기면서 무시한다. 예를 들어 할아버지 장례식에 가족이 모였을 때 "할아버지가 영원히 사실 거라고 생각 안했잖아."라고 말을 하는 것이다. 이 경우 아동들이 받아들이는 메시지는 "너는 네가 뭘 알고 있는지도 모르잖아. 그러니까 네 생각이나 욕구를 믿을 수가 없어. 그리고 이건 심각한 일이 아니란다."이다. 아동들의 반응은 1단계와 같으며 이에 따라 내리게 되는 결정은 '이 문제가 심각한 건지 나는 잘 모르겠어요.' '나는 내 생각과 판단을 믿을 수가 없어요.'이며 이 결정은 성인기까지 계속된다.

3단계: 해결 방법은 없어

3단계의 사람들은 문제가 있고 심각하다는 것은 인정하나, 해결할 수는 없다고 믿는다. 예를 들어 할아버지 장례식에 가족이 모였을 경우 해결 방법이 없기 때문에 "누구도 너의 슬픔을 위로해 줄 수는 없어. 결국은 다 혼자인 거니까."라고 말한다. 이런 경우 아동이 받아들이게 되는 메시지는 "할 수 있는 일은 아무것도 없어. 그게 인생이지. 아무도 할 수 있는 것은 없단다."이다. 아동의 반응은 1단계와 같으며 이로 인해 내리게 되는 결정은 '나는 세상을 믿을 수가 없어요. 나는 도움받을 가치도 없고요. 해결 방법이 없어요. 나는 무기력해요.'이며 이 결정은 성인기까지 이어진다.

4단계: 나는 힘이 없어

4단계의 사람들은 문제의 심각성과 해결 방법이 있다는 것 모두를 인정한다. 그러나 자신은 그것을 풀 수 있는 힘이 없다고 생각한다. 예를 들어 할아버지 장례식에 가족이 모였을 경우 "가족들이 슬픔을 잘 이겨 내도록 뭔가를 하긴 해야 하지만 어떻게 해야 할지 모르겠어."라고 말한다. 이런 경우 아동이 받아들이게 되는 메시지는 "나는 너를 어떻게 도와야 할지 모르겠구나. 네 문제는 나한테 너무 버겁구나."이다. 일반적인 아동의 반응은 1단계와 같고 아동이 내리게 되는 결정은 '내 주위의 사람을 믿을 수가 없어요. 나는 버려진 느낌이에요. 이것은 내 힘으로 해야만 해요. 나에게 필요한 것들은 생각하지 않을래요.'이며 이런 결정은 성인기까지 이어진다.

능동적이고 책임감 있는 행동

디스카운트하는 사람들과는 다르게, 능동적인 사람들은 책임감이 있다. 이들은 ① 문제를 현실적으로 평가하고, ② 그 심각성을 정확히 판단하고, ③ 해결 방법을 알고 있거나 찾으며, ④ 무엇이 합리적인지 평가하고, ⑤ 효과적인 행동을 취한다. 예를 들어 할아버지의 장례식에서 부모는 "우리가 함께 있어서 참 다행이야. 할아버지가 돌아가셨다는 것이 믿어지지 않고 정말 슬프구나. 너는 어떠니?"라고 말한다. 아동은 "너와 나를 존중해. 너의 필요, 문제, 감정 등은 나에게도 중요해. 우리가 어떻게 해야 할지 찾지 못한다면 다른 사람이 도와줄 수 있을지 한번 찾아보자."라는 메시지로 받아들인다. 이런 경우 아동의 일반적 반응은 자녀는 안전하고, 보살핌을 받고, 누군가가 자신을 인도해 주며, 자기 이야기를 들어 주고, 사랑받고, 수용받고, 존중받고 있다고 느끼면서 자신이 유능하고, 중요하고, 능력이 있다고 느낀다. 그리고 상황에 따라 기쁨, 만족, 분노, 좌절을 느낀다. 자녀가 내리게 되는 결정은 '내게 필요하고 내가 성장할 수 있는 일을 할 거예요. 나는 도움을 요청할 수 있어요. 나는 유능하고, 능력이 있어요. 내 감각과 직관을 믿을 수 있어요. 나는 내가 무엇을 아는지 알아요.'이며 이런 결정은 성인기까지 이어지게 된다.

제21장

네 단계 디스카운트의 예

디스카운트는 상황이나 자신, 타인의 중요성을 부인하지만 각 단계는 각각의 특징을 갖고 있다. 1단계와 2단계 디스카운트는 상황을 부인하며 3단계 디스카운트는 타인이 다른 대안을 찾을 수 있는 능력을 부인한다. 4단계 디스카운트는 자신과 자신의 욕구를 부인하며, 효과적인 행동을 할 수 있는 힘이 자신에게 없다고 생각한다.

부인하지 않고 상황이나 타인, 자신에 대한 모든 것을 고려할 수 있다면, 우리는 자신과 타인에게 능동적으로 그리고 책임감과 존중하는 마음으로 대할 수 있게 된다.

다음은 네 단계 디스카운트와 관련된 예시이다. 디스카운트하지 않고 자신과 타인을 책임감 있고 능동적으로 대할 수 있는 대안들이 있음을 알 수 있다. 만약 머릿속에서 비난하는 소리가 맴돈다면 그 메시지가 무엇인지 정확히 알아내고, 그것을 도움이 되는 메시지로 바꿔 나가면 된다. 당신은 당신이 원하는 만큼 변화할 수 있다.

예시 1

상황: 한 아이가 울고 있다.

어른의 반응

- 1단계: 우는 소리를 듣고 있지 않다.(문제없어)
- 2단계: "쟤는 정말 많이 우네. 애들이 다 그렇지 뭐."(심각하지 않아)
- 3단계: "이런, 애가 우네. 근데 애가 울 때는 해 줄 수 있는 건 없더라고."(해결 방법은 없어)
- 4단계: "나는 애들이 웃을 때가 좋더라. 울면 무엇을 해야 할지 모르겠어."(나는 힘이 없어)
- 능동적이고 책임감 있는 행동: "무슨 일이니? 도와줄까?"

예시 2

상황: 다섯 살 아이가 식당에서 여기저기 돌아다니고 있다.

부모의 반응

- 1단계: 아이를 데리고 오지 않는다. 아이가 돌아다니는 것을 잘 알지 못한다.(문제없어)
- 2단계: "뭐, 심하게 시끄러운 것도 아니고 아무도 신경 안 쓰는데……."(심각하지 않아)
- 3단계: "저 또래 아이는 원래 가만히 있지 못하니까."(해결 방법은 없어)
- 4단계: "그렇게 하지 말라고 일렀는데 얘가 또 내 말을 안 듣네. 나보고 대체 어쩌라고!"(나는 힘이 없어)
- 능동적이고 책임감 있는 행동: 아이를 데리고 온 뒤 심각하게 말한다. "여기는 여러 사람들이 식사를 하고 있으니 그렇게 돌아다니면 안 돼. 자리에 앉아서 그림을 그릴까?" 그리고 아이를 계속 지켜본다.

예시 3

상황: 집에서 키우던 강아지가 죽었다.

가족들이 아이에게 말한다.

- 1단계: "그만 울어. 엄마가 죽은 것도 아닌데……."(문제없어)
- 2단계: "그냥 강아지 한 마리일 뿐이잖니. 새 강아지 사 줄게."(심각하지 않아)
- 3단계: "죽은 강아지를 잊을 수 있는 방법은 없어."(해결 방법은 없어)
- 4단계: "네가 속상한 건 알아. 하지만 난들 무슨 일을 할 수 있겠니?"(나는 힘이 없어)
- 능동적이고 책임감 있는 행동: "강아지가 죽어서 어쩌면 좋니? 나도 많이 슬프구나. 네 기분은 좀 어떠니? 혹시 강아지 장례식을 해 주고 싶으면 내가 도와줄게." 그리고 아이를 위로해 준다.

예시 4

상황: 중학생 자녀가 학교에서 폭행을 했다.

부모가 말한다.

- 1단계: "우리 아이는 그럴 리 없어."(문제없어)
- 2단계: "그냥 한 번 정도만 했겠지. 그 정도야 뭐."(심각하지 않아)
- 3단계: "어쩐지, 나쁜 애들이랑 어울리는 것 같더라니."(해결 방법은 없어)
- 4단계: "내가 어떻게 해야 하지? 아이가 다시는 친구를 괴롭히거나 때리지 않았으면 좋겠는데."(나는 힘이 없어)
- 능동적이고 책임감 있는 행동: "폭행하는 것은 법을 어기는 것이고 옳지 않은 일이니까 그만두라고 말해 줄 거야. 친구들을 때리지 못하게 일일이 내가 다 쫓아다닐 수는 없지만, 나와 아이를 위해서 할 수 있는 모든 일을 할 거야."

예시 5

상황: 데이트를 하고 싶지만 이성 친구가 없다.

자기 자신에게 말한다.

- 1단계: "난 상관없어."(문제없어)
- 2단계: "아마 그 파티는 재미가 없을 거야."(심각하지 않아)
- 3단계: "내가 연애를 할 수 없다면 아마 다른 사람도 마찬가지일 거야."(해결 방법은 없어)
- 4단계: "나는 절대 연애를 못 할 것 같아."(나는 힘이 없어)
- 능동적이고 책임감 있는 행동: "나는 파티에 가고 싶어. 데이트할 수 있는 세 가지 방법을 생각해 봐야겠어. 만약 그래도 못 한다면 친구나 가족이랑 같이 영화를 보러 가거나 텔레비전을 볼 거야."

디스카운트 단계를 알아내는 것은 왜 중요한가

어느 단계의 디스카운트인지를 알게 되면 부인하는 문제를 해결하는 데 도움이 된다. 다음과 같이 디스카운트에 관한 세 가지 개념을 다시 한 번 정리하였다.

1. 어떤 디스카운트 단계에서도 문제는 해결되지 않는다.
2. 1 · 2단계 디스카운트는 3 · 4단계보다 해결하기 힘들다. 이를 극복하기 위해서는 체계적인 교육이 필요하다.
3. 일반적으로 어떤 사람이 1 · 2단계의 디스카운트를 하고 있다면, 3 · 4단계의 디스카운트가 어떤 것인지 배우고 거쳐가야 한다. 그렇게 함으로써 능동적이고 책임감 있는 상태에 도달하게 된다.

때로 위기 상황이나 안전 문제가 있다면, 수동적인 1단계에서 바로 능동적이고 책임감 있는 행동을 배우는 것이 낫다.

어른들 세계의 디스카운트

부인과 디스카운트는 어른들의 세계에서도 빈번하게 일어난다. 어른들이 서로를 디스카운트하거나 능동적인 태도로 임하는 예시를 살펴보자.

예시 6

상황: 친구가 승진을 바라고 있다.

내가 말한다.

- 1단계: "얘, 어떤 사람들은 직장도 없어."(문제없어)
- 2단계: "승진을 못 한다고 해서 죽는 것은 아니잖아."(심각하지 않아)
- 3단계: "윗사람들이 어떻게 결정할지 누가 알겠어?"(해결 방법은 없어)
- 4단계: "내가 도울 수 있는 방법은 없구나."(나는 힘이 없어)
- 능동적이고 책임감 있는 말: "나도 네가 승진하기를 바라. 혹시 내가 도울 수 있는 일이 있을까?"

예시 7

상황: 연인이 "당신과 시간을 더 즐겁게 보내고 싶어."라고 말한다.

내가 말한다.

- 1단계: "이미 많은 시간을 같이 보내고 있고 충분히 재미있는 것 같은데."(문제없어)
- 2단계: "그래. 그럼 내가 일주일에 한 번씩 재미있는 농담을 해 줄게."(심각하지 않아)
- 3단계: "많은 커플들이 재미있게 지내는 방법을 찾지 못해서 힘들어하지."(해결 방법은 없어)
- 4단계: "나는 이번 달까지 정말로 바빠."(나는 힘이 없어)
- 능동적이고 책임감 있는 말: "좋아. 어떻게 보낼 수 있는지 같이 생각해 보자."

예시 8

상황: 첫 아이를 낳은 산모가 산후우울증으로 고생하고 있다.

자기 자신에게 말한다.

- 1단계: '산후우울증이라는 것은 근거 없는 생각이야.'(문제없어)
- 2단계: '시간이 지나면 괜찮아지겠지.'(심각하지 않아)
- 3단계: '호르몬의 문제니까 내가 할 수 있는 것은 없어.'(해결 방법은 없어)
- 4단계: '내가 유일하게 할 수 있는 일은 항우울제 주사나 맞는 거지.'(나는 힘이 없어)
- 능동적이고 책임감 있는 말: '내가 이 문제를 만든 것은 아니지만 해결할 방법을 찾아야만 해. 의사와 얘기해 보고 도움이 되는 약이 뭔지 물어봐야겠어. 산후우울증에 관한 책도 찾아보고, 어쩌면 치료를 받아야 할지도 몰라. 해결 방법을 찾을 때까지 계속 노력해 봐야지.'

예시 9

상황: 자신의 산후우울증이 아기에게 안 좋은 영향을 미칠까 봐 걱정하고 있는 엄마가 있다.

산모의 친구가 말한다.

- 1단계: "이렇게 어린 아기들은 네가 이런 거 몰라."(문제없어)
- 2단계: "이게 영향을 미치더라도 아이는 곧 극복할 거야."(심각하지 않아)
- 3단계: "글쎄, 우울증에서 헤어 나오지도 못하는 네가 무슨 아기 걱정까지 하니?"(해결 방법은 없어)
- 4단계: "우울증은 자연적으로 없어지고 아기도 잘 극복할 거야."(나는 힘이 없어)
- 능동적이고 책임감 있는 말: "인생의 초기에 아기들은 신체적인 접촉을 필요로 한대. 그리고 그 접촉 때문에 사람을 신뢰하고 애정을 느끼게 된대. 아이를 달래면서 노래를 불러 주면 어떨까? 우울증을 치료하면서, 아기랑 잘 지낼 수 있도록 내가 도울 수 있는 일이 있으면 말해 줘."

디스카운트 그만하기

일단 디스카운트 단계를 이해하면 이 정보를 어떻게 이용할지 궁금해진다. 문제는 해결이 될지, 디스카운트한 사람을 위해 결과가 만들어지는지, 각 단계에서 효과가 나타나려면 어떤 것과 직면해야 하는지 궁금해진다.

1단계: 문제없어

예를 들어 다이어트를 한 것도 아닌데 짧은 시간에 살이 빠진다면 1단계에서 디스카운트하는 사람은 '난 괜찮아.'라고 생각하고 당연히 문제는 해결되지 않는다. 이러한 디스카운트는 어린 시절 경험이 큰 영향을 미친다. 지속적으로 1단계의 디스카운트를 경험하게 되면 현실감각이 심각하게 떨어진다. 현실을 직면하는 것이 매우 어렵고 상담자의 도움이 필요하게 된다. 1단계의 디스카운트를 하는 성인이 자신의 문제에 직면하게 하는 방법은 바람직한 변화가 무엇인지, 변하지 않았을 때의 결과가 무엇인지 알려 주는 것이다. 1단계의 디스카운트를 하는 사람은 곧장 능동적이고 책임감 있는 행동을 할 수 없으며, 각각의 단계를 모두 거쳐야만 한다. 그리고 직면이 효과가 없을 수도 있다. 상황을 직면하도록 하는 것은 매우 위험할 수 있으므로 이 사람을 돕기 위해서는 시작 전에 기획을 잘 하고, 그것이 효과적이지 않을 경우 어떻게 할지도 고려해야 한다. 만약 아동이 디스카운트한다면 아이에게 정보를 주고 아이의 불편함을 키워서 스스로 문제를 바라보고 처리하도록 하는 것도 좋다. 도울 수는 있지만 아이가 스스로 해결하도록 한다. 아이의 불편함을 대신 해결하려 하지 않는다.

2단계: 심각하지 않아

달리 다이어트를 하지 않았는데 단기간에 살이 많이 빠졌다면 2단계 디스카운트를 하는 사람은 "나는 날씬한 게 좋아."라고 말한다. 그러나 문제는 해결되지 않는다. 이런 사람들의 특징은 현실을 정확하게 이해하지 못하며, 현실에 직면하는 것이 쉽지 않다는 것이다. 따라서 디스카운트로 인해 위기를 겪게 될 가능성이 많아 치료가 필요하다. 이런 성인은 구체적이고 증명이 될 만한 자료를 제시해서 문제에 직면하도록 돕는다. 이 사람이 가장 관심 있어 하는 영역의 문제를 놓고 직접 이야기 하는 것도 좋다. 그러고 나서 바로 능동적이고 책임감 있는 행동으로 가기보다는, 3단계의 해결 방법을 사용해 보도록 한다. 만약 아동이 이런 경우라면 1단계와 마찬가지로 아이에게 정보를 주고 아이의 불편함을 키워서 스스로 문제를 바라보고 처리하도록 하는 것도 좋다. 도울 수는 있지만 아이가 스스로 해결하도록 한다. 아이의 불편함을 대신 해결하려 하지 않는다.

3단계: 해결 방법은 없어

달리 다이어트를 하지 않았는데 단기간에 살이 많이 빠졌다면 3단계 디스카운트를 하는 사람은 '지금 잘 먹고 있고 옛날에도 병원 한 번 간 적 없는 걸.'이라고 생각한다. 디스카운트로 인해 문제는 해결할 수 없다. 이러한 잘못된 신념은 교육을 통해 수정될 수도 있다. 이 단계의 디스카운트를 하는 사람이 자신의 문제에 직면하도록 돕는 방법은 어떻게 문제가 해결될 수 있는지에 관한 정확하고, 구체적이고, 지시적인 정보를 주는 것이다. 그러고 나서 4단계로 넘어간다. 개인의 능력을 긍정적인 말로 확인해 주고, 개인의 힘 내에서 할 수 있는 대안을 제시한다. 아동을 돕고 싶다면 앞선 단계와 마찬가지이다. 만약 아동이 이런 경우라면 1단계와 마찬가지로 아이에게 정보를 주고 아이의 불편함을 키워서 스스로 문제를 바라보고 처리하도록 하는 것도 좋다. 도울 수는 있지만 아이가 스스로 해결하도록 한다. 아이의 불편함을 대신 해결하려 하지 않는다.

4단계: 나는 힘이 없어

달리 다이어트를 하지 않았는데 단기간에 살이 많이 빠졌다면 4단계 디스카운트를 하는 사람은 "어디로 가서 도움을 청할지 모르겠어."라고 말한다. 이렇게 하면 역시 문제는 해결되지 않는다. 지속적으로 디스카운트를 하는 성인들의 특징은 자신과 상황을 변화시킬 수 없다는 믿음을 가지고 있다. 디스카운트하는 성인을 돕는 방법은 정보를 주면서 직면하도록 하는 것이다. 어떤 사람들에게는 '힘이 있어도 안전하다.'라는 새로운 결정을 위해, 지지나 도움 또는 치료가 필요할 수 있다. 그러고 나서 능동적이고 책임감 있는 행동의 단계로 넘어간다. 만약 아동이 이런 경우라면 1단계와 마찬가지로 아이에게 정보를 주고 아이의 불편함을 키워서 스스로 문제를 바라보고 처리하도록 하는 것도 좋다. 도울 수는 있지만 아이가 스스로 해결하도록 한다. 아이의 불편함을 대신 해결하려 하지 않는다.

능동적이고 책임감 있는 행동

달리 다이어트를 하지 않았는데 단기간에 살이 많이 빠졌다면 능동적이고 책임감 있는 행동을 하는 사람은 "오늘 병원에 전화해서 건강 검진 예약을 해야겠어."라고 말한다. 이런 경우 문제가 해결되거나, 문제를 해결하기 위해 무엇인가를 하게 된다.

만약 디스카운트를 당했다면 이런 사람들에게 디스카운트는 사실의 핵심을 파악하는 근거가 될 뿐이다. 이들은 긍정적인 태도와 행동을 유지한다. 디스카운트하는 성인을 자신의 문제에 직면하도록 하려면 지지와 격려를 해 주고 디스카운트에 직면하도록 한다. 성인이 디스카운트하는 아동을 능동적이고 책임감을 갖도록 돕는 방법은 무조건적인 사랑의 표현인 보살핌(자극과 인정)과 내적 구조 사이의 균형을 맞추는 것이다. 그리고 디스카운트에 직면하도록 하는 것이다.

제22장

다양한 얼굴을 가진 디스카운트

어떤 사람을 하찮은 사람으로 만드는 방법은 많다. 조롱하고, 놀리고, 빈정거릴 때 움츠러들지 않을 수 있는 사람이 있을까? 학대와 유기도 디스카운트가 좀 더 심해진 형태일 뿐이다. 다음의 예를 보면서 우리의 마음을 조금 더 세심하게 다듬어 보자. 그러면 삶에서 여러 가지 모습으로 나타나는 디스카운트 대신에, 사랑이 담긴 행동을 하는 자신을 발견하게 될 것이다. 디스카운트와 관련된 뿌리박힌 우리 자신의 신념을 먼저 살펴야 한다. 그러고 나서 좀 더 건강하고 멋진 삶을 찾을 수 있는 방법을 찾아야 한다.

웃음

웃음은 치료를 돕거나 치료를 막는다. 『웃음의 치유력』 쓴 노먼 커즌스(Norman Cousins)는 웃음으로 어떻게 질병을 치료했는지 잘 기술하고 있다. 아무도 상처 주지 않는 편안한 농담에서 나오는 행복한 웃음과 모두가 공감할 수 있는 웃음은 서로에 대한 존중감을 형성해 주고 친밀감을 높인다. 이런 웃음 때문에 사람들은 동질감을 느끼고 특별한 감정을 공유한다. 일례로, 찰리는 아내의 생일 선물로 꽃을 사 가지고 집에 돌아왔다. 그러나 아내의 생일은 그로부터 일주일 후였다. 아내와 아이들은 찰리의 '실수'에 놀라고 즐거워했다. 그리고 찰리도 같이 한참을 웃었다.

그러나 반대로 웃음은 사람을 따돌리고 깎아내리고, 관계를 끊어지게 할 수도 있다. 다음의 상황을 보고 어떻게 웃음이 네 단계의 디스카운트처럼 보이는지 생각해 보자.

상황: 친구가 넘어지는 바람에 꼬리뼈를 다쳐서 아프다고 한다.

- 1단계: "하하."(문제없어)
- 2단계: "키키, 운이 안 좋았네."(심각하지 않아)
- 3단계: "히히, 날씨가 추울 때는 사람들이 미끄러져서 넘어지곤 하지."(해결 방법은 없어)
- 4단계: "넘어진 것이 내가 아니라서 다행이다. 하하."(나는 힘이 없어)
- 능동적이고 책임감 있는 반응: "많이 아프니? 내가 도와줄까?"

누군가가 아플 때 웃는 것은 절대로 적절하지 않다. 그것이 설사 걱정스런 웃음이라고 할지라도 말이다. 때때로 다른 이의 고통을 보고 웃는 웃음이 유머 감각으로 포장되기도 한다. 하지만 다른 사람의 안전과 자존감을 소재로 웃는 것은 건강하지도, 유머러스하지도 않다. 자신이 곤경에 빠졌을 때 웃는 것도 마찬가지이다. 우리는 종종 과거의 실수나 인간사에 대한 회의 때문에 슬프게 웃기도 한다. 그러나 이런 웃음은 희로애락의 모든 과정을 거친 뒤, 주어진 상황과 인간사를 초월하고 수용한 후에나 얻을 수 있는 것이다.

부모의 웃음

비웃음을 당하는 것은 가장 잔인한 디스카운트 방법 중 하나이다. 왜냐하면 이는 한 인간을 조롱하는 동시에 문제를 깎아내리기 때문이다. 조롱하는 웃음은 학대의 한 형태이다. 상처 주는 부모의 웃음은 자녀의 귓가에 오래도록 남는다. 훗날 이 아이가 자라 성인이 됐을 때, 이 오래된 비웃음으로 인해 마음속에 잠자고 있던 '너는 중요하지 않아. 감히 내 옆에 가까이 올 생각도 하지 마.'라는 낡은 메시지가 살아나기도 한다. 이런 비웃음은 머뭇거리거나 반항하는 등의 소심한 태도를 아이에게 남길 뿐만 아니라, 자신과 타인에게 해로운 생각과 행동을 하는 습관을 만들어낸다. 이런 비웃음을 통해 아이가 받는 메시지는, 가족에게서는 사랑과 지지를 받을 수 없으며 사랑 또한 믿을 수 없다는 것이다. 설사 자녀의 실수가 당신에게는 웃음을 줄지라도 웃기 전에 잠시만 멈추고 생각해 보자. 아이는 내가 생각한 만큼 이것을 웃기다고 느낄까, 아니면 속상하다고 느낄까? 아이가 웃을 때까지 기다리자. 그 실수가 심각하거나 속상한 것이 아니라면, 그때는 함께 웃을 수 있다.

자신의 고통을 보고 웃는 아이들

비웃음은 어린아이에게 특히 더 해롭다. 조롱을 당하게 되면 아이는 자신을 보고 웃는 그 가족이나 모임에 속하고 싶은 마음에, 자신도 자신의 고통과 아픔을 보고 웃는 법을 배우게 된다.

만약 아이가 정신적인 고통이든 신체적 아픔이든 자신의 아픔에 웃거나 미소 짓는다면, 아이가 더 혼란스럽고 아파하기 전에 부모는 멈춰 서서 무슨 문제가 있는지 살펴야 한다. 이미 아이가 자신의 아픔을 보고 웃는 것에 완전히 익숙해져 버린 것은 아닌가? 만약 그렇다면, 아이는 고통이 자신에게 무언가를 해야만 한다는 메시지를 디스카운트하고 자신을 돌보지 않고 있다는 것을 의미한다.

자녀가 이렇게 자기파괴적인 방법으로 웃으면서 자신의 고통을 디스카운트하고 있다면 부모는 어떻게 이를 막을 수 있을까?

• 부모부터 먼저, 아이가 아프거나 실수를 했을 때, 혹은 위험하거나 비열하거나

건전하지 못한 행동을 했을 때 웃는 것을 그만두자.

• 사랑하는 마음을 담아 아이에게 이렇게 말해 보자. "나에게 그건 별로 웃기지 않은데." 또는 "네 문제(아픔, 당황스러움, 실수)를 보고 웃기보다는 너를 도울 수 있는 방법을 같이 생각해 보자." 또는 "그렇게 웃지 말렴."

어린 자녀가 친구들과 놀다가 다쳤는데 또래 친구가 자녀에게 아플 때 웃도록 종용했다면, 당신은 당장 무엇인가를 해야만 한다. 그 아이들에게 당장 그만두라고 말하라. 도움을 줄 수 있는 어른들을 모두 찾아보아라. 새로운 놀이 그룹을 찾아볼 수도 있고 유치원이나 어린이집을 바꿀 수도 있다. 만약 자신의 고통을 보고 웃도록 하는 환경을 도저히 바꿀 수 없다면 이사를 하도록 한다.

만약 중학생 자녀가 친구들과 어울려 자신을 조롱거리로 삼는다면, 비록 그 행동이 또래 아이들에게 흔히 있는 일일지라도 자녀에게 그 자기파괴적인 일을 당장 그만두고 집에서 그런 행동을 하지 않도록 가르쳐야 한다.

부모의 따스한 사랑에도 불구하고 자녀가 자신의 불행과 실수에 대해 계속해서 비웃거나 웃음 짓는다면, 이는 자녀가 무시당하는 것이 내재화되어 스스로 자기 자신을 깎아내리고 있음을 의미한다. 도움이 될 만한 곳은 모두 찾아보라. 그래서 아이가 더 심각한 행동을 하기 전에 스스로 디스카운트하지 않도록 도와줘야 한다.

교수대에서의 웃음: 무의식적 신호

과거 한때, 교수대의 죄인은 자신이 교수형을 당하기 전에 농담 하나를 하는 관습이 있었다. 그러면 구경하는 사람은 죄인이 죽어 갈 때 웃게 된다. 교류분석의 대가인 에릭 번(Eric Berne)은 아픔에 무의식적으로 웃음 짓는 것을 '교수대에서의 웃음'이라고 했다. 왜냐하면 이는 사실상 자신이 파괴되어 갈 때 웃는 웃음이기 때문이다.

섬뜩한 이 말처럼 많은 이들이 자신의 고통과 불행에 대해 저절로 웃음 짓곤 한다. 이 웃음은, 어렸을 때 욕구가 충족되지 못했으며 그 충족되지 못한 욕구를 우리가 디스카운트해 왔음을 의미한다. 또한 그 웃음의 의미는 우리가 여전히 그 욕구뿐만이 아니라 자신을 깎아내리고 있다는 것을 말해 준다. 어린아이였을 때는 그 상황을 그렇게 받아들일 수밖에 없었다. 살아남고 자라기 위해서는 할 수 있는 어떤 것이라도 해야 했기에 그럴 수 있었다. 그러나 세월이 지나 성인이 된 지금도 여전히 채워지지 않은 욕구나 아픔에 대해 웃는다면, 이 디스카운트는 우리로 하여금 자신과 타인에 대한 책임을 회피하도록 만들고 있는 것이다. 이런 잘못된 결정을 계속 붙잡고 있을 이유가 없다. 자신의 아픔에 대해 웃는 것을 중단하고 이를 줄이기 위한 조치를 당장 취해야 한다.

만약 우리가 '교수대에서의 웃음'을 짓고 그런 모습을 아이에게 보여 주고 있는지 알고 싶다면, 친구에게 내가 아픈 일이 있거나 속상한 일이 있을 때 웃는 사람인지를 물어보자. 우리를 나쁘게 이용하지 않고 정직하게 사랑으로 이야기해 줄 친구 한 사람을 정해서 모니터링을 부탁해 보자. 만약 친구가 정확하게 해 줄 수 있는 사람인지 잘 모르겠다면 상담자나 의사를 만나는 것도 좋다.

염려되는 부분을 이야기해 주면 이들은 내가 부적절하게 웃는지 여부를 말해 줄 수 있을 것이다. 만약 내가 그런 행동을 한다면, 내 안에 내재화되어 있는 디스카운트가 웃음이라는 신체적 신호로 드러난 것을 다행이라고 생각해야 한다. 처음에는 웃는다는 사실을 부인하고 싶거나, 아니면 화가 나거나 창피할 것이다. 그러나 '교수대에서의 웃음'은 자신이 인식할 수 있는 범위 밖에 있음을 명심하라. 이제 인식했다면 우리가 이를 바꿀 수 있다.

만약 아직도 '교수대에서의 웃음'을 부정하고 있다면 네 단계 디스카운트의 예시를 가지고 디스카운트 반응을 점검하라.

상황: 친구나 상담자가 이렇게 말한다. "아픔, 창피함, 실패를 이야기할 때 자신이 웃는지를 내게 말해 달라고 부탁했죠? 시험에 떨어진 이야기를 할 때 미소를 지었다는 것을 알고 계셨나요?"

나의 반응

- 1단계: "나는 웃지 않았어요."(문제없어)
- 2단계: "글쎄, 한 번 작게 웃은 게 뭐가 대수죠?"(심각하지 않아)
- 3단계: "모든 사람은 그런 일에는 그냥 웃어요. 누가 다 큰 어른이 징징거리는 걸 보고 싶겠어요?"(해결 방법은 없어)
- 4단계: "어쩔 수 없어요. 어떨 땐 내 입이 그냥 웃어요."(나는 힘이 없어)

'교수대에서의 웃음'을 관찰하기 위해 자신의 모습을 녹화해 보자. 이 확실한 증거를 본다면 진실에 직면하지 않을 수 없을 것이다. 녹화한 영상이 없다면 손가락을 입의 양 옆에 대고 근육의 반응을 느껴 보자. 그리고 웃을 때 말했던 내용을 반복해서 말해 보자. 만약 입술 근육이 웃음으로 움직이는 것을 느꼈다면, 이번에는 웃지 못하도록 막은 채 다시 한번 그 이야기를 반복해 보자. 그 웃음을 막는 순간, 어쩌면 자신의 슬픔, 두려움, 분노 등 그동안 부인해 왔던 모든 것들에 대한 디스카운트를 멈추고 있는 것인지도 모른다. 자, 이제 치유를 시작할 준비가 되었다.

웃음으로 자신의 문제를 디스카운트하지 않는 방법을 배워 나갈 때, 밝고 기쁜 웃음을 우리의 삶으로 초대하고 있음을 기억하자.

놀림

웃음과 마찬가지로, 놀리기는 존중감과 친밀감을 형성해 줄 수도 있고 잔인한 디스카운트의 수단이 될 수도 있다. 놀리기는 성가시게 하거나, 짓궂게 하거나, 괴롭히거나, 속이거나, 조롱하는 것 등이며, 이는 다른 사람을 희생해서 자기를 더 낫게 보이려는 수단이 되기도 한다. 만약 다른 사람을 상처 주는 방법으로 놀리고 싶은 유혹을 느낀다면, 그 유혹을 뿌리치고 건강한 다른 방법을 찾아야만 한다. 만약 어린아이에게 필요한 정보, 구조, 사랑을 주는 대신 놀리기만 한다면 이는 아이에게 큰 상처를 줄 수 있다.

친밀하고 안정된 관계 속에서 서로 악의 없이 서로 놀리는 농담들은 '나는 너를 좋아해. 나는 너와 함께 웃고 싶어. 내가 너를 사랑하고 있고, 너에게 관심이 많다는 것을 유쾌한 방법으로 이야기하는 거야.'라는 메시지를 전한다. 이러한 정감 어린 농담은 우호적이고 사랑하는 마음을 전한다. 하지만 이런 정감 어린 농담도 조심해서 사용해야 한다. 왜냐하면 악의적으로 놀리는 문화 속에서 자라난 사람들은 선의의 농담을 종종 이해하지 못하며, 즐거운 것처럼 보여도 마음은 상할 수 있기 때문이다. 특히 상상과 현실을 분리하는 발달 과업을 수행 중인 6세 미만의 어린이들은 윙크나 미소 같은 신호를 주지 않는다면 농담과 조롱을 잘 구분하지 못할 것이다.

벤자민의 아빠는 이런 농담을 어떻게 해야 하는지 잘 알고 있다. 네 살 벤자민이 집으로 달려들어 와 아빠가 보는 텔레비전을 막아서며 말한다. "나 아이스크림 먹었어."

아빠는 눈을 둥그렇게 뜨고 물어본다. "정말?"

벤자민이 말한다. "응, 아빠."

아빠가 묻는다. "아빠 것도 가져왔어?"

벤자민은 소리친다. "아니."

아빠는 벌떡 일어나서 마치 노래하는 듯한 목소리로 크게 말한다. "어떻게 나한테 이럴 수 있어? 이런 귀여운 악동 같으니라고. 아빠가 아이스크림 좋아한다는 것을 알고 있으면서 말이야. 네가 아이스크림을 가져오지 않았으니, 아빠가 이제 무엇을 할지 알고 있지?"

벤자민은 즐거운 표정으로 "나랑 레슬링!" 하고 소리친다.

아빠와 아들은 마룻바닥을 뒹굴면서 안고 레슬링하면서 즐겁게 웃는다.

이 예를 통해서 알 수 있는 놀리기의 긍정적인 모습들이 다음에 나와 있다.

- 아이가 시작했다.
- 아빠는 아이가 방해하는 것을 즐거운 마음으로 응했다.

- 아빠는 아이가 자신에게 같이 놀자고 하는 신호를 알아차렸다.
- 아빠는 늘 그랬듯이 점프하고 소리지르면서 자신의 행동을 즐겁게 과장했다.
- 아빠와 아이는 긍정적인 신체 접촉과 웃음으로 놀이를 잘 마쳤다.

빈정거림과 조롱

빈정거림과 조롱은 인간의 존재에 타격을 가하는 디스카운트의 일종이다. 멸시가 담긴 웃음은 '너는 중요하지 않고 너의 욕구도 중요하지 않아.'라는 메시지를 담고 있으며, 이는 타인의 마음에 깊은 상처를 남긴다. 빈정거림과 조롱은 여간해서는 대항하기가 쉽지 않기 때문에, 이를 당한 사람들은 창피하고 어리석고 작아지는 느낌, 그리고 발가벗겨진 느낌 속에 내동댕이쳐진다. 그래서 이런 종류의 디스카운트는 결코 정감 어린 농담과 비교될 수 없다.

자녀를 빈정거리고 조롱하면, 부모가 원하는 행동을 즉각 얻어 낼 수 있기 때문에 부모에게는 언뜻 매력적으로 보이기도 한다. 그러나 비난, 조롱, 빈정거림이 나쁜 행동을 즉각적으로 멈추게 할 수 있을지는 몰라도 자녀의 성장을 막는다는 사실을 부모들은 모르고 있다. 낸시의 반응을 살펴보자. 낸시는 차 뒷자석에 앉아 자신의 학교생활을 엄마에게 즐겁게 이야기하고 있다. 그때 앞에서 운전하던 할아버지가 조롱하는 투로 말했다. "얘는 왕 수다쟁이네, 그렇지?" 그 이후로 낸시는 차 안에서 아무 말도 하지 않았고, 엄마가 하던 이야기를 마치자고 해도 대답하지 않았다. 빈정거림과 조롱보다는 정확하게 지시를 내리고 이해하도록 이야기하는 것이 훨씬 더 건강한 방법이다. 자녀에게 당신이 무엇을 원하는지, 그것을 어떻게 해야 하는지를 말하라. 그리고 이처럼 정확하게 방향을 제시하는 것이 어른에게도 좋다는 점을 기억하자.

강하게 키우기 위해서는 빈정거림도 필요하다?

어떤 사람들은 빈정거림이 아이를 강하게 만든다고 믿는다. 이 생각대로라면 가족과 또래 아이들 사이에서 빈정거림으로 단련된 아이들은 바깥세상에 나갔을 때 빈정거리는 능력으로 강하게 살아남을 것이다. 표면적으로 생각하면 이 생각이 맞는 것 같다. 그러나 이런 방법으로 세상을 배운 사람은 대가를 치르게 되어 있다. 이들은 자기 자신에게뿐만 아니라 친밀한 관계 속에서도 조롱을 한다.

남자만큼 수학을 잘하지 못한다고 조롱받고 자란 여자들은 그것을 사실로 받아들이게 되고, 결국 수학을 잘할 수 있는 자신의 능력을 제대로 발휘하지 못하게 된다. 이런 여자들은 다른 여자들도 수학을 못한다고 믿는다. 반대로 여자 같은 감수성이 있다고 놀림을 받은 남자들은 그것을 숨기려 하거나 없애려고 할 것이다. 또 뒷골목의 아이들은 자신의 강함을 증명하기 위해, 상대방이 포기할 때까지 조롱이나 비난, 모욕적인 언사를 퍼붓는다. 자신을 억압했던 사람들이 자신에게 그랬던 것처럼 자기 자신과 서로를 망쳐 가고 있는 것이다.

다른 사람을 밟고 올라서는 것에 능숙한 사람을 생각해 보자. 이들은 타인만 밟는 것이 아니라 자기 자신도 밟는 것이다. 이제는 이런 식으로 빈정거림이나 조롱, 디스카운트를 배울 필요가 없는 사회 분위기를 만들어 가야 할 때이다.

오도 가도 못하게 하는 이중 구속

이중 구속이란 각각 진실인 것 같은 2개 이상의 메시지가 조합되었을 때, 모순되거나 문제를 일으키거나 갈등, 분노, 두려움, 무력감을 일으키는 경우를 말한다. 이중 구속은 다음의 경우처럼 발생한다.

말로 동시에 전달되는 경우: "방학을 어떻게 보냈는지 지금 이야기해 봐. 그런데 나는 바빠서 5분 있다가 나가야 해."라고 말한다.

말과 비언어적인 방법으로 동시에 전달되는 경우: “방학을 어떻게 보냈는지 지금 이야기해 봐.”라고 말하고 방을 나가 버린다.

말과 비언어적인 방법으로 추후에 전달되는 경우: “네가 방학을 어떻게 지냈는지 정말 궁금해. 꼭 이야기해 줘.” 이 이야기를 듣고 6개월에 걸쳐 4번이나 이야기를 하려고 했지만, 상대는 여전히 재미있을 것 같다는 말만 하고 좀처럼 시간을 내주지 않는다.

이중 구속은 유난히 복잡하고 해결하기 힘든 디스카운트의 일종이다. 개별적으로는 이해할 수 있지만 동시에 전달되었을 때는 해결될 수 없는 2개의 메시지를 한꺼번에 전함으로써 행해지는 디스카운트이다.

이중 구속은 그 사람이 절대로 올바르게 할 수 없는 무엇인가를 요구함으로써 그 사람을 깎아내리는 것이다. 이중 구속 메시지가 기쁨이나 지지 대신에 혼돈과 고통을 야기하는 상황을 만듦으로써 사람들은 디스카운트한다. 한 연구에 따르면 알코올 중독 가정에서 이중 구속 메시지를 많이 쓰는 것으로 나타났다.

이중 구속의 예

“항상 진실을 말해야 한단다.”/“그것을 알고 싶지 않아.”

“취하도록 술을 마셔선 안 돼.”/“취할 때도 있는 거지 뭐.”

“난 널 사랑해.”/“날 방해하지 마.”

“독립적이 되길 바라.”/“날 의지하렴.”

“철 좀 들어라.”/“늘 지금처럼 아이 같았으면…….”

“너만의 개성을 가지렴.”/“내가 시키는 대로 해.”

“완벽하게 해라.”/“내가 하는 것보다는 잘하지 않기를…….”

“다른 사람을 기쁘게 해 줘라.”/“다른 사람한테 좌지우지되지 마라.”

이중 구속과 발달 단계

이중 구속은 2개 이상의 메시지가 한 묶음이다. 각각의 메시지는 따로 보면 진실이지만 합쳐서 보면 서로 상반되는 내용을 담고 있다. 즉, 어떤 것도 옳은 것을 선택할 수 없는 상황이 된다.

1단계: 출생에서 6개월

1단계에서는 아이의 존재 욕구가 충족되고 무조건적인 사랑과 건강한 방법으로 친밀 · 신뢰 관계가 형성되어야 함에도 언어적 반응이나 비언어적 반응이 이와는 반대인 경우이다. 예를 들면, "네 욕구는 중요해."/"네 욕구는 내 것과 어긋나는구나." "너는 중요하단다."/"네 욕구를 들어주는 것은 힘들어." "너를 사랑해."/"저리 가." "도와줄게."/"날 귀찮게 하지마." 등이다. 이런 경우 자녀가 듣게 되는 메시지는 '너는 네가 원하는 것을 몰라.' '네 욕구보다 다른 사람의 욕구가 더 중요해.' '나는 네가 귀찮아.' 등이다. 자녀의 일반적인 반응은 정서적 안정과 친밀감에 대한 두려움으로 육체적으로 힘들게 삶을 지탱하고 있으며 생존하기 위한 행동을 하는 것이다. 더 자라서는 과식이나 과음 등, 고통을 잊기 위한 중독 증상이 생길 수 있다. 1단계에서 받은 이중 구속으로 인해 자녀는 다음과 같은 결정을 내리게 되며 이 결정은 성인기까지 이어지게 된다. '나는 중요하지도 않고 소중하지도 않아.' '내 욕구는 중요한 것이 아니라 귀찮은 거야.' '나는 방해가 돼.' '타인의 욕구가 내 욕구보다 중요해.' '내 욕구는 나 자신과 다른 사람에게 부담이 돼.' '나는 다른 사람이 주는 사랑을 믿을 수가 없어.'

2단계: 6개월에서 18개월

2단계에서는 '하기(doing)'(시도하기, 탐색하기, 자신과 환경과 타인을 신뢰하기, 창의력, 적극성, 타인의 지지)'에 관한 메시지가 매우 중요한데 이런 메시지와 상충되는 메시지들이 이중 구속이 된다. 예를 들면, "탐색해 봐."/"만지지 마. 더러워. 입에 넣지 마." "사랑받을 수 있게 행동해."/"네가 하는 것은 결코 충분하지 않아." "내가 안전하게 해 줄게."/"위험한 건 하지도 마." "탐색해 봐."/"날 귀찮게 하지 마." 등이다. 이런 경우 자녀가 받아들이는 메시지는 '네가 하는 모든 일은 성에 차지 않아.' '탐색하는 것은 안전하지 않아.' '네가 하는 건 틀렸어.' '너는 다른 사람에게 방해가 돼.' 등이다. 자녀의 일반적인 반응은 인정을 받기 위해 술수를 쓰고 더 자란 후에는 자신을 정당화하기 위해 많은 일을 하게 되는 것이다. 또한 어떤 것이 충분한 것인지 모르고, 결정하는 것을 힘들어하며, 무엇이 틀렸는지에 집착하고, 자신과 타인을 판단하고 비판하게 된다. 2단계에서 받은 이중 구속으로 인해 자녀는 다음과 같은 결정을 내리게 되며 이 결정은 성인기까지 이어지게 된다. '나는 부족해.' '뭔가를 하는 것은 안전하지 않아.' '계속 살려면 주어진 것만 해야 해.'

3단계: 18개월에서 3세

3단계의 아동은 생각하고, 분리되고, 표현하고, 감정에 근거해 행동하는 것 등이 가장 중요한 과업이 되는데 이중 구속은 이와는 상충되는 메시지를 받게 된다. 예를 들면, "네 감정 그대로 괜찮아."/"내가 느끼는 대로 느껴야 해." "때리지 마."/"하지만 부모가 때린다." "네 방식대로 생각해도 괜찮아."/"싫다고 말하지 마." "어서 성장해."/"그냥 있어. 내가 다 해 줄게." 등이다. 이런 경우 아동이 받아들이게 되는 메시지는 '내게서 떨어지지 마.' '다르게 하지 마.' '네 생각은 하지 말고, 다른 사람을 더 생각하고, 다른 사람이 너를 보살피게 해.' '나처럼 한다면 넌 사랑스러울 거야.' '다른 사람을 기쁘게 해야 해.' 등이다. 아동은 자신을 위한 생각과 결정을 하기가 힘들고 점차 성장하면서도 부적절하게 반항하거나, 예민하게 화내거나 아니면 반대로 지나치게 순종적이 된다. 항상 옳아야 하기 때문에 다른 사람을 고치려고 하거나 경계 설정을 잘 하지 못하고 싫다고 말하는 것을 두려워하게 된다. 과도한 책임감을 가지고 다른 사람을 기쁘게 하려는 마음에 늘 피곤한 기분을 느끼게 된다. 3단계에서 받은 이중 구속으로 인해 자녀는 다음과 같은 결정을 내리게 되며 이 결정은 성인기까지 이어지게 된다. '내 생각보다 다른 사람의 의견이 더 중요해.' '다른 사람을 생각하고, 그들을 먼저 챙겨야 해.' '누군가가 하라고 한 일은 모두 해야만 해.' '다른 사람들이 나에 대해서 얘기하는 것은 모두 사실이야.'

4단계: 3세에서 6세

4단계에서는 정체성, 학습 기술, 타인의 역할과 힘에 관해 알아야 한다. 이중 구속은 이와는 상반된 메시지를 준다. 예를 들면, "성장해야 해."/"어린 게 좋아." "똑똑해져야 해."/"나보다 똑똑하지 마." "고자질하지 마."/"내게 다 이야기해." "너 자신을 위해 생각해."/"네가 뭘 할지 내가 이야기해 줄게." 등이다. 이런 경우 자녀가 받아들이는 메시지는 '너보다 다른 사람이 더 중요해.'이다. 아동은 타인을 지배하려고 하거나, 자신이 누구인가를 다른 사람을 통해 정의하려고 한다. 자란 후에는 흑백 논리로 생각하거나 우선순위로 해야 할 일을 정하는 것을 힘들어하고 안전함과 성장하는 것을 헷갈려 하게 된다. 4단계에서 받은 이중 구속으로 인해 자녀는 다음과 같은 결정을 내리게 되며 이 결정은 성인기까지 이어지게 된다. '만약 사람들이 진짜로 나를 알게 되면 나를 싫어할 거야.' '다른 사람들의 반응을 믿을 수 없어.' '나한텐 뭔가 문제가 있어.' '힘이 있는 것은 안전하지 않아. 나는 힘없는 피해자야.'

5단계: 6세에서 12세

5단계에서는 규칙을 아는 것(규칙을 정하고 준수하며, 적절한 가치인지를 생각하는 것)이 중요한 과업인데 이중 구속은 이와는 상반된 메시지들이다. 예를 들면, "좋은 성적을 받아야 해."/"부모가 자녀를 위해 모든 것을 해 준다." "싸우지 마라."/"누가 널 때리면 가만있지 마." "그것은 실수일 뿐이야."/"다시는 그러지 마." "잘해라."/"나보다 잘 하지는 마." "사실을 말해."/"내 비위를 살피면서 요령껏 말해." "어떻게 하는지 연구해 봐."/"내 방식대로 해." 등이다. 자녀가 받아들이는 메시지는 '규칙은 중요하지 않아.' '규칙은 믿을 수 없는 거란다.' '규칙은 불공평해.' '규칙은 애들한테만 필요한 거야.' '규칙은 다 지킬 필요 없어.'이다. 이런 경우 자녀는 무기력해지고 무엇이 중요한지 혼란스러워한다. 자라서도 결정을 내리고 경계를 정할 때 어려움을 겪게 된다. 5단계에서 받은 이중 구속으로 인해 자녀는 다음과 같은 결정을 내리게 되며 이 결정은 성인기까지 이어지게 된다. '나는 규칙을 따를 필요도 없고, 규칙을 믿을 수도 없어.' '아이가 규칙을 준수하지 않으면 어떤 식으로든 결과가 있지만, 성인은 그렇지 않아.' '힘이 있는 사람이나 규칙이 있는 거지.' '나는 무력하고 내적 규칙이 필요 없어.' '나는 내가 무엇을 아는지 몰라.'

6단계: 12세에서 19세

6단계에서는 정체성, 성 정체성, 분리, 자신감과 관련된 발달 과업이 이루어져야 하는데 이중 구속은 이와는 상충된 메시지들이다. 예를 들면, "네가 성장하고 있어서 기뻐."/"나를 떠나지 마." "네 친구처럼 공부를 잘해라."/"친구가 하는 것처럼 하지 마라." "성숙해져야지."/"섹시하게 보이지 마라." "네 결정은 네가 해."/"너를 위해 내가 결정해 줄게." "독립적으로 행동해."/"나한테 의존하렴." 등이다. 이런 경우 자녀들이 받아들이는 메시지는 '나는 너를 믿을 수가 없어.' '네가 필요하니까 집을 떠나지 마라.' 등이다. 이런 이중 구속 메시지를 받게 되면 성장하고 분리되는 것, 집을 떠나고 독립적으로 살아가는 것에 혼동과 답답함을 느끼게 된다. 그리고 부적절하게 성 정체성을 표현 하게 된다. 6단계에서 받은 이중 구속으로 인해 자녀는 다음과 같은 결정을 내리게 되며 이 결정은 성인기까지 이어지게 된다. '나는 나 자신의 결정을 믿을 수 없어.' '성장하는 것은 안전하지 않아.'

아동과 이중 구속

어른과 마찬가지로 아동도 이중 구속을 다룰 수 있어야 한다. 이중 구속은 사람의 마음속에 강하게 자리 잡아 강렬한 감정을 불러일으킨다. 부모는 자녀가 해야 할 일들에 관해 자신의 감정과 생각을 다룰 수 있도록 도와야 한다. 부모가 도울 수 있는 방법들은 다음과 같다.

- 이중 구속이 무엇인지 가르쳐 주고 그것들이 왜 나쁜지를 알려 준다.
- 이중 구속이 만들어 낸 딜레마를 해결해 갈 수 있는 방법들을 가르쳐 준다.
- 부모가 이중 구속을 다루는 것을 자녀에게 보여 준다.

- 자녀들이 부모의 이중적인 메시지를 지적할 수 있도록 격려하고, 부모는 상처되는 말이나 행동을 수정한다.
- 자녀들이 자신의 감정을 존중하고, 그 감정을 통해 이중 구속 메시지를 분별할 수 있도록 가르친다.

유기

유기는 강도 높은 디스카운트이자, 부모가 자녀에게 하는 가장 심각한 디스카운트일 것이다. 유기가 아이에게 주는 메시지는 '너를 돌보는 일은 중요한 일이 아니야.' '네가 없었더라면 더 좋았을 거야.'이다. 부모가 아이 곁을 떠날 때, 항상 술에 취해 있을 때, 항상 자기 일에만 몰두하고 자녀한테 신경을 안 쓸 때, 아이는 부모가 자기를 포기하고 있다고 느낀다.

때로 부모는 아이를 있는 그대로 받아들이지 않아서 아이에게 버려진 느낌을 준다. "나는 아들을 갖고 싶었어. 물론 네가 여자아이라도 괜찮아. 꼭 선머슴 같잖아." 이런 상황에서 여자아이는 자신이 남자가 아닌 것을 자기 탓으로 돌려 이 불편한 상황을 어떻게 해서든 넘어가려고 노력한다. 제14장에서 제시했듯이 이런 것을 피해자 비난이라고 한다. 아동기에 형성된 이런 종류의 자기비난은 성인이 되어서도 없어지지 않고 계속된다. 성인이 된 아이는 이제 자신을 비난하는 습관에서 벗어나야만 한다. 그리고 부모가 자기에게 했던 말들을 괜찮은 척하는 것을 중지해야 한다. 어떤 일이 자신에게 일어났고, 어떻게 하면 자기 자신을 비난하지 않을 수 있는지 그 방법을 찾아야 한다.

부정과 디스카운트로 이끄는 오래된 결정들

부정과 디스카운트는 이전에 내린 결정을 방어하는 행동이다. 다음의 예시를 보면 오래전의 결정과 믿음이 어떻게 디스카운트를 형성했는지 알 수 있다. 각각의 예시에서 오래된 믿음이 무엇이었는지 추측해 볼 수 있다. 이렇게 기저에 깔린 오래된 결정을 알아보는 연습 가운데 점점 더 능동적이고 책임감 있는 행동을 배우게 될 것이다.

상황: 친구에게 물어본다. "오늘 동호회에서 파티가 있어. 그래서 거길 좀 꾸며야 하는데 좀 도와주겠니?"

친구가 대답한다.

- 1단계: "너는 항상 동호회만 신경 쓰더라. 나한테도 신경 좀 써 줘."(문제없어)
- 2단계: "그 정도 파티면 장식할 필요 없을 것 같은데."(심각하지 않아)
- 3단계: "장식하는 거 시간이 많이 걸려. 아마 시간 내에 끝낼 수 없을걸."(해결 방법은 없어)
- 4단계: "나는 그런 미적 감각이 없어."(나는 힘이 없어)
- 능동적이고 책임감 있는 반응: "그래, 무엇을 도와줄까?" 또는 "미안하지만 오늘은 시간이 안 돼. 하지만 친구들에게 연락을 해 보면 도와줄 사람을 찾을 수 있을 거야."

디스카운트 단계마다 오래된 결정이 영향을 미친다. 1단계의 결정은 '내 욕구는 네 욕구보다 훨씬 급하고 중요해.' 2단계의 결정은 '완벽하게 하고 싶어. 그렇지 못하면 난 너무 창피할 것 같아. 만약 완벽하지 않다면 안 하는 것이 나아.' 3단계의 결정은 '나는 미적 감각이 없어.' 4단계의 결정은 '나는 꾸미는 건 잘하지 못해. 누가 보면 욕할걸.' 그리고 능동적이고 책임감 있는 반응은 '나는 유능한 사람이라고 생각해.'이다.

각 디스카운트 단계들은 오래된 생각과 믿음을 방어하고 있다. 디스카운트 뒤에 숨어 있는 다른 오래된 믿음과 결정을 앞의 예시를 가지고 더 찾아보자.

- 나는 뭔가 꾸미는 것은 잘하지 못해.

- 나는 누군가와 가까워지는 것이 두려워. 일단 돕고 나면 나를 계속 귀찮게 할 거야.
- 거절하면 내 마음이 너무 불편해.
- 함께 일하고 나면 나를 더 잘 알게 되겠지. 난 그게 싫은 거야.
- 나는 별 볼 일 없는 사람이야. 그래서 난 그 동호회 사람들한테 질투 나.
- 나랑 친해지고 싶은 것 같지만, 난 친구로서 친해지는 방법을 몰라. 내가 아는 거라고는 성적인 관계를 통해 친해지는 것뿐인데.

다른 사람들이 나를 깎아내릴 때는 이유가 무엇이든지 그것은 중요하지 않다고 생각할 수 있어야 한다. 다른 사람이 나를 무시할 때는 상대방을 깎아내리지 않는 동시에 무시를 마음에 담아 두지 않으면서 제대로 책임감 있게 반응할 방법을 생각하도록 한다.

우리는 내 마음속에 깔린 생각과 믿음을 알아낼 수 있다. 부모와 함께 살았던 어릴 적 가족의 역동성을 생각해 보거나, 다른 사람의 어떤 점이 나를 힘들게 했는지 회상해 보거나, 일기를 써 보는 것도 방법이 될 수 있다. 그리고 오래된 경험과 결정을 만든 과거의 기억을 떠올려 보고, 감정이 가는 대로 따라가 보는 것도 한 방법이다. 그렇게 우리는 디스카운트에 깔린 오래된 생각이 무엇인지 발견해 갈 수 있다.

새로운 결정

건강하지 않은 옛날의 결정과 그런 결정을 만들어 낸 과거의 경험들을 밝은 곳으로 가져와 살펴보면 아마도 어렸을 때 충족되지 않은 욕구, 그리고 살아가기 위해 애를 썼던 한 아이를 발견하게 될 것이다. 어린 시절의 결정들에 박수를 쳐 주되 그런 결정을 내려야만 했던 상황에 대해 슬퍼할 수 있다.그리고 새로운 결정을 해 보는 것이다.

로버트 서비(Robert Subby)에 의하면, 건강하지 못한 결정을 한 아동들은 '피해자'이다. 하지만 현재에도 계속 그 결정에 따라 행동하는 성인은 '자원하여 행동하는 자'이다. 어쩌면 디스카운트하는 삶이 싫어 새로운 결정을 하려고 노력했겠지만 그때마다 자꾸 과거의 습관이나 생각으로 돌아가려는 자신을 발견하게 될 것이다. 여러 사람들이 새로운 태도, 행동, 결정을 찾아갈 때 시도했던 방법들을 다음에 제시해 본다.

- 자기계발 서적을 읽고 적용해 보기
- 부모 교육 수업에 참여하기
- 부모 모임에서 자신의 이야기를 하고 새로운 결정을 위한 몇 개의 아이디어를 얻기
- 상담자에게 도움을 받기
- 슬픔에 관한 워크숍에 참여하기
- 이 모든 것을 하고 그 이상을 시도하기

우리 모두는 저마다 삶의 과제가 있고, 각자 다른 방법으로 긍정적이고 책임감 있는 모습을 회복하기 위해 노력하고 있다. 책이나 워크숍, 프로그램, 상담자 등은 도와주는 역할을 한다. 이런 노력을 할 때 불편이나 위험이 있을 수 있다. 하지만 지금 이 상태에서 변화 없이 사는 것은 점점 더 큰 문제를 불러일으킬 뿐이다. 새로운 결정이 지금 당장은 불편하더라도 그 불편함은 충분한 가치가 있다. 결심하고, 훈련하고, 노력해서 더욱 성숙한 모습으로 변화하면 마음의 평화, 건강, 행복, 기쁨이 그 보답으로 주어질 것이다. 그리고 이보다 더 큰 보답은 멋지게 자녀를 양육할 수 있고, 그 멋진 방법을 다음 세대까지 계속해서 전할 수 있다는 것이다.

사람은 항상 같은 자리에 머무르지 않고 변화한다. 매일 더 성숙해 갈 것인지, 아니면 방어적으로 더욱 강하게 부인하며 살아갈 것인지 선택하자.

반복되는 쳇바퀴에서 벗어나기

다음은 사람들이 디스카운트에 대해 자주 질문하는 내용이다.

다른 사람들이 나를 깎아내리는 것을 알아차렸다면 무엇을 해야 하나요?

먼저 당신이 당신 자신과 당신의 욕구에 대하여 디스카운트를 하는 것은 아닌지 생각해 보자. 그리고 그 상황에서 바꾸고 싶은 것을 결정하자. 보통 자신의 욕구, 바람, 능력, 목표 등이 명확하다면 상대방이나 당신 자신을 디스카운트하지 않고서도 그런 문제를 해결할 방법을 찾을 수 있다.

나를 깎아내리는 사람들 속에서 살고 있어요. 어떻게 내가 그것을 인식할 수 있죠?

이 책의 내용을 바탕으로 디스카운트를 알아내는 방법을 생각해 보고 당신의 감정이 어떤지도 살펴보자. 어쩌면 디스카운트를 받을 때 당신은 숨이 막히는 것 같고 가슴이 답답할지도 모른다. 아니면 디스카운트 속에서 살아갈 때 오히려 은밀한 안도감을 느낄 수도 있다. 당신이 느끼는 감정을 점검하고 그 감정으로부터 배워 나가라. 당신의 마음을 신뢰해야 당신이 디스카운트를 하는지, 혹은 당하는지 알 수 있다. 자신을 책임져야 하는 사람은 당신 자신임을 기억하자.

많은 사람들이 디스카운트를 하잖아요. 그럼 이게 정상인 것 아닌가요? 그렇다면 신경 안 써도 되는 것 같은데요?

절대로 아니다. 많은 사람들이 한다고 해서 항상 옳은 것이라고 할 수는 없다. 정상적인 것은 가족들이 사랑과 지지, 존경으로 서로를 대하고, 서로 잘 살도록 도와주는 것이다. 당연히 누렸어야 할 이런 삶을 누리지 못했다면 이제는 디스카운트를 멈추고 서로를 존중하는 삶의 방식을 되찾아야 한다. 물론 우리와 가까운 많은 사람들이 서로를 깎아 내리면서 살아가는 것은 사실이다. 이 때문에 직장을 옮기고, 친구와 결별을 하고, 가족과 헤어져 연락도 안 하는 일들을 우리는 주위에서 흔하게 보곤 한다.

가족을 위해 무엇을 할 수 있죠?

다른 사람과 당신 자신을 보듬고 내적 구조를 만들 수 있는 능력을 키워 보자. 가족에게 따스한 보살핌과 명확한 구조를 가르쳐 보자. 자녀를 깎아내리는 대신 책임감 있게 양육하라. 디스카운트의 3, 4단계('해결 방법은 없어' '나는 힘이 없어')를 극복하는 것은 쉬워 보일 수도 있다. 하지만 자녀의 문제가 해결되지 않고 자녀의 욕구가 충족되지 않았다면, 결국 모든 디스카운트 단계는 똑같이 어렵다.

우리 가정에는 큰 문제가 있어요. 그런데 아무도 그 얘기를 하지 않죠. 이것도 디스카운트인가요?

그렇다. 어쩌면 당신은 그 문제를 맞닥뜨리고 싶지 않을 수도 있다. 말하는 것조차 두렵고 창피하기 때문에 가족들은 아마도 그것을 비밀로 해 왔을 것이다. 종종 가족의 큰 문제는 해결되지 않은 어떤 문제에서 시작된다. 이럴 때는 외부의 도움을 받을 필요가 있다.

두 사람 이상의 사람들은 때때로 의식하지 못한 채 서로 간에 비밀스런 계약을 만들어 가곤 한다. 예를 들면 "내가 하는 일을 말하지 않는다면 나도 네가 하는 일을 말하지 않을게." 또는 "네가 내 아픈 부분을 건드리지 않는다면 나도 네 성질을 건드리지 않겠어." 또는 "내 일중독을 모른 척해 주면 나도 네 과식 문제를 얘기하지 않을게."이다. 이런 것은 서로 합의한 디스카운트 협정과 같다.

디스카운트를 인식하는 여덟 가지 단계

부정(denial)이 오래된 습관이라도 디스카운트하는 자신의 행동을 바꿀 수 있다. 우리의 행동을 면밀히 관찰하고 인식해 봄으로써 조금씩 변할 수 있다. 자신의 삶을 혼자 되짚어 볼 수도 있고, 다른 사람들에게 당신이 처한 상황에 대한 그들의 생각과 감정을 이야기해 달라고 해서 정보를 모을 수도 있다. 디스카운트하는 행동을 하나씩 골라서 따스한 시선으로 분석하고 고쳐 가면서 우리 자신을 변화시켜 나가자. 나 자신을 비난하려는 마음은 옆으로 밀어 놓자. 그리고 "이건 내가 바꿀 수 있는 문제네. 그렇다면 그렇게 해 봐야지."라는 태도로 이 문제에 접근해 보자.

디스카운트하는 행동을 인식할 수 있는 여덟 가지 단계를 아래에 소개한다. 이제는 우리의 사고와 행동을 능동적이고 책임감 있게 바꿔 나가 보자.

1. 당신을 혼란스럽게 했지만 아무것도 하지 못했던 최근의 상황을 하나 선택하라.
2. 무엇을 깎아내렸는지 자신에게 물어보자. 무시한 정보나 감정은 무엇인가? 중요하게 여기지 않았던 것은 무엇인가? 자신인가, 타인인가, 아니면 상황인가? 아무것도 하지 않는 것도 하나의 행동이고 결정임을 명심하라. 아무것도 하지 않았을 때 우리는 심드렁한 태도로 강한 결정을 내리는 것이다. "나는 관심도 없고 신경 쓰고 싶지도 않아."라고 말이다.
3. 할 수 있는 일들을 생각나는 대로 적어 보자. 굳이 논리정연할 필요는 없다는 것을 기억하라. 그냥 많은 아이디어들을 생각해 내고 지금 단계에서는 아직 그 생각들을 평가하지 말자.
4. 각각의 아이디어로 행동했을 때, 그 결과가 어떤지 예측해 보자. 그리고 어떤 것이 상황에 도움이 될지 결정하라.
5. 추후에 같은 상황에 빠질 때 행동할 계획을 선택하자.
6. 당신이 얼마나 자주 디스카운트를 하는지 생각해 보자. 자기가 할 수 있는 일은 없고 그 일은 자신의 책임이 아니라는 핑계로, 이런 상황을 생각조차 하기 싫어하는 것은 아닌가? 그 상황에 도움이 될 만한 강력한 방법이 있음에도 불구하고, 이를 자주 무시하고 모른 척하지는 않았는가?
7. 다른 사람이 당신을 깎아내리도록 허용한 부분이 있는지 생각해 보자. 무시당한 상황에 대해서는 고민해 볼 생각도 안 하고, 무능력하고 문제가 없는 것처

럼 계속 행동한 건 아닌지 생각해 보라.

8. '나는 힘이 있고 책임감이 있어. 적절한 행동을 선택하고 그걸 행동으로 취할 거야.'와 같이 당신이 계획한 행동에 도움이 되는 결단을 내려 보자.

다음은 버지니아가 여덟 단계를 밟으면서 실천했던 내용이다.

1. 하나의 상황을 선택하기

슈퍼마켓에 갔는데 어떤 엄마가 두 살도 안 된 두 아이를 때리면서 위협하는 것을 보았다. "입 닥치지 않으면 차에 그냥 내버려둘 거야." 조금 뒤 내가 그 가게를 떠나려는데 두 아이만 차 안에 있었다. 아이들은 비명을 지르고 있었고 그날은 매우 더운 날이었다. 당시 나는 아무것도 하지 않았다.

2. 무엇을 디스카운트했는지 자신에게 묻기

자신: 이렇게 생각하면서 나 자신을 디스카운트했다. '그 아이들은 내 아이가 아니야. 그러니까 내가 그 상황을 책임질 필요는 없어. 그리고 내가 무엇을 해야 하지?'

타인: 그 엄마에게 무엇인가를 이야기한다면 그 엄마가 나에게 쏘아붙일 것이라고 생각했다. 그러니까 난 그 엄마를 깎아내린 것이다.

상황: 닫힌 차 안은 불덩어리 같았고 그렇게 더운 날엔 아이들이 차 안에서 죽는 경우가 있다는 걸 알면서도 나는 그 사실을 무시했다. 그러니까 나는 상황을 무시했다. 무엇인가를 할 수 있을 때 나는 아무것도 하지 않았다.

3. 생각나는 대로 적어 보기(Brainstorming)

내가 할 수 있는 일은 무엇이었을까?

a. 슈퍼마켓 매니저에게 말할 수 있었다.

b. 내가 아이들을 30분 정도 봐 주겠다고 이야기할 수 있었다.

c. 그 엄마한테 내가 도울 수 있는 것이 있는지 물어볼 수 있었다. 가령, "실례합

니다. 제 아이들이 어렸을 때 데리고 쇼핑 나왔던 기억이 나네요. 제가 지금 시간이 여유가 있는데 혹시 도울 일이 있을까요?"

d. 쇼핑몰과 놀이방이 함께 있는 곳이 어딘지 그 엄마에게 알려 줄 수 있었다.

e. 아동 보호 센터에 전화할 수 있었다.

f. 길 건너에서 점심을 먹고 있었던 경찰관에게 말할 수 있었다.

g. 그 엄마에게 이렇게 말할 수 있었다. "이제 그만하세요. 아이한테 너무 심하시네요. 좋은 엄마는 그렇게 하지 않아요."

h. 그 엄마에게 이렇게 말할 수 있었다. "아이들을 저렇게 내버려두면 위험해요. 아이들을 꼭 데리고 다니세요."

4. 가능한 행동 결과 예측하기

다시 리스트로 돌아가서 h 항목은 하지 않기로 결정했다. 왜냐하면 비난으로 들리기 때문이다. g 항목도 같은 이유로 하지 않기로 했다. 비난은 도움이 안 되기 때문이다. f는 어쩌면 성공했을지도 모른다. 그리고 쉽게 해결할 수 있는 방법처럼 보인다. e도 좋은 생각 같으나 시도하기는 무섭다. b는 내가 시간이 없었으니 할 수 없었을 것이고, a는 괜찮아 보인다.

5. 다음에 할 수 있는 행동을 선택하기

이런 일이 다시 생긴다면 나는 경찰에게 말하겠다. 만약 경찰이 오지 않는다면 아동 보호 센터에 전화할 것이다.

6. 이와 비슷한 상황을 얼마나 자주 디스카운트하는가?

나는 어른들이 아이들을 어떻게 다루는지에 대해 관심이 없다. 하지만 어른은 아이를 보호해야 한다고 생각한다. 다음에는 다른 대안을 생각해 볼 것이다. 그리고 상황을 무시하는 것이 가장 효과적이라고 생각할 때만 그렇게 할 것이다.

7. 누군가가 나를 깎아내리도록 내버려두는가?

다른 사람이 나를 디스카운트하는 이유와 방법을 면밀히 살펴볼 것이다. 만약 다른 사람들이 나를 깎아내리도록 내가 허용하고 있다면 어떻게 해야 할까?

8. 새로운 결정을 한 가지 하기

어른은 어린이를 보호해야만 한다. 그리고 앞으로 나도 그렇게 할 것이다.

버지니아의 이야기에서 당신의 모습을 발견했다면 스스로를 비난하거나 부끄러워하지 말고 그 사실을 수용하라. 우리 모두는 우리가 처한 그 상황에서 필요했기 때문에 디스카운트를 배워 왔을 것이다. 그런 당신에게 가혹하게 하지 마라. 그러면 앞으로 나아갈 수 없기 때문이다. 과거에 우리 모두는 혼돈과 아픔을 느낀 적이 있다. 그때는 그 일이 아무것도 아닌 척, 문제가 없는 척, 그렇게 상황을 깎아내리면서 살아왔을 것이다. 하지만 결국 아무것도 아닌 척하면서 살아왔던 그 문제들이 삶에 큰 영향을 미치며, 없었던 일인 양 무시하는 태도도 그 대가를 치르게 된다.

나의 디스카운트와 맞서 싸우기

어떻게 나 자신과 타인, 상황을 깎아내리지 않고 능동적인 행동을 시작할 수 있을까? 다음의 목록을 자세히 읽고 시작해 볼 수 있는 두세 가지를 선택한 뒤 시작해 보라. 당신이 준비되면 다른 사람도 할 수 있도록 도와주자.

- 당신을 한 인간으로 받아들이는 일부터 시작하라. 모든 사람은 때때로 디스카운트를 한다.
- 생존하기 위한 유일한 선택이 방어와 부정, 피해자 비난이었기에, 그렇게 결정할 수밖에 없었던 당신 자신에게 아낌없는 응원의 박수를 쳐 주자.
- 과거 한때 도움이 되었던 그 결정이 지금은 문제를 일으키고 있음을 받아들이자.

- 디스카운트를 중단하기 위한 장기 계획을 세우고, 당신 자신과 가족에게 중요한 몇 가지 영역에서 좀 더 능동적이고 책임감 있는 행동을 시작해 보자. 단기 목표로는 앞의 영역 중 한 가지를 바꿔 보는 것으로 정해 보자.
- 한 주 동안 매일매일 능동적이고 책임감 있는 행동을 실천해 보자. 자신이 우습게 느껴지더라고 멈추지 마라. 새로운 기술을 배울 때 실수하지 않는다면, 아마도 당신은 연습 없이 한 번에 무엇인가를 이루어 낸 첫 번째 사람이 될 것이다. 누구도 실수 없이 배울 수 없다.
- 누가 무엇을 해야 하는지 정확히 이야기하는 책임감 있는 언어 훈련을 하자.
- 외부의 도움을 받아라. 치료를 받거나 부모 모임 등에 참여하라. 당신이 생각하는 영역에서 디스카운트를 하지 않는 친구를 찾아 당신을 격려해 달라고 부탁하자.
- 성공한 부분을 축하하자.
- 진전되는 삶을 기록하기 위해 일기를 써 보자.
- 디스카운트를 해 왔던 당신의 삶이 얼마나 공허했는지 생각해 보자. 이제는 충만한 삶을 위해 달려가야 할 때이다.
- 당신이 어떻게 상황을 깎아내리고 있는지 친구에게 부탁해서 지적해 달라고 하자. 절대로 당신을 상처 내거나 창피하게 하지 않고, 당신을 이용하지 않으며, 애정을 담아 이 일을 해 줄 사람을 골라야만 한다.
- 마찬가지로 디스카운트에 관한 지식을 다른 사람을 비난하고 부끄럽게 하는 데 써서는 절대로 안 된다. 타인을 짓밟지 않으며, 욕하지 않고, 지난하지 않으면서 문제를 해결할 방법을 찾아야만 한다.
- 디스카운트를 능동적이고 책임감 있는 행동으로 바꾸는 데 어려움이 많다면, 보이지 않는 오래된 결정들을 알아내기 위해 치료를 받아 보는 것도 좋다.
- 당신의 모든 것을 사랑하라. 깎아내리는 행동까지도 말이다.

다른 사람이 나를 깎아내린다면 정면으로 맞서야 하는가

다른 사람이 당신을 디스카운트하는 것이 사소한 일인지 심각한 일인지 당신 자신에게 물어보자. 다음의 질문을 참고하라.

- 이 문제에 정면으로 맞서야 할까?
- 만약 그렇지 않을 거라면 내 상한 마음을 흘려보낼 수 있을까? 흘려보내지 못한다면 그것이 내 몸 어딘가에 쌓여 있지는 않을까?
- 이 문제에 정면으로 맞서야 한다면, 어떻게 해야 할까?
- 맞서지 않는다면 그건 그 사람이 날 계속 깎아내리도록 도와주는 것일까?
- 정면으로 맞선다면 나는 격한 상황을 이겨 낼 에너지가 있을까?
- 맞서지 않는다면 다른 누군가가 또 상처를 받게 될까?

디스카운트를 하지 않는 것은 자녀 양육에 도움이 되는가

그렇다. 정말 큰 도움이 된다. 디스카운트를 덜 할수록 자녀를 더욱 잘 양육할 수 있게 된다.

부모와 자식 사이의 암묵적인 계약은 부모가 아이에게 무조건적인 사랑뿐 아니라 내적 구조도 만들어 줘야 한다는 것이다. 이 두 가지로 인해 자녀는 배우고 성장해 간다.

언어 습관을 통해 책임감 향상시키기

자녀의 책임감 형성을 돕는 것은 자녀 양육에서 가장 중요한 부분 중 하나이다. 자신의 욕구에 대해 책임을 지고 자녀의 능력 계발에 책임을 지는 것, 즉 이렇게 점점 더 많은 책임을 지는 것은 다시 성장하는 성인들에게 중요한 부분이다.

부모는 책임감 있는 언어 습관을 위한 다음의 지침들을 사용할 수 있다. 이를 통해 자녀에게 책임감 있는 행동을 하도록 가르칠 수 있으며, 나아가 독립심을 갖도록 교육할 수 있다. 책임감 있게 말을 하는 습관이 정착되면, 가족 내의 건강하지 않은 애착 관계나 의존성은 사라지고 건강한 배려, 독립성, 상호 의존성이 늘어나게 될 것이다.

책임감 있는 언어 습관을 위한 지침

1. 자신이 원하고 자신에게 필요한 것을 직접적으로 요청한다.
2. 다른 사람이 아닌 자신의 입장에서 느끼고 생각한다.
3. 자신의 감정에 책임을 지고, 다른 이의 감정에 관심을 갖는다.
4. '예.' 와 '아니요.'를 분명하게 말한다.
5. 사물이 아닌 사람에게 그 행위의 책임이 있음을 기억한다.
6. 질문에 분명하게 대답한다.

책임감 있는 의사소통을 위한 여섯 가지 지침을 자세하게 살펴보자. 여섯 가지 지침 옆에는 무책임하고 의존적인 의사소통의 예들이 나와 있다. 다시 성장을 결심한 성인들이 발달 단계를 다시 거칠 때, 이 여섯 가지 지침은 중요하다.

1단계: 존재하기	
책임감 있는 언어 습관 자신이 원하고 필요한 것을 직접적으로 요청한다. 무엇을 해야 하며 누가 해야 하는지를 말한다.	**무책임한 언어 습관** 누군가가 해야 한다고 돌려 말하며 교묘하게 조종한다.
예: "마실 것 좀 줄래요?" "이리 와서 점심 먹자." "오늘 계좌에 입금할 돈 갖고 있어요?"	**예:** "목이 말라요." "국이 식는다." "은행 계좌에 돈이 없네요."

2단계: 하기	
책임감 있는 언어 습관 다른 사람이 아닌 자신의 입장에서 느끼고 생각한다.	**무책임한 언어 습관** 다른 사람의 입장에서 느끼고 생각한다.
예: "난 이게 좋아. 너는 그게 좋니?" "이거는 어떻게 생각해?" "그 말을 들으니 기분이 나쁘네."	**예:** "넌 이걸 좋아하게 될 거야." "넌 이걸 별로 좋아하지 않을걸." "잘해 주려고 한 것은 알겠는데……."

3단계: 생각하기	
책임감 있는 언어 습관 자신의 감정에 책임을 지고, 다른 이의 감정에 관심을 갖는다.	**무책임한 언어 습관** 자신의 감정을 다른 사람의 책임으로 돌리려 하며, 다른 이의 감정을 신경 쓰지 않거나 임의대로 해석한다.
예: "나 정말 화났어." "정말 멋지다." "내가 준비한 저녁 식사야. 맛있게 먹어."	**예:** "넌 정말 나를 너무 화나게 하는구나." "넌 나를 행복하게 해." "내가 한 요리를 좋아하지 않는 것은 아는데, 그냥 먹어 주면 내가 기분이 좋을 것 같아."

4단계: 정체성과 힘 형성	
책임감 있는 언어 습관 '예.' 와 '아니요.'를 분명하게 말하며, '예.' 나 '아니요.'를 모두 받아들일 준비가 되었을 때만 "……해 줄래?"라고 묻는다.	**무책임한 언어 습관** 직접적이지 않으며 교묘하게 조종한다.
예: "식탁 좀 차려 줄래?"–"아니요, 오늘은 안 돼요." "과제 다 끝냈니?"–"아니요, 내일 지나야 끝날 거예요." "내가 도와줄까?"–"네, 그래 주세요."	**예:** "식탁 좀 차려 줄래?"–"음 …… 좀 있다가요." "과제 다 끝냈니?"–"음… 오늘 보자고 하실 줄은 몰랐는데요." "내가 도와줄까?"–"바쁘신 것 같은데, 전 괜찮아요."

5단계: 구조화	
책임감 있는 언어 습관 사물이 아닌 사람에게 그 행위의 책임이 있음을 기억한다.	**무책임한 언어 습관** 사물이 사람의 행동에 책임이 있는 것처럼 행동한다.
예: "오늘 너 뭐했어?" "내 생각엔 우리 거의 다 끝낸 것 같아." "이 책에 있는 아이디어를 네가 사용해도 괜찮을 것 같아."	**예:** "오늘 괜찮은 날이었어?" "일들이 유난히 잘 들어맞네." "이 책이 네 문제를 해결해 줄 거야."
6단계: 정체성, 성 정체성, 독립	
책임감 있는 언어 습관 임의대로 해석하거나 조종하지 않고 질문에 분명하게 대답한다.	**무책임한 언어 습관** 자신을 드러내지 않으며 교묘하게 조종한다.
예: "네 부츠 어디 있니?"–"회사에 놓고 왔어요." "돈이 얼마나 필요해?"–"이만 원이 필요해요." "30분 정도 나 도와줄 수 있니?"–"오늘은 안 돼요. 하지만 내일도 도움이 필요하다면 내일 도와 드릴게요."	**예:** "네 부츠 어디 있니?"–"오늘은 안 신고 갈래요." "돈이 얼마나 필요해?"–"좀 지나 봐야 알 것 같아요." "30분 정도 나 도와줄 수 있니?"–"왜요?"

문제해결: 지금까지 배운 것을 종합하기

이제까지 우리는 부드러운 사랑의 표현인 보살피기, 엄한 사랑의 표현인 내적 구조, 디스카운트를 살펴보았다. 이것들을 모두 합치면 문제해결을 위한 강력한 도구가 된다.

이 장의 끝에는 3개의 문제해결 연습지가 있다. 2개는 이미 채워져 있으며, 1개는 공란이다. 이 연습지를 이용해서 현재의 문제를 명확히 판단해 보자. 오른쪽에는 문제에 대한 해결 방법을 적는다. 그리고 왼쪽의 내용은 왜, 그리고 어떻게 해결 방법을 피해 가는지에 대한 단서를 줄 것이다.

문제해결 연습지 이용 방법

1. 문제가 무엇인지 생각해 보고 이를 연습지의 '문제'라고 적힌 칸에 적는다. 내적인 문제인지, 아니면 타인과 관련된 문제인지, 태도나 행동을 바꾸고 싶은지, 아니면 감정을 다루길 원하는지 그 문제를 명확하게 적는다.
2. 질문에 답하면서 연습지의 왼쪽 부분을 채운다. "내가 만약 완고하거나, 비난

을 하거나, 사탕발림으로 양육을 한다면, 이 상황에서 무슨 말이나 행동을 했을까?" 왼쪽에 있는 모든 입장(보살피기와 구조 고속도로에서 갓길이나 도랑)은 어느 정도의 디스카운트를 포함한다.

3. 오른쪽의 공란은 "이 상황에서는 무엇이 필요할까?"라는 질문에 답하면서 적는다. 어떤 상황에서는 지지하는 돌보기나 협상 가능한 규칙이 부적절할 수 있다. 오른쪽의 문제해결 방법은 보살피기와 구조 고속도로의 주행 차선에 해당되며 능동적이고 책임감 있는 방법과 같다.

해결 방법 찾기

4. 오른쪽에 적힌 것들을 읽어 보고 어떤 행동이 바람직한 결과를 낼 수 있을지 결정한다. 설사 좋은 결과를 낼 수 없을 것 같더라도 필요하다고 생각하는 것은 모두 적는다.

장애물 넘어가기

5. 왼쪽에 적은 것과 오른쪽에 적은 것을 검토해 보자. 당신이 종종 하는 행동, 앞으로 할 것 같은 행동, 그리고 하고 싶은 행동에 각각 동그라미를 쳐 보자. "내가 뭘 해야 하는지는 알아. 하지만 아이한테 폭발할 것 같고(비난), 때리고 싶고(학대), 하자는 대로 해 주고 싶어(과잉보호). 그리고 실상은 아이들을 고통에서 꺼내 주려고 하거나(사탕발림), 문제를 애써 무시하거나(디스카운트), 문제가 다 사라졌으면 좋겠다고 바라고 있지(방치 혹은 유기)."
6. 각 반응에 동그라미를 쳤으면 당신 자신에게 물어보자. "내가 과거에 부족했던 ○○○을 얻기 위해, 문제해결을 위해, 지금 필요한 것은 무엇인가?" 예를 들면 다음과 같다.
   - 마구 욕해 주고 싶어. 내 마음속에서 쏟아져 나오는 대로 마음껏 그런 비난

들을 적어 볼 거야. 그리고 그걸 찢어 버릴 거야. 그러고 나서 이 문제를 명확하게 생각해 볼래.

- 사탕발림으로 아이를 키우는 것 같아. 아이를 고통에서 보호하려는 내 습관을 다시 살펴봐야겠어. 아이가 항상 행복하기를 바라기 때문인지, 아니면 아이와 나 사이에 경계가 명확하기 않기 때문인지, 아니면 내가 어떻게 아이를 훈육하는지 몰라서인지 살펴볼 거야. 내 규칙을 새롭게 바꾸고 구조를 견고히 할 수 있도록 도움을 받아야겠어.
- 나는 포기하고 싶어. 나를 사랑하는 사람들한테 도와 달라고 부탁해야겠어. 내가 도망가고 싶을 때, 책임감 있는 태도로 문제를 붙잡고 해결할 수 있도록 나를 격려하고 도와달라고 말이야.

7. 왼쪽에서 오른쪽의 문제해결 칸으로 옮기고 싶은 행동이 있다면 그 방법을 생각해 본다. 어떤 경우에는 당신이 해 왔던 행동과 원해 온 것들을 알기만 한다면, 그저 간단히 말하기만 해도 된다. "난 이제 이거 그만할래." 하고 그만하면 된다. 그러나 그 문제를 완전히 내려놓을 수 없거나 마음속에서 억누르고 있다면, 그 문제는 또다시 수면 위로 올라와 당신을 잡아끌어 다시 무능한 상태로 되돌려 놓을 것이다. 당신에게 필요한 긍정적인 말과 행동을 선택해서 연습하자(제25장 참고). 당신에게 필요한 도움을 얻기 위해서는 시간과 노력을 들여야만 한다. 이것은 다시 성장해 가는 과정이기 때문에 의미 있는 일이다.

행동으로 옮기기

8. 연습지의 오른쪽 칸으로 돌아가서 해결 방법을 행동으로 옮긴다. 그리고 문제의 긍정적인 해결을 위해 당신의 힘을 사용하여야 한다.
9. 오른쪽 칸에 적은 것을 실천하는 데 여전히 문제가 남아 있다면, 적어 놓았던 문제를 다시 점검해 본다. 어쩌면 당신은 여러 개의 문제를 하나로 적었을지

도 모른다. 그렇다면 문제를 나누고 각각의 문제마다 한 장의 연습지를 사용해서 문제를 푼다. 그게 아니라면 어쩌면 당신이 표면적인 증상만을 다루고 있기 때문에 뿌리 깊은 문제가 다시 떠오르는 것일 수도 있다. 만약 그렇다면 이젠 깊이 뿌리박힌 문제를 찾아 그것에 관심을 가져야만 한다.

처음에 이 연습지를 사용하게 되면 한 장을 쓰는 데도 많은 시간이 걸릴 것이다. 그러나 익숙해지면 문제를 해결하는 시간은 단축된다. 만약 이 연습지로 해결이 안 될 만큼 문제가 심각하다면 그것은 외부의 도움이 필요할 만큼 큰 문제이거나, 아니면 오랜 기간 동안 해결이 안 된 채 계속 묵혀 온 문제일 것이다. 이제는 이것을 해결할 때이다. 문제를 긍정적으로 해결하기 위해 당신이 갖고 있는 힘을 모두 발휘해 보길 바란다.

문제해결 연습지

문제: 아이가 말을 듣지 않는다

구조

완고함:
"한 번 말하면 알아들어! 같은 말 다시는 안 할 거야."

비난:
"대체 말을 듣는 거야, 안 듣는 거야? 너 귀머거리야?"

사탕발림:
자녀에게 끊임없이 계속해서 말한다.

유기/포기:
자녀가 말을 들을 거라고 기대하지도 않는다.

문제해결

절대 규칙:
"네가 내 말을 듣는지 확인할 때까지 여기 이대로 앉아 있어. 이건 중요한 문제거든."

조율 규칙:
"넌 내 말을 들어야만 하는데 어떡하면 좋을까? 어디에 앉을래? 서로가 듣고 있다는 표시로 손을 이렇게 움직여 볼까?"

보살피기
학대: 아이를 잡고 세게 흔들면서 말한다.
조건적인 돌보기: "내 말을 안 들으면, 내가 너를 사랑할 수 있겠니?"
과잉보호: 그저 한 번만 말해 보고, 아이를 똑같이 보살펴 준다.
방치: 아이가 자신을 무시하는 것을 모른 척한다.

문제해결
부모 주도 돌보기: 아이의 어깨에 손을 올리고 말한다. "내 말 듣고, 뭐라고 했는지 다시 한번 말해 볼래?"
아이 지지 돌보기: "지금 내 얘기 들을래, 아니면 너 끝날 때까지 내가 기다려 줄까?"

디스카운트
1**단계: 문제없어** "내 말 안 들어도 상관없어."
2**단계: 심각하지 않아** "아이는 아이야, 그걸로 화낼 필요는 없어."
3**단계: 해결 방법은 없어** "아이가 내 말을 듣게 할 방법은 없어. 아이들은 원래 그래."
4**단계: 나는 힘이 없어** "어떻게 말을 듣게 할지 모르겠어."

문제해결
능동적이고 책임감 있는 행동 "똑같은 말을 반복해서 하는 건 그만둘래. 아이들이 내 말을 듣도록 다양한 방법을 사용해 봐야지."

문제해결 연습지

문제: 7세, 10세 자녀가 서로 치고받고 싸우고 있다

구조

완고함:
싸운 벌로 아이들을 하루 종일 다른 방에서 따로 놀게 한다.

비난:
"이런 나쁜 자식들, 너희는 어떻게 맨날 싸우니? 언제 조용히 할 거야?"

사탕발림:
"나는 너희가 그렇게 싸우지 않으면 좋겠어.
너희들 심심하니?"

유기/포기:
나가 버린다.

문제해결

절대 규칙:
"너희가 다음번에 또 싸우면 그때는 너희 둘을 마주 앉혀 놓고, 둘이 서로 의논해서 해결 방법을 결정하게 할 거야."

조율 규칙:
"때리지 말고 할 수 있는 새로운 규칙이 필요하니?"

보살피기

학대:
아이들이 서로 때린 것보다 더 세게 때려 준다.

조건적인 돌보기:
서로 사이좋게 지내는 아이들만 사랑한다고 말해 준다.

과잉보호:
아이들의 주의를 돌리기 위해 아이스크림을 2개씩 준다.

방치:
아이들이 싸웠는지도 모른다. 또는 자동적으로 큰아이에게 소리를 지른다.

문제해결

부모 주도 돌보기:
때리는 것을 멈추게 하고 아이들이 다치지 않았는지 확인해 보고 돌봐 준다.

아이 지지 돌보기:
"싸우지 않고 너희 문제를 해결할 방법을 나랑 같이 생각해 보자."

디스카운트

1단계: 문제없어
"그래서 어쩌라고?"

2단계: 심각하지 않아
"애들은 싸우면서 크는 거지."

3단계: 해결 방법은 없어
"아이들은 원래 치고받고 싸워."

4단계: 나는 힘이 없어
"어떻게 아이들을 매일 쫓아다녀?"

문제해결

능동적이고 책임감 있는 행동
"때리면 안 된다는 규칙을 말해 줘야지. 아이들이 서로 때리기 전에 내가 먼저 알아차리고 뭔가 조치를 취할래. 아이들이 때리지 않고 문제를 해결하면 칭찬해 줘야지. 그리고 어떻게 그렇게 했는지 물어보고 다음에도 그렇게 하라고 말해야지."

문제해결 연습지

문제: 7세, 10세 자녀가 서로 치고받고 싸우고 있다

구조

완고함:

비난:

사탕발림:

유기/포기:

문제해결

절대 규칙:

조율 규칙:

보살피기
학대:
조건적인 돌보기:
과잉보호:
방치:

문제해결
부모 주도 돌보기:
아이 지지 돌보기:

디스카운트
1단계:
2단계:
3단계:
4단계:

문제해결
능동적이고 책임감 있는 행동

제6부

태아기와 출생 경험

인간의 아기는 다른 종의 새끼와 마찬가지로 사회적으로 협동하면서 자라도록 사전에 프로그래밍되어 있다. 그러나 아기들은 원래 어떠했는지와 상관없이 키워지는 대로 삶의 성과를 낸다.

–존 볼비(John Bowlby)

제24장

되어 가기: 태아기와 출생 경험

태아기와 출생 경험은 정말로 중요한가

태아기와 출생 경험은 아이에게 정말로 중요한 것일까? 아이가 엄마 뱃속에 있을 때 있었던 일을 기억하는 것이 가능할까? 태아기 및 출생의 중요성에 대하여 여러 가지 의견이 분분하다. 과거에는 태아기의 경험이나 이것이 훗날에 미치는 태도와 영향에 대해 관찰할 수 없었지만, 이제는 과학의 발달로 인해 태아의 성장, 행동, 반응 등을 관찰할 수 있게 되었다. 결과적으로 인간의 수정, 임신, 출산에 관해 궁금했던 일부 질문의 답을 얻게 되었다.

초음파 및 기타 다른 방법으로 연구자들은 출산 전과 출생 당시의 특정 경험을 기록하고 이후 아동의 행동을 관찰함으로써, 각각의 관련성을 연구할 수 있게 되었다. 이 연구를 통해 우리는 임신 기간 및 출산을 어떻게 관리해야 하는지에 대한 통찰을 얻게 되었다.

상식을 통하는 이런 연구 결과들은 사실 놀라운 것이 아니다. 왜냐하면 임신 중의 음주, 흡연, 약물이 아이의 태아기 및 그 이후에 큰 영향을 미친다는 것은 이미 누구나 알고 있기 때문이다. 이 상식에 더하여, 새로운 연구 결과는 마음과 신체가 분리되어 있지 않음을 보여 주고 있다. 그렇기 때문에 산모의 정서가 태아에게 영향을 미친다는 것도 놀랄 일은 아니다.

산모가 고통을 느끼면 태아도 부정적인 감정을 느끼고, 산모가 행복하고 평온하면 태아도 기쁨을 산출하는 엔도르핀을 받게 된다. 또 임신 중에 기쁨을 주는 음악이나 소리를 들으면 출생 후 아기는 온순할 것이다. 많은 부모들은 경험을 통해 이것이 진실이라는 것을 알고 있다.

많은 연구

태아기와 출생에 관한 많은 연구에 대중의 관심이 쏠리고 있다. 연구 결과는 학술지부터 일반 잡지까지 다양한 매체를 통해 일반에게 널리 알려지고 있다. 『뉴스위크』 특별판에 실린 "출생부터 3세까지의 자녀(Your Child from Birth to Three)"와 『타임지』에 실린 "창의성 있는 마음(Fertile Minds)"이 그 좋은 예이다. 이 기사들은 환경이 뇌 발달에 미치는 영향, 즉 환경이 단순히 아이의 태도뿐만이 아니라 뇌 구조 발달 자체에 지대한 영향을 미치고 있음을 밝히고 있다.

저명한 소아과 교수 크레이그 래미(Craig Ramey)는 자신의 연구에서 뇌 발달, 학습, 기억, 정서, 유전자에 영향을 미치는 경험 등에 대해 우리가 아는 것은 빙산의 일각이라고 말했다.

로이드 드마우스(Lloyd deMause)는 1996년에 발표한 자신의 연구에서 태내기 및 출생 경험에 관한 연구 자료를 수집하여 이 시기의 경험이 후기 아동기 및 성인기에 어떤 영향을 미치는지 밝히고 있다. 그는 태아기 기억에 관해 흔히들 잘못 알고 있는 몇 가지 부분을 지적하였다.

아기는 기억한다

많은 사람들이 태아기의 기억이 존재한다는 사실을 터무니없는 것이라고 생각한다. 태어나기 전에는 생각할 수도 없으며 진짜 아픔과 감정은 어느 시기가 지날 때까지 느낄 수도 없다고 믿는다. 이런 생각 때문에 아기에게 종종 심한 말을 하기도 하고 마취 없이 포경 수술 등을 하기도 한다. 하지만 이제 우리는 이것이 잘못이었다는 것을 안다.

연구 결과에 따르면 어떤 아동들은 자신의 출생을 기억하고 3세까지는 그 출생 경험을 세세히 설명할 수 있다고 한다. 많은 어른들이 회귀 경험을 통하여 초기 트라우마를 다시 경험하기도 하며, 이보다 더 많은 사람들이 자신의 태아기, 출생 또는 어린 시절의 경험을 알고 난 후 "이제야 내 삶의 모습들이 왜 그랬는지 알 것 같아요."라고 말한다.

사실 어떻게 보면 태아기의 기억이 없다고 생각하는 것이 더 터무니없는 일이다. 우리는 태아가 작디작은 정자와 난자의 만남으로 시작해 복잡한 인간 체계로 간다는 사실을 받아들이면서, 왜 감정과 기억을 발달시켜 나간다는 사실을 무시할까? 많은 연구 결과들을 통해 우리는 이제 태아의 발달 기간 동안 아기들이 감정을 느끼고 기억을 저장해 간다는 것을 알 수 있다. 때때로 영아의 기억과 태아기 경험은 아기의 행동을 관찰함으로써 알 수 있다. 아기 데이비드의 이야기를 살펴보자.

〈제퍼디[1]〉 이야기

데이비드는 태어난 지 며칠밖에 되지 않았다. 엄마가 잠시 쉬는 동안 할머니가 아기를 안아 흔들고 있었고, 웅웅 소리를 내는 텔레비전에서는 5시 30분 뉴스가 끝나 가고 있었다. 그때 눈으로 할머니를 바쁘게 살피던 데이비드가 갑자기 고개를

1) 미국의 텔레비전 프로그램의 하나인 퀴즈 쇼이다.

돌려 텔레비전을 쳐다보았다. 아기는 뭔가를 아는 듯한 표정으로 텔레비전을 보았고, 마치 어른이 친한 친구를 만난 듯한 편안하고 만족스런 표정을 지었다. 이때 마침 들어서던 엄마가 이 모습을 보고는 미소를 지었다. 아기는 〈제퍼디〉의 주제가를 들으려고 고개를 돌린 것이었다. 〈제퍼디〉의 팬이었던 데이비드의 엄마는 아이를 임신했을 때 매일 밤 그 쇼를 즐겨 보았던 것이다. 아기가 그 소리를 이전에도 들었음이 분명해 보였고, 더불어 아이가 그 소리를 편안해 하는 것도 확인할 수 있었다. 임신 중에 아이가 받은 영향을 발견한 것은 정말 행운이었다. 이후로 데이비드의 엄마는 젖을 먹이기 전에 그 노래를 불러 줬고 아이는 그때마다 차분하고 평온해졌다. 그렇게 3~4개월 동안 우유를 먹일 때마다 엄마는 아기를 달래 주었고 이 전략은 잘 통했다.

아기들은 엄마가 좋아했던 텔레비전 프로그램을 보거나 듣는 것을 좋아하며, 태아기에 받았던 여러 가지 자극들에도 또한 즐거워한다. 태아기의 자극에 대해 연구한 채어랫 팬서램폰(Chairat Panthuraamphorn)은 다음과 같이 주장하고 있다.

연구 결과에 따르면, 산모의 긍정적인 감정은 아기의 이후 성장, 조심성, 평안함, 지능 등에 좋은 영향을 미치는 것으로 나타났다. 임신 중에 노래를 불러 주는 것 역시 좋은 영향을 미치는 것으로 나타났다. 그리고 통제 집단과 비교했을 때, 편안한 음악에 늘 둘러싸여 있던 산모들의 태아가 더 빠른 발달을 보였다.

환경과 유전, 어느 것이 더 중요한가

태어나기 전의 아기에게 좋은 영향을 미칠 수 있다는 이 놀랍고도 대단한 사실로 인해, 우리는 산모와 아기들을 어떻게 하면 더 잘 보살필 수 있을지 생각해 보게 되었다. 그러나 만약 태아가 엄마 뱃속에서 좋은 경험을 많이 하지 못했다면 어떻게 해야 할까? 너무 늦어서 아무것도 할 수 없는 것일까? 그렇지 않다. 환경으로 이를 극복할 수 있다.

지난 수년 동안 사람들은 자녀를 키울 때 환경이 중요한지 유전이 중요한지를 토론해 왔다. 커피숍에서 학술 발표회장에 이르기까지 이에 대한 토론은 아직도 끝나지 않았다. 이제 막 자녀를 낳은 부모에게 주변 사람들은 이렇게 말하기도 한다. "세상에, 신기하기도 하지. 이 조그만 몸에 있을 건 다 있다니. 정말 유전자의 힘은 대단한 것 같아." 그리고 어떤 사람들은 이렇게 이야기하기도 한다. "이 아기는 정말 행운아야. 왜냐면 네 자식으로 태어났으니 말이야. 필요한 것을 다 가질 수 있는 환경 속에서 자랄 수 있다니 얼마나 다행이야."

이미 밝혀졌듯이 이 두 가지 의견 모두 옳다. 두뇌 성장에 관한 최근의 연구들은 유전과 환경이 모두 뇌 발달에 중요한 역할을 한다고 주장하고 있다. 유전학에 따르면 태아기의 뇌는 시각 기능, 언어 기능을 준비하기 위해 신경세포와 신경회로를 만들어 나가는데, 환경을 통해 얻는 감각 경험은 세포핵과 유전자 속의 DNA 코일에 생화학적으로도 영향을 미친다고 한다.

유전자 지도의 향상

이제는 태아가 똑똑할지 궁금해하기보다는 수용, 사랑, 적절한 자극을 제공함으로써 태아의 유전적 지능을 향상시켜 보자. 만약 태아의 지능을 향상시킬 수 있다는 것이 사실이라면, 태아기 및 신생아기의 환경 때문에 지능이 저하될 수 있다는 것도 사실일까? 그렇다. 산모의 스트레스와 약물 섭취는 태아의 저체중, 사망, 호흡기 질환, 천식 등을 초래할 뿐만 아니라 지능 발달까지 저해한다. 이에 관해 자세히 알고 싶다면 토마스 바니의 『태아는 알고 있다』(김수용 역, 샘터사)를 참고하길 바란다.

모든 부모는 태아가 잘 자라길 바라지만, 임신 기간 중의 삶은 부모가 원하는 대로 흘러가지만은 않는다. 만약 고통을 겪고 있는 산모 주위에 이야기를 잘 들어주는 친구나 성직자, 상담자가 있다면 이 산모는 비교적 편안하게 문제를 극복할 수 있다. 우울증이 심하다면 의학적인 치료를 받는 것도 좋다. 그러나 어떤 일은 산모가 해결하기 힘든 문제도 있다. 가족의 질병 및 죽음, 실직, 배우자의 배신 등은 태아에게 나쁜 영향을 미치는 매우 심각한 몇 가지 문제들이다.

그러나 부정적인 스트레스 요인이 발생했을 때 산모가 할 수 있는 일도 있다. 좋은 생각을 하고, 뱃속의 아기에게 노래를 불러 주며, 모든 것이 다 잘될 것이고 안전할 것이라고 안심시켜 줄 수 있다. "아가야, 엄마의 언니가 지금 많이 아파서 엄마는 걱정이 많단다. 하지만 너는 걱정할 필요가 없어. 잘 자라 주기만 하면 돼. 이 문제는 어른들이 알아서 잘 해결할 거란다. 우리가 무엇을 하게 될지 알려 주긴 하겠지만, 그건 어른들의 일이지 네 일은 아니란다. 나는 네가 안전하게 잘 자라고 있어서 기쁘단다." 어쩌면 이런 말이 태아를 안심시키지 못할 수도 있다. 그러나 산모의 감정은 호르몬을 만들고 이것은 아기의 혈액으로 전달되기 때문에, 엄마의 자신감과 평온함은 태아에게 긍정적인 영향을 미친다.

아기의 성장 발달에 가장 중요한 시기는 임신 9개월에서 태어날 때까지이다. 태아기의 발달에 관한 책 등을 참고해 태아의 성장과 발달 단계에 맞는 도움과 지지를 해 주도록 하자.

원하지 않은 임신

산모의 감정이 태아에게 그토록 많은 긍정적 영향을 미친다면, 반대로 나쁜 영향도 미칠 수 있을까? 불행히도 그렇다. 통계에 의하면, 산모의 부정적인 태도는 조산을 일으키거나, 나중에 자녀가 자라면서 잦은 병치레나 학교생활 부적응 등을 겪게 되는 악역향을 미친다고 한다.

놀라운 연구 결과는 임신 기간 중 부모가 아기를 원하지 않았던 사실과 그 아이의 십 대 폭력 범죄 성향 사이에 관련이 있다는 것이다. 네덜란드에서 행해진 한 연구에 따르면, 원하지 않았거나 난산으로 태어난 남자아이들은 통제 집단에 비해 폭력적인 범죄 행동이 네 배나 많았다. 이 사실은 우리 사회가 산모와 아이들을 돕고 보살피는 노력을 해 나가야 함을 우리에게 시사해 준다.

문제가 많았던 임신 기간 이후에도 희망은 있는가

다행히도 불행한 태아기 경험이 있다고 해서 모든 아이들이 폭력적인 성향을 보이는 것은 아니다. 또한 삶의 모든 문제가 태아기, 출생, 아동기의 경험에서만 비롯되는 것도 아니다. 하지만 초기의 부정적인 경험이 이와 비슷한 삶의 문제를 맞닥뜨릴 때마다 강화된다면, 신뢰를 경험하지 못한 아이들은 타인을 믿지 못하고 결국 이후의 삶에서 심각한 어려움을 겪게 될 것이다. 그러나 어릴 때 긍정적인 경험을 하게 되면 이전의 트라우마는 호전될 수 있다. 어리면 어릴수록 그 효과는 더욱 좋다. 크레이그 래미 박사는 3세 이하 영아를 위한 프로그램을 성공적으로 이끄는 여섯 가지 요소를 다음과 같이 소개하고 있다.

- 아이가 탐색하도록 격려한다.
- 기본적인 기술을 가르친다.
- 향상되고 있는 발달 과업을 축하한다.
- 새로운 기술을 시범으로 보여 주고, 더욱 향상시킨다.
- 부적절한 놀림, 벌, 적대감 등으로부터 아이를 보호한다.
- 풍부하고 따스한 언어 환경을 제공한다.

우리들도 이와 같은 방법으로 자녀를 도울 수 있다. 여기서 풍부하고 따스한 언어 환경은 인지 발달에 특히 중요하다. 부모가 계속해서 아이에게 읊조리듯 이야기하고, 어른들 사이에서도 단어를 풍부하게 사용하는 것은 좋은 언어 환경의 예이다. 이는 다른 모든 학습의 기초가 된다. 만약 당신이 영아와 이야기를 하고 있다면 이는 아이의 언어 발달만 자극하는 것이 아니라 수학, 음악 등 다른 표현 기능의 발달도 돕는 것이다.

앞으로 나아가는 것에 대한 두려움

태아기 및 영아기 초기의 부정적인 경험은 사려 깊고 지지적인 가족들 사이에서 자라더라도 완전히 사라지지 않을 수도 있다. 하지만 초기 경험의 강력한 영향력을 알고, 이런 경험을 바탕으로 지속적으로 결정을 내린다는 사실을 이해하게 되면, 청소년이나 성인이 하는 문제 행동의 실마리를 발견할 수 있을 것이다. 이를테면 태아기에 부정적인 경험을 했거나 난산으로 태어난 사람은 앞으로 전진하고 성장하며 독립적인 존재로 살아가는 것과 같은 삶 속에서의 모든 변화를 두려워한다. 린다 셰어(Linda Share)는 이를 일컬어, 마치 태아가 '삶 속에서 앞으로 나아가는 것은 끔찍한 일만 만들어 낼 뿐이야. 그러니까 가만히 머물러 있어야 비참한 일들이 반복되는 것을 막을 수 있어.'라고 결정하는 것처럼 보인다고 말했다.

어떤 이들은 이런 지나친 경계심을 극복하기 위해 치료가 필요하다. 어떤 이들은 상황을 이해하고 정보를 얻음으로써, 그런 결단력 없는 행동으로부터 자유로워지고 이를 극복하기도 한다. 부모들 역시 이런 행동의 기저에 깔린 원인을 이해함으로써 자녀를 도울 수 있다. 언제나 망설이기만 하는 소년, 아이작의 이야기를 살펴보자.

아이작, 망설이기만 하는 아이

유치원생일 때 아이작은 아이들과 어울리기 전에 언제나 한참을 망설이며 다른 아이들이 노는 것을 지켜보곤 했다. 초등학교에 들어간 후에도 아이작은 다른 아이들이 학교 버스를 기다리며 노는 동안에 좀처럼 어울려 놀지 않았다. 점점 우수한 학생이 되어 갔지만, 고등학생이 되어서도 여전히 새로운 일을 시도하는 것을 주저했다. 그리고 대학교에 지원해야 할 때가 되어서도 여전히 어떤 학교와 학과를 지원해야 하는지 망설이기만 했다.

부모는 아이가 왜 이런 식으로 행동하는지 생각해 보았다. 일단 결정을 내리기만 하면 늘 잘해 왔던 아이였기 때문에, 부모는 아이작이 왜 그렇게 망설이는지 이해할 수 없었다. 아이작이 삶의 중요한 결정을 하게 될 때면 온 가족은 혼란의 소용돌이에 빠져들곤 했다.

아이작이 고등학생이던 시절, '앞으로 나아가는 것에 대한 두려움'이 생애 초기의 트라우마 때문에 생길 수 있다는 사실을 부모는 알게 되었다. 아이작이 태어날 당시 죽음의 고비를 넘기고 살아났던 일을 기억해 낸 아이작의 부모는 아이작과 함께 출생 당시의 이야기를 나누게 되었다. 이 이야기를 통해 아이작은 자신의 두려움을 새롭게 이해하기 시작했다. 아이작은 새로운 일을 시작할 때마다 언제나 돌덩어리가 가슴을 짓누르는 듯이 답답했고, 죽을 것처럼 무서운 상황에서 도망치는 꿈을 꾸곤 했다. 아이작의 상황을 이해한 부모는 이제 아이가 뒤로 미루고 꾸물거리는 행동을 할 때 짜증을 내지 않았으며, 당장 무엇을 하라고 명령하지도 않았다. 대신에 자신이 원하는 대학을 찾을 수 있도록 따스한 말로 지지해 주고 부드럽게 권유했다. 아이작은 평소보다 더 편안한 마음으로 결정을 내렸다. 그러면서 가족의 위기는 가라앉았다.

부모는 경제적인 도움을 언제까지 줄지를 결정했고 나머지 것들은 아이작이 결정하도록 했다. 대학에 입학한 아이작은 계속해서 우수한 성적을 냈으며 이제 졸업을 한 학기 남기고 직장을 구하고 있다. 그는 자신의 길을 선택할 수 있었고, 가족들은 그런 아이작에게 이렇게 이야기할 수 있게 되었다. "네가 준비되었을 때는 앞으로 더 나아가 보렴."

만약 자녀의 문제 행동에 숨은 진짜 이유나 가능한 이유를 이해하게 된다면, 아이에게 화내고 짜증내기보다는 자녀를 수용하면서 도와줄 수 있을 것이다. 마찬가지로 우리 자신이 하는 문제 행동의 진짜 이유나 그럴 만한 이유를 알아낸다면, 자기 자신을 비난하거나 수치심을 느끼기보다는 이해하고 수용할 수 있게 될 것이다. 우리는 우리 앞에 놓인 장애물을 극복할 수 있으며 상처 치유에 필요한 도움을 받을 수 있다.

삶 속에서 드러나는 태아기 및 영아기의 강점

초기 경험은 우리가 인식할 수 없는 뇌의 어떤 부분에 기록되기 때문에 초기 트라우마로 인한 고통은 훗날 난처한 상황에서 표면으로 떠오르기도 한다. 어떤 사람이 "내가 왜 이런 식으로 느끼는지 나도 모르겠어."라고 말한다면 아마도 그 말은 진실일 것이다. 그 사람은 옛날의 기억을 전혀 의식하지 못하고 있지만, 오래전의 아픔은 삶 속에서 다시 표면으로 떠오르곤 한다. 마치 "나 좀 치료해 줘요."라고 말하는 것처럼 말이다.

오래전의 상처를 치유하기 위해서는 육체적인 운동, 감정적인 지지, 치료, 영적인 도움 등이 필요하다. 혹은 일상생활 속에서의 보살핌과 성장하려는 의지, 그리고 어쩌면 행운과 직관이 필요할지도 모른다. 그레타의 이야기를 살펴보자.

그레타의 오래된 아픔

그레타는 허니문 베이비이다. 임신 기간 중 홍콩 독감에 두 번이나 걸렸던 그레타의 엄마는 뱃속의 아기를 지나치게 걱정한 나머지 이른 시기에 임신을 한 것을 후회했다. 출산 후도 순탄치는 않았다. 부모가 새로운 집을 미처 준비하기도 전에, 그것도 부모의 역할에 대한 준비는 고사하고 부부 관계가 안정되기도 전에 그레타가 태어났기 때문이다.

혼란스런 영아기와 잦은 병치레를 하며 아동기를 겪었지만 그레타는 비교적 건강하고 밝은 사춘기를 보냈다. 그러다 16세가 되던 해 그레타는 우울하고 불행한 감정에 젖게 되었다. 잠은 아예 자지 못하거나 지나치게 많이 잤고, 아주 활동적이 되거나 아니면 아무것도 하지 않으려고 했다.

부모뿐만이 아니라 그레타도 무엇이 잘못됐는지 이유를 알지 못했다. 왜 그렇게 자신의 감정이 엉망인지 그레타 자신도 이유를 몰랐다. 아이가 중증 우울증일지도 모른다는 두려움에 빠진 부모는 그레타를 병원에 보내기로 결심했다. 아빠는 이렇게 생각했다. '이가 아프면 치과에 가는 거랑 똑같은 거지. 아이가 이가 아프다고 해서 내가 대신 씹어 먹여 줄 수는 없는 거니까. 더군다나 나는 어떻게 아이를 도와야 할지도 모르잖아.' 엄마도 아빠의 결정에 동의했지만 한 번 더 그레타와 이야기해 보기로 했다. 엄마는 무엇 때문에 그러냐고 다그치지 않고 그저 긍정적인 말과 행동으로 아이를 대해 보기로 했다.

그레타가 자려고 누워 있을 때, 엄마는 침대 옆에 앉아 아이의 존재에 대하여 긍정적인 말을 해 주었다. 이전에, 사춘기 자녀에게 맞는 긍정적인 말(297쪽 참고)을 해 주었을 때 그레타가 들은 척도 하지 않았던 것을 기억한 엄마는 이번에는 더 어린 단계인 '존재하기(being)'에 해당하는 긍정적인 말(274쪽 참고)을 해 주기로 결정했다. 그 메시지는 정체성을 결정하는 데 기초가 되는 말들이다. 엄마가 말을 하려 하자 그레타는 이내 베개로 귀를 막았다.

엄마가 말했다. "그레타, 엄마 이야기 좀 들으렴." 그러나 그레타는 아무런 반응도 하지 않았다. "엄마는 네가 우리 가족으로 태어났다는 것이 기쁘단다." 여전히 그레타는 아무 말도 하지 않았다. "지금 네 모습대로 태어난 것이 기쁘고, 지금 있는 그대로, 네가 지금 생각하는 방식대로 태어난 것이 기쁘단다. 그리고 네가 이 세상에 태어났다는 것이 무척 기쁘단다."

그러자 그레터는 이 말을 일축하며 말했다. "엄마가 기뻤다고요? 설마요. 나는 여태까지 내가 얼마나 일찍 태어났는지를 수도 없이 들어 왔다고요. 그때 우리 집은 채 지어지지도 않아서 방문 손잡이도 없었고, 담장도 없어서 옆집 개가 막 들어올 정도였다면서요. 엄마는 내가 태어난 것을 기뻐하지 않았잖아요."

엄마는 잠시 숨을 멈추고 빨리 생각하기 시작했다. 그리고 진실을 이야기하는 것이 나을 것이라고 결정했다. "그래, 네가 말한 것이 사실이야. 나는 우리 보금자리가 너를 위해서 준비되길 바랐었단다. 또한 너를 어떻게 보살필까, 어떻게 건강하고 사랑스러운 아기로 키워 갈까를 늘 꿈꿔 왔단다. 그런데 그 꿈이 다 준비되기 전에 네가 왔지. 그래서 나도 너도 힘들었던 건 사실이야. 하지만 그레타, 이제는 그렇지 않단다. 그것은 과거 이야기란다. 그것은 16년 전 일이고 나는 지금 행복하단다. 사실 나는 네가 태어난 순간을 거의 잊고 살아왔단다. 그 순간이 얼마나 중요했는지를 잊고 살았지. 하지만 만약에 네가 태어나지 않았다면, 지금 이 순간, 이 행복한 순간을 내가 가질 수는 없었을 거야. 네가 태어나서 나는 정말로 기쁘단다. 내 진심을 받아 줄 수 있겠니? 이제 우리 그레타도 조금 괜찮아질 수 있을까? 나는 정말 행복하고 너를 많이 사랑한단다." 그레타는 눈을 뜨고 의심스런 눈빛으로 엄마를 쳐다보았다. "정말이에요?" 그러자 엄마는 "그럼, 그렇고말고. 정말로 정말로 지금은 그런 마음이 하나도 없단다. 너는 정말 사랑스러운 딸이고 너같이 예쁜 딸은 세상에 다신 없을 거야."

일어나 앉은 그레타를 엄마는 안아 주었고, 그레타는 이제는 좀 잘 수 있을 것 같다고 말했다. 그리고 그레타는 이내 잠이 들었다. 아침에 일어난 그레타는 예전의 그 활기찬 모습으로 돌아와 있었다. 놀랍지 않은가? 그렇다. 사실 흔한 일이 아닐 수는 있다. 하지만 때로는 이런 식으로 우리가 알지 못하는 사이에 우리는 옛날의 상처를 치유하기도 한다.

엄마는 아빠에게 그레타와 나눈 이야기를 전했다. "낚시하러 갔는데 갑자기 뭔가가 낚싯줄에 걸려든 느낌이었어요. 가여운 것. 우리가 옛날 우리 집이 완성되지 않았다는 이야기를 했을 때, 우리는 그 이야기가 아이에게 상처를 줄 거라고 생각도 못 했잖아요."

그레타의 가족은 운이 좋았다. 어떤 일이 있는지 알려고 노력하고 행동을 취하는 부모를 둔 그레타도 운이 좋았고, 마찬가지로 우울증을 해결하는 비결을 우연히 발견한 부모들 역시 운이 좋았다. 또한 그레타가 자신이 좌절하는 원인을 받아들이려고 노력하고, 건강에 좋은 긍정적인 메시지를 수용했기에 이들 모두는 운이 좋았다. 만약 우울증이 재발하면 이제는 의사의 도움을 받을 수 있을 것이다. 만약 그레타의 엄마가 산모의 감정이 태아에게 미치는 영향을 그 옛날에 알았다면, 홍콩 독감을 피할 수는 없었을지 몰라도, 걱정하는 말보다는 안심시키고 평안을 주는 말로 태아를 편안하게 해 줄 수는 있었을 것이다. 그리고 부모는 그레타의 출생을 더욱 기쁘게 맞이하고 다른 사람들도 모두 이를 축하해 주었을 것이다.

생애 초기의 문제들이 때로는 이렇게 바로 해결되기도 하지만 어떤 초기 상처들은 보살피는 것만으로 해결이 안 될 수도 있다. 이런 경우라면 치료를 받는 것이 좋다. 코니의 이야기를 들어 보자.

코니의 이야기: 다시 성장하기

코니는 타인과의 관계 때문에 상담 치료를 받았다. 그러나 여전히 무언가 제대로 되지 않는 느낌이 들었다. 그때 우연히『태아는 알고 있다』라는 책을 읽게 되었다. 그 책을 통해 코니는 어떻게 태아가 자궁 안과 밖에서 일어나는 일을 인식하는지에 대한 많은 연구들을 접하게 되었다.

그러던 중 코니는 놀라운 정보 하나를 발견하게 되었다. 그리고 생각했다. '흠…… 뭔가가 빠졌다고 느끼는 것이 당연한 거였어. 친엄마는 미혼모였으니 임신을 창피하게 여겼을 거야. 그리고 이런저런 이유로 나를 키울 수 없다는 것을 아셨겠지. 무서워서 아이를 어딘가로 몰래 보내 버리려는 엄마가 어떻게 '나는 정말 너를 원했단다.'라는 메시지를 줄 수 있었겠어.'

태아기의 많은 영향에 대해 알아낸 코니는 자신의 과거를 치료할 수 있는 일을 하기 시작했다. 우선 친엄마가 자신을 버린 일과 엄마를 만날 수 없는 것을 슬퍼했다. 그리고 친엄마가 자기에게 보냈던 메시지들을 추측해 보았다. "나는 임신해서 창피해." "정말 힘들어. 너를 사랑하지만 보내야만 해서 정말 마음이 아프단다." 코니는 자신의 마음 깊은 곳 어딘가에 항상 이 메시지를 갖고 살았다는 것을 알게 되었다.

코니는 재성장 자녀 양육 치료법(corrective parenting therapy)을 통해 새로운 메시지, 즉 자신은 알맞은 곳에 태어났고 버림받은 것이 아님을 알게 되었다. 이전에는 느껴 보지 못했던 충만한 기쁨을 코니는 이제 느끼고 있다.

경험이 우리의 뇌를 만들어 간다는 사실을 기억하자. 자궁 안에서의 감각적 경험을 통해 뇌를 만들어 가는 것도 사실이지만, 출생 후 반복되는 경험으로 우리는 초기의 트라우마를 다시 고쳐 나갈 수도 있다. 이런 사실 때문에 우리는 자녀와 우리 자신의 '다시 성장하기'를 위한 희망을 가질 수 있는 것이다. 자녀와의 강한 애착 관계 형성은 초기의 트라우마를 치유하는 핵심적인 요인이다.

유전과 환경의 조화는 다음과 같이 해석할 수 있을 것이다.

1. 유전자 지도는 태아기에 생기며(유전적 영향), 긍정적 · 부정적 경험에 영향을 받는다(환경의 영향).
2. 출생 후 긍정적이거나 부정적으로 아기를 대하면 유전적 내용에 영향을 미친다.
3. 아이들은 경험(환경의 영향)과 유전적 성향 및 기질(유전적 영향)에 따라서 자신들의 초기 결정을 내리게 된다.

뇌 발달에 관한 연구가 늘어남에 따라, 부모와 사회는 태아와 영아, 아동의 긍정적인 성장을 돕는 더 나은 방법을 찾게 될 것이다.

부모는 자녀를 위해 최선의 환경을 제공하며 성장하도록 도와야 할 책임이 있다. 그리고 자녀는 자신의 고유한 생각 방식을 구축하고 자신의 삶을 결정해 나가야 할 책임이 있다.

제7부에서는 삶의 시작부터 보듬고 보살피는 방법, 계속 성장해 나가는 방법에 대한 지침을 제공할 것이다.

제7부

다시 성장하기

몇 년 전부터 나는 첼로를 켜기 시작했다. 많은 사람들이 나를 보고 "첼로를 배우기 시작했다."라고 말한다. 이 말 속에는 두 가지 다른 의미가 포함되어 있다. 하나는 첼로를 배운다는 것이고, 다른 하나는 첼로를 연주한다는 것이다. 이들이 말하는 것은 결국 배움을 끝내기 전까지는 나는 첼로의 초보 단계에 있는 것이며, 초보 단계를 완수하기 전에는 그다음 단계에 갈 수 없다고 말하는 것과 같다. 다시 말하면 내가 배움을 끝내기 전까지 나는 배울 뿐이고, 그 단계가 지나야 첼로를 연주할 수 있다는 것이다. 그러나 이것은 넌센스이다. 첼로를 연주하는 데는 두 과정이 따로 있을 수 없다. 단지 한 과정만 있을 뿐이다. 우리는 무엇인가를 함(doing)으로써 그것을 배운다. 그 외에 다른 방법은 없다.

–존 홀트(John Holt)

제25장

연령과 발달 단계

"그냥 겪어야 하는 단계일 뿐이야. 중요하지 않아. 그냥 무시하면 아이는 곧 잊어버릴 거야." 가족이 불편한 것은 아랑곳하지 않고 자기가 원하는 것만 고집하는 여덟 살 로이스를 보고 엄마가 한 말이다. 로이스의 엄마가 한 말이 맞을까? 부분적으로는 그렇다. 발달 단계에 대해서는 맞지만 그 발달 단계의 중요성에 대해서는 틀렸다. 우리 모두는 성장할 때 발달 단계들을 거치게 되며, 각각의 단계는 모두 중요하다. 아동과 성인은 모두 각각의 발달 단계에서 발달 과업을 수행해 나갈 때 무시당하지 않고 지지를 받을 필요가 있다. 각 발달 단계에서 내린 결정과 습득한 기술은 나중의 큰 사건 때문에 묻히거나, 의도적으로 변화시키려고 하지 않는 한 여전히 남아 있을 것이다. 다양한 발달 단계의 과업을 이해함으로써 아이를 적절하게 도울 수 있을 것이다.

발달 단계는 무엇인가

인간의 성장 과정을 설명할 수 있는 작은 부분들로 나눈 것이 발달 단계이다. 각 단계에서, 사람들은 각자의 연령에 맞는 발달 과업을 수행해 간다. 그러면서 '나는 누구인가?' '다른 사람들과의 관계 속에 있는 나는 누구인가?' '어떻게 필요한 기술을 습득할 수 있을까?'에 대한 대답을 찾아 나간다. 어떤 발달 과업은 여러 단계에 걸쳐 계속되곤 하는데 그 예가 메리 애슐리(Marry Ashley)가 언급한 바 있는 영적 성장이다(아동 및 청소년기의 영적 발달 단계는 부록 332쪽 참고). 반면 다른 발달 과업들은 특정 단계에서 중점적으로 수행되곤 한다.

이 책에서는 발달 과정을 모두 아홉 단계로 나눈다. 그러나 각 개인은 자신만의 시간표대로 성장하기에, 여기에 제시되는 연령은 대략적인 것임을 기억해 두길 바란다. 다음은 각 단계에서 다뤄야 할 중요한 질문들이다.

태내기(되어 가기, becoming): 임신에서 출생 전

내가 잘 자라고 태어나기에 안전할까?

1단계(존재하기, being): 출생에서 6개월

내가 여기에 있는 것과 내 욕구를 알리고 보살펴 달라고 하는 것은 괜찮은 일일까?

2단계(하기, doing): 6개월에서 18개월

새로운 것을 시도하고 탐색하며, 내가 배운 것을 믿는 일은 안전한 걸까?

3단계(생각하기, thinking): 18개월에서 3세

나 스스로 생각하는 방법을 배워도 괜찮은 걸까?

4단계(정체성과 힘, identity and power): 3세에서 6세

나만의 능력을 가진 진정한 나 자신이 되어 가도 괜찮을까? 다른 사람들이 어떤 사람들인지, 내 행동의 결과가 어떤지 배워도 괜찮을까?

5단계(구조화, structure): 6세에서 12세

나 자신과 다른 사람들을 지탱해 주는 내적 구조를 어떻게 만들 수 있을까? 이 사회에서 살아갈 때 필요한 여러 가지 기술을 익히기 위한 능력을 어떻게 계발할 수 있을까?

6단계(정체성과 성 정체성과 분리, identity, sexuality and separation): 12세에서 19세

나만의 가치를 지닌 독립적인 인간이 되어 가는 동시에 사회에 속할 수 있는 방법은 무엇일까? 독립적이면서, 나의 성 정체성을 존중하고, 책임감을 갖는 것은 괜찮은 일일까?

7단계(상호 의존, interdependence): 성인

다른 사람을 보살핌과 동시에 능력, 친밀감, 유대감, 독립에 대한 나의 필요를 어떻게 균형 맞출 수 있을까? 독립성에서 상호 의존의 방향으로 어떻게 옮겨갈 수 있을까?

8단계(통합, integration): 성인

어떻게 내 삶의 의미를 완수하고 떠날 준비를 할 수 있을까?

각 발달 단계에서 이루어진 경험과 결정을 통해, 우리는 보살피기(nurture)와 구조(structure)를 다른 이들과 주고받을 수 있는 능력을 갖게 된다.

보살피기와 구조: 마음을 지켜 주는 방패

부모가 일관적인 사랑으로 양육하면 자녀는 자신을 보살피고 자신을 지킬 수 있는 내적 구조를 갖게 된다. 하지만 이런 일관된 사랑은 성숙하고 헌신적이며 마음이 건강한 부모들만이 줄 수 있다. 어떤 사람들은 자신이 어렸을 적, 알코올이나 약

물, 혹은 일이나 종교나 인간관계의 어려움 때문에 자신에게 온전히 정성을 쏟지 못했던 부모 밑에서 자라 왔다. 성숙하지 못했던 우리의 부모들은 어쩌면 자녀들을 육체적, 정신적으로 구박하거나 무시했을 수도 있다. 또한 가난이나 전쟁, 질병의 문제로 자녀의 욕구를 적절하게 채워 줄 수 없었을지도 모른다.

재미있는 것은, 가족마다 다른 문제가 있더라도 고르지 않은 양육의 결과는 거의 똑같다는 것이다. 예를 들어, 알코올 중독자가 있는 가정과 엄격한 종교적 관습을 가진 가정의 모습은 외형적으로 무척 달라 보인다. 하지만 이런 가정은 결국 자녀를 부정적인 양육 방식으로 양육하게 되고, 그 결과 자녀는 자신을 보살피고 구조화하는 능력이 부족하게 된다.

사실 이런 능력은 자신을 보호하는 방패와도 같다. 마음의 중심이 건강하다면 이 방패는 더욱 강해질 것이다. 이런 마음의 중심은 아동기 때 형성된다. 만약 이 중심에 구멍이 있다면, 우리는 자신의 욕구를 부인하고 깎아내리고 초기 결정을 방어하는 법을 배우게 될 것이다. 이런 초기의 결정은 그 당시에는 필요했을지 모르지만 더 지속되면 자신에게 피해를 준다. 우리는 이런 구멍과 약한 부분을 고쳐 나가기 시작해야 한다.

다시 성장하기란 무엇인가

다시 성장한다는 것은 우리가 이전 단계에서 이루지 못한 것을 다시 얻고, 충만한 삶을 살아가게 되는 것을 말한다. 다시 성장함으로써 우리는 자녀를 더욱 잘 양육할 수 있고, 더욱 생동감 있는 삶을 살 수 있게 된다. 다시 성장하기는 자신의 발달 단계에서 생긴 구멍을 하나씩 선택해서 이를 메우고 고쳐 나가는 과정이다.

그러나 당신은 "다시 성장하고 싶지 않아."라고 말할지도 모른다. "어린 시절에 겪은 것만으로 충분해! 누군들 옛날로 돌아가 아픈 기억을 다시 떠올리고 싶겠어."

클라우디아 블랙은 자신의 책 『상속을 거부하는 아이들』에서 우리의 아픈 과거로 돌아가지 않으면 그 아픔은 또다시 살아난다고 말한다. 즉, 과거의 아픔, 오래된 행동 습관 및 방식은, 돌아가서 다시 생각하기 이전에는 결코 해결될 수 없다는 것이다. 그렇게 자신을 돌아본 후에야 우리는 진정으로 성장할 수 있다. 다시 성장함으로써 앞으로 전진할 수 있다는 것은 정말 다행인 일이다. 나를 돌아보는 것은 새로운 결정을 하고 새로운 행동을 시작할 수 있는 적극적인 방법 중 하나이다.

다시 성장해야 할 때를 어떻게 알 수 있는가

다시 성장해야 할 시기를 알 수 있는 몇 개의 신호들이 있다. 만약, 당신이 디스카운트를 많이 하거나, 내적 구조가 비난과 비슷하거나, 또는 타인을 보듬고 따스하게 대해 주는 것이 싫다면, 당신의 문제를 한번 되돌아볼 필요가 있다. 제7부에서 소개하는 연령별 발달 과업을 통해 당신 자신을 평가해 보라. 그리고 당신의 강점과 허물을 짚어 보자.

어떻게 다시 성장할 수 있는가

다시 성장하기 위한 몇 가지 방법이 있다. 때로는 자녀를 양육하는 동시에 우리 자신도 다시 성장할 수 있다. 자녀의 해당 시기의 발달 과업을 돕는 동안, 부모는 같은 과업을 자신에게 적용해 볼 수 있다. 한 예로 두 살 자녀가 '싫다'는 말을 반복하면서 계속 저항하는 시기가 되면 부모 또한 거절하는 방법과 독립적으로 생각하는 자신의 방식을 다시 한번 점검해 볼 수 있을 것이다.

자신의 성장 리듬을 느끼고 성인의 발달 과업에 맞춰 가면서, 동시에 이전 단계의 과업을 조금 더 어른에 적합한 방식으로 수행해 나간다면, 보살피기와 구조화를 위한 자신의 방패를 좀 더 강하게 만들 수 있다. 예를 들면, 자신이 누구인지를 발견해 나가는 정체성 과업은 결혼, 이혼, 출산, 가족의 죽음, 정신적 · 신체적 능력의 손실, 새로운 능력의 획득 등과 같은 삶의 중요한 사건마다 반복적으로 연습되어야 한다.

다음에 나오는 연령과 발달 단계 표에는 다시 성장하기로 결심한 성인이 실행해 볼 수 있는 발달 과업의 예가 각 단계별로 제시되어 있다. 하지만 어렸을 때 성숙할 수 있는 기회를 크게 놓쳤거나 방패에 나 있는 구멍이 지나치게 크다면, 이 책에 제시된 활동만으로는 충분치 않을 수 있다. 만약 이런 상황이라면 의사나 치료 그룹 등 전문가의 도움을 받는 것이 좋다.

서두르지 말고 조금씩

많은 사람들은 삶을 향상시킬 수 있는 어떤 길이라도 찾게 되면 이를 한순간에 해결하고 싶어 한다. 빨리 끝내 버리고 싶은 마음 때문이다. 심지어 어떤 이들은 의사에게 가서 "저를 좀 고쳐 주세요. 지금 당장이요."라고 말하기도 한다.

우리는 빨리 성장하기를 원한다. 하지만 성장은 우리가 바라는 것만큼 빨리 되지 않는다. 빠른 속도로 성장하다가도 새로운 기술이나 태도, 신념 등을 배우는 동안에는 정체기를 경험하기도 한다. 때로는 다음 단계로 성장하기 전에, 뒤로 후퇴하거나 혼란에 빠지는 일도 있다. 이 과정에서 우리는 낙심할 수 있다. 하지만 현재 정체되어 있는 그 단계가 이전 정체기보다는 분명히 높은 곳에 있음을 기억해야 한다. 다시 성장한다는 것은 일련의 과정이지 단 한 번에 완성되는 일이 아니다. 초조한 마음이 든다면 자신에게 이렇게 말해 보자.

- 한 번에 구멍 하나씩
- 한 번에 과업 하나씩
- 한 번에 경험 하나씩
- 한 번에 새로운 결정 하나씩
- 한 번에 새로운 행동 하나씩
- 하루에 한 번씩

구멍을 하나씩 메워 갈 때마다 우리의 방패는 점점 강해지고, 앞으로의 성장은 더욱 쉬워질 것이다. 멋지게 변해 가는 자신의 모습을 기쁘고 감사한 마음으로 그려 보자. 앞으로 나아가는 동안 두려울 수 있다는 것을 기억하라. 우리가 받은 것들, 받지 못했던 것들을 슬퍼하는 일도 중요한 치유의 과정이다. 슬퍼하는 동안 좌절과 분노를 경험할 수도 있다. 하지만 결국은 조금씩 성장하고 있음을 느낄 것이고, 이렇게 말하게 될 것이다. “좋아, 이젠 무엇을 배워야 하지? 나는 앞으로도 잘 해낼 거야.”

이러는 동안 우리는 자신의 속도에 맞추어 성장할 수 있을 것이다. 너무 서두르지 말고 조금씩 나아가 보자.

연령에 맞는 발달 단계 표

부모 자신과 자녀에게 필요한 것들이 발달 단계 표에 제시되어 있다. 각 발달 단계 표에는 다음의 사항들이 기술되어 있다.

- 각 단계에서 완수해야 할 발달 과업 목록
- 각 단계에서 나타나는 일반적인 아동의 행동
- 각 단계의 발달 과업에 초점을 둔 ‘긍정적 지지어(affirmation)’
- 자녀의 발달에 도움이 되는 부모의 행동과 그렇지 못한 부모의 행동
- 부모(혹은 성인)가 이전의 단계를 다시 거치는 동안 생각해 봐야 할 과업
- 다시 성장하기 위한 단서(성인이 특정한 시기의 발달 단계를 다시 거쳐야 함을 알려 주는 태도와 행동의 예)
- 다시 성장할 수 있도록 도와주는 활동(성인이 자신의 성장과 치유를 위해 할 수 있는 크고 작은 활동들의 예)

긍정적 지지어(affirmation)가 갖는 힘

각 단계에서 들어야 하고 다른 이에게 말해 주는 법을 배울 필요가 있는 긍정적 지지어가 각 단계에 제시되어 있다. 발달 단계에 따른 긍정적 지지어를 사용하는 방법은 부록에 수록되어 있다. 긍정적 지지어는 표정, 말, 행동으로 표현할 수 있으며 선물이나 노래의 모습으로 나타나기도 한다.

긍정적 지지어는 큰 효과가 있다. 만약 이 사실을 안다면, 발달 단계에 알맞은 긍정적 지지어를 찾아서 당신과 자녀에게 적용해 보고 싶을 것이다. 하지만 이런 긍정적 지지어가 금시초문이라면 이를 배워 나가는 것이 좋다. 긍정적 지지어를 통해 사람들은 자신이 사랑받을 만하고 능력 있다는 사실을 알게 되며, 더불어 자존감도 느끼게 된다. 그러나 타인에 대한 긍정적 지지어는 반드시 진정성에서 우러나와야 한다. 그렇지 않으면 그런 긍정의 표현은 사람을 혼란에 빠뜨리는 이중 구속 메시지가 될 수 있다.

스스로에게도 사랑스럽고 능력 있다고 말해 주고, 행동하고, 생각하고, 느끼는 자기 긍정의 지지어도 필요하다. 자기 긍정의 지지어를 통해 우리는 자아를 존중하고 사랑하는 마음을 갖게 된다. 특히 우리가 자신의 중요성을 깎아내리거나 그런 표현이 사실이 아니라는 생각이 들 때 더욱 중요하다. 자신에게 '너'라는 표현을 사용하여, 내면에 있는 부모의 이미지로 과거의 어린 나에게 발달에 맞는 긍정적 지지어를 이야기해 볼 수 있다. "나는 '네'가 옆에 있어서 기쁘단다."

이후에는 '나' 메시지를 이용해서, 내면의 어린아이가 자신을 확인하도록 말할 수 있다. "나는 '내'가 살아 있어서 기뻐."

'나' 메시지를 나에게 말하는 것은 다른 사람이 시켜서가 아니라 스스로 선택해서 하는 것임을 기억해야 한다. 자존감은 다른 사람을 기쁘게 하려는 마음에 생기는 것이 아니라, 자신의 내면에 믿음이 형성되어 가는 내적인 과정이다. 우리가 선택한 메시지로 자신을 긍정하고 자신에 대한 좋은 이미지를 생각함으로써, 우리는 이미 긍정적으로 그려 낸 그 모습 그대로 자신을 만들어 가고 있는 것이다.

태아기(되어 가기, Becoming): 임신에서 출생

태아기는 모든 단계의 기초가 된다. 9개월 동안 별일이 없다면, 태아의 몸은 수정란에서 완전한 인간의 모습으로 자라난다. 동시에 태아는 자궁의 환경, 엄마가 태아와 맺는 관계, 그리고 엄마가 다른 사람들과 맺는 관계 경험을 근거로 해서 삶과 관련된 결정을 하게 된다.

1. 태아가 해야 할 일(발달 과업)

- 성장하기: 신체의 모든 시스템이 발달한다.
- 분리되는 동시에 연합되는 경험을 한다.
- 영양분, 지지, 안심시키는 말, 사랑을 수용한다.
- 움직이기: 10주경의 태아는 2인치 미만이지만 20주경부터는 태동을 시작한다.
- 엄마와 친밀감을 느낀다.
- 엄마와 아빠의 목소리를 인식하고 언어를 배우기 시작한다(6개월경).
- 신뢰에 대한 결정을 준비한다.
- 출생을 향해 준비하고 움직여 간다.

2. 태아의 일반적인 행동

- 자고 깨어나는 수면 리듬을 발달시킨다.
- 강한 빛이나 큰 소리, 주사 및 다른 자극에 신체적 반응을 보이고 피한다.
- 독성이 있는 물질이 있을 때는 양수를 마시지 않는다.
- 엄마, 아빠의 목소리와 친근한 다른 사람들의 목소리를 구별한다.
- 반응하는 방법을 배운다. 예를 들어 엄마가 배를 가볍게 세 번 두드리면서 "발로 다시 쳐 봐."라고 말하면, 엄마 배를 다시 차기도 한다.

3. 긍정적 지지어

되어 가기 (Becoming)
"아가야, 네가 우리에게 와 준 게 너무 기뻐."

되어 가기 (Becoming)
"아가야, 네가 어떤 모습이든 우리는 너를 사랑해."

되어 가기 (Becoming)
"오늘도 건강하게 있어 줘서 고마워."

되어 가기 (Becoming)
"넌 언제나 너를 위해 좋은 결정을 내릴 수 있어."

되어 가기 (Becoming)
"너의 인생은 네가 선택하는 대로 될 거야."

되어 가기 (Becoming)
"아가야, 네가 세상에 나올 준비가 되었을 때 나오렴."

4. 도움이 되는 부모의 행동

- 엄마는 적절한 섭생, 운동, 휴식을 한다.
- 엄마는 임신 중 적절한 의료 서비스를 받는다.
- 아빠는 엄마를 보호하고 필요한 것을 제공한다.
- 엄마와 아빠는 각자 자신의 태아기 경험이 어떠했는지 생각해 보고 문제가 있었다면 그 문제가 남긴 결핍들을 해결한다.
- 만약 유산했던 경험이 있다면 이로 인한 슬픔을 해결한다.
- 아이에 대한 기대는 옆으로 미루어 두고, 아이를 원래 그대로의 모습대로 환영하고 받아들일 수 있도록 한다.
- 태아에게 사랑스럽게 이야기하고 노래해 준다.
- 아이뿐만이 아니라 삶의 모든 부분을 즐기고 감사한다.
- 조부모나 다른 가족들이 태어날 아이를 있는 그대로 환영할 수 있도록 준비시킨다.

- 아이의 침대나 옷 등을 마련함으로써 출산을 준비한다.
- 엄마는 출산 경험이 있는 믿을 만한 사람에게 출산 시 함께해 달라고 요청할 수 있다.
- 출산 후 아이를 누가 어떻게 돌볼 것인지 결정한다. 필요하다면 부모를 대신할 수 있는 사람을 찾는다.
- 출산 후 아이 돌보는 일에 대부분의 에너지를 소모할 것을 대비하여, 부부는 서로 어떻게 각자의 욕구를 충족하도록 도울지 미리 생각해 본다.
- 부모라는 새로운 역할과 부부의 원래 역할 사이의 균형을 맞춘다.
- '새로운 가족'을 지속적으로 돌보기 위해 부모가 서로의 마음을 맞춘다.

5. 바람직하지 않은 부모의 행동

- 임산부가 흡연이나 음주, 약물 등을 한다.
- 엄마의 성생활 자제를 아빠가 제대로 돕지 못한다.
- 부모 모두 임신의 중요성을 망각하고, 수면, 섭생, 운동 등을 신경 쓰지 않는다.
- 태아를 책임지고 문제해결을 위한 행동을 하기보다는 아기를 짐으로 생각하고, 또 그렇게 말한다.
- 태아에게 거칠게 이야기한다.
- 엄마는 임산부처럼 보이지 않는 것을 자랑스럽게 여긴다.
- 신체적, 언어적으로 학대를 한다.
- 임산부가 정기적으로 검진을 받지 않는다.
- 부모가 자신들의 정신적 문제를 해결하는 방법을 찾지 못한다.

6. 되어 가기 발달 과업 중 성인이 다시 시도해 볼 수 있는 것들

- 자신의 육체적인 건강을 유지한다.
- 성인도 타인에게 의존하고 도움을 받아야 할 필요성이 있음을 알고 이를 경험해 본다.

- 신뢰에 대해 오래전에 내린 결정을 새롭게 생각해 본다.
- 살아 있음을 축하한다.
- 태아기나 출생 시에 문제가 있었다면 이를 슬퍼한다.

7. 성인이 재성장해야 함을 알려 주는 단서들

- 설명할 수는 없지만 자신의 내면에서 불완전하고 미숙한 부분이 느껴진다.
- 이유를 알 수는 없지만 기쁨이 부족하다.
- 오도 가도 못 하는 심정이다. 꽉 막혀서 무언가를 시작할 수도, 또 그 감정을 말로 표현할 수도 없는 느낌이다.
- 중독 증상이 있고 강박적 행동을 한다.
- 물속에 있고 싶은 강한 마음, 혹은 이유 없이 물에 들어가기 싫은 마음이 있다.
- 식탐이 있다.
- 잠을 잘 때 심하게 쪼그리고 자거나, 다른 사람이 가까이 오는 것을 극도로 싫어한다.
- 모든 것을 혼자의 힘으로 해야 한다고 믿으면서 시작은 하지만 마무리를 잘하지 못한다.
- 허풍을 떨거나, 심하게 자신을 비하한다.
- 자기파괴적인 행동을 하고 무모할 정도로 위험을 즐긴다.
- 작은 실망스러운 결과에도 강하고 심한 반응을 보인다.
- 이유를 알 수 없는 비이성적인 공포 또는 만성적인 근심을 갖고 있다.
- 만성적인 우울증이 있다.
- 자살 충동을 느낀다.

8. 다시 성장할 수 있도록 돕는 활동

- 태아기 및 출생 경험의 중요성을 믿는다.
- 찜질이나 마사지 등을 받아 본다.

- 이불 속에 포근히 있으면서 자장가를 들어 본다.
- 율동감 있게 몸을 움직인다(예: 그네 타기, 흔들의자에 앉기, 노를 저어 보기).
- 부드러운 천으로 얼굴을 덮고 낮잠을 잔다.
- 바나나와 같은 부드러운 음식을 먹어 본다.
- 실력 있는 재성장 자녀 양육 치료사에게 치료를 받으며, 신체 운동이나 정서를 이용한 치료를 시도한다.
- 포만감을 느낄 수 있도록 입욕 20분 전에 음식을 먹은 후, 따듯한 물이 채워진 욕조 안에서 목욕을 한다. 목욕 중에 마음을 안정시켜 주는 음악이나 긍정적인 말을 듣는다(그러나 임신 중이라면 뜨거운 물로 하는 목욕이나 거품 목욕은 의사와 상담하도록 한다).
- 성적인 의미 없이 누군가에게 안아 달라고 하고 나지막이 노래를 흥얼거려 본다.
- 태아나 엄마의 심장 박동 소리를 테이프 등으로 들어 본다.

1단계(존재하기, Being): 출생에서 6개월

1단계는 존재하고, 생존하고, 성장하고, 신뢰하고, 필요한 욕구를 요청하고, 욕구가 충족되기를 기대하고, 기쁘게 살 것을 결정하는 시기이다. 이 결정들은 앞으로의 삶을 충만하도록 돕는 중요한 결정들이다.

1. 아이가 해야 할 일(발달 과업)

- 보살핌을 요청한다.
- 욕구를 충족시키기 위해 울거나 다른 신호를 보낸다.
- 신체적인 접촉을 받아들인다.
- 보살핌을 받아들인다.
- 보살펴 주는 성인과 애착을 형성하고, 자신과 어른을 신뢰하는 것을 배워 간다.

- 살아가고 존재할 것을 결정한다.

2. 아기의 일반적인 행동

- 울거나 신호를 보내서 자기가 필요한 것을 알린다.
- 품에 안긴다.
- 여러 가지 소리를 내 본다.
- 다른 사람의 얼굴을 보고 반응하며 눈을 맞춘다.
- 모방한다.

3. 긍정적 지지어

존재하기(Being)
"우리는 네가 여기 있어서 참 좋아."

존재하기(Being)
"느껴지는 대로 느껴도 괜찮아."

존재하기(Being)
"너를 사랑해, 우리가 너를 잘 보살펴 줄게."

존재하기(Being)
"너의 모습 그대로가 참 좋아."

존재하기(Being)
"너만의 속도대로 성장해도 괜찮아."

존재하기(Being)
"네가 필요한 것이 무엇인지 우리는 알고 싶어."

존재하기(Being)
"우리와 함께 있는 이곳은 안전하단다."

4. 도움이 되는 부모의 행동

- 발달 과업을 해 나가는 아이를 긍정적으로 격려한다.
- 일관된 사랑을 준다.
- 아기의 욕구에 반응한다.

• 아기를 위하는 생각을 한다.
• 젖을 먹일 때 아기를 안고 바라본다.
• 아기가 내는 소리에 반응하며 따라 한다.
• 아기를 안아 주고, 바라보고, 말해 주고, 노래해 주며 돌본다.
• 돌보는 방법을 잘 모를 때는 주위에 도움을 요청한다.
• 아이에게 믿을 만한 사람이 되어 준다.
• 부모인 당신을 보살펴 줄 사람을 찾는다.

5. 바람직하지 않은 부모의 행동
• 아이가 보내는 신호를 무시한다.
• 충분하게 안아 주지 않는다.
• 엄격하고, 화내고, 불안정한 반응을 한다.
• 아기가 신호를 주기도 전에 젖을 준다.
• 벌을 준다.
• 비위생적인 환경을 제공한다.
• 손위 형제들로부터 보호해 주지 않는다.
• 아이를 비난하고 엄격하게만 반응한다.
• 디스카운트를 한다.

6. 존재하기 발달 과업 중 성인이 다시 시도해 볼 수 있는 것들
• 보살핌을 요청한다.
• 자신의 욕구가 충족될 수 있는 방법을 찾는다.
• 자신이 원하는 신체적인 접촉을 받아들인다.
• 보살핌을 받는다.
• 정서적으로 애착을 느끼고, 타인과 자신을 신뢰하는 것을 배운다.
• 존재하며 충만한 삶을 살아갈 것을 결심한다.

7. 성인이 다시 성장해야 함을 알려 주는 단서들

- 타인을 신뢰할 수 없다.
- 요구하지도 않으면서 상대방이 나의 필요를 알아주기를 바란다.
- 자신에게 무엇이 필요한지, 어떤 욕구가 있는지 알지 못한다.
- 필요한 것이 없다고 생각하고 멍한 느낌이다.
- 자신의 욕구보다 타인의 욕구가 더 중요하다고 믿는다.
- 자신에게 다가오는 사람을 믿지 못한다.
- 신체적인 접촉을 싫어하거나 기쁨이 없는 성생활을 한다.
- 자신에 대한 이야기, 특히 자신에 대해 부정적인 이야기를 하는 것을 싫어한다.

8. 다시 성장할 수 있도록 돕는 활동

- 이 단계에 나온 '도움이 되는 부모의 행동'을 이용해서 내면에 있는 '어린아이'를 보살핀다.
- 따뜻한 물속에서 목욕을 하고 치료적 마사지를 받아 본다.
- 내면에 있는 '어린아이'에게 자장가를 불러 준다.
- 더 많이 포옹한다.
- 눈을 감고 어린아이인 자신을 상상해 보자. 모든 면에서 완벽한 부모가 이 아이를 보고 있다면 어떻게 대해 줄지를 생각해 보라. 그리고 그렇게 생각한 대로 자신한테 말하고 행동한다. 또는 당신을 사랑하는 사람에게 그렇게 해 달라고 부탁해 보자.
- 당신의 집을 좀 더 안락하고 편하게 만들어 본다.
- 부모의 이혼, 중독, 입원 등으로 영아기에 부모와 헤어진 경험이 있다면, 이를 슬퍼하자.
- 치료가 필요하다면 치료를 받도록 한다.

2단계(하기, Doing): 6개월에서 18개월

2단계의 아기는 타인을 신뢰하고, 탐색해 나가는 것이 안전하고 멋진 일임을 믿고, 자신의 감각을 신뢰하며, 자신이 무엇을 아는지를 알아 가고, 창의적이고 활동적이 되어 간다. 그리고 이 시기는 이 모든 과업을 해 나가는 동안 도움을 요구할 수 있다는 것을 배우는 무척 중요한 때이다.

1. 영아가 해야 할 일(발달 과업)
- 환경을 탐색하고 경험한다.
- 모든 감각 기관을 이용하여 감각 능력을 계발한다.
- 필요한 욕구에 대해 신호를 보낸다.
- 타인과 자신을 신뢰한다.
- 부모와 안전한 애착 관계를 형성하고 유지한다.
- 어려운 일이 있을 때 도움을 요청한다.
- 다른 대안이 있다는 것을 배우고, 모든 문제가 쉽게 해결되는 것만은 아니라는 것을 배운다.
- 주도적으로 행동해 나간다.
- 1단계 발달 과업을 지속적으로 수행한다.

2. 영아의 일반적인 행동
- 환경을 탐색할 때 모든 감각을 이용해 본다.
- 호기심을 갖는다.
- 쉽게 산만해진다.
- 혼자 탐색하기를 원하지만 그 후에는 부모 곁으로 다시 돌아온다.
- 까꿍 놀이와 손짓 놀이를 시작한다.

• 이 단계의 중반이나 후기에 말을 하기 시작한다.

3. 긍정적 지지어

하기(Doing)
"네가 활동적이어도 좋고 조용해도 좋아."

하기(Doing)
"무엇이든 관심을 가져도 괜찮아."

하기(Doing)
"네 생각과 느낌을 믿어도 괜찮아."

하기(Doing)
"필요하면 몇 번이라도 반복해 봐."

하기(Doing)
"걱정하지 말고 네가 알고 싶은 것은 탐험해도 돼."

하기(Doing)
"너를 알아 가는 것이 참 행복하단다."

하기(Doing)
"궁금한 것이 있으면 너의 모든 감각을 사용해서 알아봐도 된단다."

4. 도움이 되는 부모의 행동

• 아이의 발달 과업을 긍정적인 말과 행동으로 돕는다.
• 지속적으로 사랑을 준다.
• 안전한 환경을 제공한다.
• 아이를 위험에서 보호한다.
• 음식, 따스한 신체적 접촉, 격려를 계속해서 제공한다.
• 아이가 "싫어."라고 말할 때마다 두 번씩 "그래."라고 이야기한다.
• 다양한 감각 활동을 제공한다(마사지, 음악, 까꿍 놀이, 손짓 놀이, 블록 놀이, 부드러운 장난감, 소리가 나는 장난감 등).
• 아이가 하는 것을 최대한 방해하지 않는다.

- 아이의 행동을 해석하려고 하지 않는다. 이를테면 "거울로 네 모습을 보는 게 좋구나." 해석하기보다는 아동의 행동을 있는 그대로 말해 준다. 예를 들면 "지금 거울을 보고 있구나."
- 아이가 내는 소리에 같은 소리로 반응해 준다.
- 아이에게 말을 많이 해 준다.
- 아이가 놀려고 할 때는 이에 반응해 준다.
- 부모 자신의 욕구도 잘 보살핀다.

5. 바람직하지 않은 부모의 행동

- 아이를 보호하지 않는다.
- 아이를 많이 움직이지 못하게 한다.
- 아이가 탐색하고 새로운 것을 시도할 때 혼을 내고 창피를 준다.
- 벌을 준다.
- 비싼 물건에 손을 대지 않을 것이라고 기대한다.
- 아이가 기저귀를 뗄 수 있을 것이라고 생각한다.
- 디스카운트를 한다.

6. 하기 발달 과업 중 성인이 다시 시도해 볼 수 있는 것들

- 주위 환경을 새롭고 안전한 방법으로 탐색하고 경험해 본다.
- 모든 감각을 이용해서 감각 지각 능력을 향상시킨다.
- 자신의 욕구를 살피고, 믿을 만한 사람을 신뢰하고, 또 자신을 신뢰한다.
- 사랑하는 사람과 안전한 애착 관계를 지속적으로 형성해 간다.
- 힘들 때 도움을 요청한다.
- 다른 대안을 찾고 모든 문제가 다 쉽게 해결되는 것이 아니라는 것을 받아들인다.
- 주도적인 능력을 향상시킨다.

- 1단계 발달 과업을 계속해서 수행한다.

7. 성인이 다시 성장해야 함을 알려 주는 단서들

- 지루하다.
- 새로운 것을 시도하기 싫다.
- 과도하게 행동하거나 지나치게 조용하게 있는다.
- 완벽하게 할 수 있다고 생각하기 전까지는 어떤 것도 시도하지 않는다.
- 강박적으로 정리 정돈을 잘한다.
- 자신이 무엇을 아는지 모른다.
- 안전하지 않고, 도움을 받지 못하고, 보호받지 못해도 괜찮다고 생각한다.

8. 다시 성장할 수 있도록 돕는 활동

- 이 단계의 '도움이 되는 부모의 행동'을 이용해서 당신의 내면에 있는 '어린 아이'를 보살핀다.
- 자신의 손과 무릎으로 집을 탐색해 본다. 평소에 보는 것과 얼마나 다른지 발견해 보자.
- 한 번도 가 보지 못한 곳에 데려가 달라고 친구에게 부탁해 본다.
- 안전한 물체를 탐색해 본다. 흔들고, 냄새 맡고, 보고, 듣고, 쌓아 본다. 물체에 세밀한 관심을 가져 본다. 당신에게 익숙한 것을 새로운 방법으로 배워 갈 때 어떻게 느끼는지 생각해 보자.
- 새로운 기술이나 활동, 음식이나 문화 등을 탐색해 본다.
- 다른 길로 출퇴근해 본다.
- 필요하다면 치료를 받도록 한다.

3단계(생각하기, Thinking): 18개월에서 3세

부모에게서 분리되려면 생각하고 문제를 해결하는 방법을 배워야만 한다. 더불어 자신을 표현하고 감정을 처리하는 방법도 배워야 한다. 이 단계가 3단계, 생각하기(Thinking) 단계이다.

1. 영유아가 해야 할 일(발달 과업)

- 혼자서 생각하는 능력을 키운다.
- 현실을 시험해 보고 경계나 타인과 부딪쳐 본다.
- 인과관계로 생각하는 법과 그로써 문제를 해결하는 것을 배운다.
- '그만해.' '이리 와.' '그대로 있어.' '저리로 가.' 등과 같은 간단한 안전 관련 지시를 따르기 시작한다.
- 분노 등의 감정을 표현한다.
- 부모와 분리되어도 사랑은 그대로라는 것을 안다.
- 세상의 중심이 되어야 한다는 믿음을 포기하기 시작한다.
- 이전 단계 과업을 지속적으로 수행한다.

2. 영유아의 일반적인 행동

- 인과관계로 사고하기 시작한다.
- 병행 놀이를 시작한다.
- 정돈하는 것을 시작하며 때로는 강박적으로 하기도 한다.
- 간단한 지시를 잘 따르기도 하고, 또 어느 때는 저항하기도 한다.
- 이런 말로 행동을 시험해 본다. "싫어. 안 할 거야. 엄마가 시키는 대로 안 할 거야."
- 짜증을 내거나 성질을 부리기도 한다.

3. 긍정적 지지어

생각하기(Thinking)

"화가 나면 화가 난다고 말을 해도 돼. 화 때문에 너와 다른 사람이 상처를 입지 않게 우리가 도와줄게."

생각하기(Thinking)

"넌 생각할 수도 있고, 느낄 수도 있어."

생각하기(Thinking)

"필요한 것이 있다면 도움을 청해도 돼."

생각하기(Thinking)

"싫다고 말해도 돼. 너의 한계를 시험해 보고 싶으면 도전해 봐도 괜찮아."

생각하기(Thinking)

"우리는 너를 있는 그대로 사랑해."

생각하기(Thinking)

"생각하는 법을 배울 수도 있어."

생각하기(Thinking)

"네가 너에게 무엇이 좋은지 생각하게 되어 우리는 너무 기쁘단다."

4. 도움이 되는 부모의 행동

- 아이의 발달 과업을 긍정적인 말과 행동으로 돕는다.
- 계속해서 안아 주고, 사랑하고, 안전하게 보호해 준다.
- 아이가 어떤 활동에서 다른 활동으로 바꿔 가고 있다면 이를 돕는다.

- 아이가 따를 수 있는 간단하고 명확한 지시를 한다. 그리고 아이가 한 일을 격려한다.
- '이리 와.' '안 돼.' '저리로 가.' '앉아.' '그대로 있어.'와 같이, 안전과 관련된 기본적인 명령을 가르친다.
- 이해할 만한 한계를 정하고 이를 훈련시킨다.
- 아이의 새로운 사고 능력을 축하해 준다.
- 생각을 조직할 수 있는 시간과 공간을 제공한다.
- 아이의 긍정적 감정과 부정적인 감정을 모두 수용한다.
- 때리고 무는 행동 대신에 할 수 있는 감정 표현 방법을 가르친다.
- 인과관계 사고방식을 격려해 준다.
- 아이가 자신의 감정에 대해 생각하고 다른 사람의 감정을 고려하도록 돕는다.
- 어떤 일이 생기는 이유, 할 수 있는 방법 등과 같은 여러 가지 구체적인 지식을 가르친다.
- 사물의 이름을 가르친다.
- 아이가 성질이나 짜증을 부릴 때는 맞부딪쳐 싸우지 않는다. 그 상황에서 아이에게 져 주지도, 아이를 억지로 제압하지도 않는다.
- 이 시기를 '멋진 세 살'이라고 생각한다. 그리고 그렇게 말해 준다.
- 부모가 자신의 욕구도 잘 보살핀다.

5. 바람직하지 않은 부모의 행동

- '하지 마.'라는 말을 지나치게 많이 한다.
- 아이와 기 싸움을 한다.
- 말을 잘 듣는 자녀를 둔 좋은 부모로 보이고 싶어 한다.
- 아이를 보고 '힘든 세 살'이라고 말한다.
- 적절한 한계와 기대치를 설정하지 않는다.
- 아이에 대한 기대치가 지나치게 높다.

- 자녀가 병행 놀이를 시작하기도 전에 다른 아이들과 '함께' 놀기를 기대한다.
- 생각하는 것이 귀찮아서 훈육을 하지 않는다.
- 아이에게 창피를 준다.
- 디스카운트를 한다.

6. 생각하기 발달 과업 중 성인이 다시 시도해 볼 수 있는 것들

- 독립적으로 생각하는 능력을 키운다.
- 현실을 시험해 보고 경계를 재점검한다. 필요하다면 안전한 방법으로 다른 사람과 부딪쳐 볼 수도 있다.
- 인과관계 사고방식을 이용해서 문제해결 능력을 향상시킨다.
- 순종적이거나 저항하지 않는 성인의 판단으로, 단순한 혹은 복잡한 지시를 따른다.
- 분노 등의 감정을 적절하게 표현한다.
- 필요하다면 관계를 정리하거나 개선할 수 있다.
- 의존적인 태도와 행동을 벗어 버리고 자신을 신뢰한다.
- 자신이 세상의 중심이라는 생각을 여전히 갖고 있다면 이를 버리고, 자신과 타인의 자존감을 북돋아 준다.
- 이전의 발달 과업을 계속해서 수행한다.

7. 성인이 다시 성장해야 함을 알려 주는 단서들

- 쉽게 화를 내고 반항적인 태도를 보인다.
- 성공보다는 자신이 옳다고 생각하는 일에 집착한다.
- 두려움과 슬픔을 감추기 위해 화를 내고 다른 사람을 괴롭힌다.
- 세상이 자신을 중심으로 돌아간다고 생각한다.
- 자신과 타인의 분노를 두려워한다.
- 생각 없이 '예.' '아니요.'를 말한다.

- '싫어./아니야.'라고 말하는 것을 무서워한다. 그래서 결국 타인이 자신을 지배하도록 허락한다.
- 행동을 통해 간접적으로 분노를 표출한다.

8. 다시 성장할 수 있도록 돕는 활동

- 이 단계의 '도움이 되는 부모의 행동'을 이용해서 내면에 있는 '어린아이'를 보살핀다.
- '싫어 목록(No List)'을 만들어 본다. 다른 이에게 싫다고 말하는 것은 무척 중요한 일이다.
- 새로운 요리법 등을 찾아 정확히 그 지시대로 만들어 본다. 그리고 사람들에게 당신이 얼마나 잘했는지 이야기해 본다.
- 기억력을 증진시킬 수 있는 일을 해 본다. 책을 읽거나 워크숍에 참석하거나 연습을 통해 기억력을 증진시킨다. 중요하다고 생각하는 일곱 가지 일을 생각해 내고 이를 기억해 보자.
- 필요하다면 치료를 받는다.

4단계(정체성과 힘, Identity and Power): 3세에서 6세

이 단계의 과업은 정체성을 확립하고, 삶의 기술을 배우며, 역할을 이해하고 타인과의 힘의 역학 관계를 탐구하는 것이다.

1. 아이가 해야 할 일(발달 과업)

- 타인으로부터 분리된 자신만의 정체성을 확립한다.
- 자신을 둘러싼 세상, 자아, 신체, 성역할에 관한 정보를 수집한다.
- 행동은 결과를 낳는다는 것을 배운다.

- 자신의 행동이 타인에게 미치는 영향을 알아 간다.
- 파워가 관계에 영향을 미치는 것을 배운다.
- 사회적으로 적절한 행동을 연습한다.
- 현실과 상상을 구별한다.
- 자신이 쓸 수 있는 힘의 범위를 배운다.
- 이전의 발달 과업을 지속적으로 수행한다.

2. 아이의 일반적인 행동

- 상상 놀이에 참여하며 때로는 상상의 친구와 놀기도 한다.
- 어떻게, 왜, 언제, 얼마나 등에 관한 정보를 수집한다.
- 역할 놀이를 통해 다른 역할을 시도해 본다.
- 힘 겨루기(power struggle)를 관찰하고 참여함으로써, 힘의 역학 관계를 배워 간다.
- 성역할에 맞는 행동을 연습한다.
- 협동 놀이를 시작한다.
- 사회적으로 적절한 행동을 연습한다.
- 규칙과 게임에 관심을 갖기 시작한다.

3. 긍정적 지지어

정체성과 힘
(Identity and Power)
"네가 누구인지, 그리고 다른 사람들은 어떤 사람들인지 점차 알아가게 될 거야."

정체성과 힘
(Identity and Power)
"있는 그대로 너를 사랑해."

정체성과 힘
(Identity and Power)
"너의 행동에 대한 결과를 배울 수 있단다."

정체성과 힘
(Identity and Power)
"네가 느끼는 건 뭐든 OK야."

정체성과 힘
(Identity and Power)
"네가 하고 싶은 일을 잘하는 사람이 될 수 있어."

정체성과 힘
(Identity and Power)
"도움이 필요하면 언제든 도와줄게."

정체성과 힘
(Identity and Power)
"너의 힘을 좋은 일에 사용할 수 있도록 여러 가지 방법들을 시도해 봐."

4. 도움이 되는 부모의 행동

- 아동의 발달 과업을 긍정적인 말과 행동으로 돕는다.
- 지속적으로 사랑하고 안전하게 보호한다.
- 사물, 사람, 생각, 감정을 탐색해 나가는 것을 돕는다.
- 아이가 남자든 여자든 자신의 모습대로 커 가는 것을 즐기도록 격려한다. 어떤 성별도 괜찮다고 생각하도록 돕는다.
- 아이가 자신의 감정을 표현하고 생각과 느낌을 연결할 수 있도록 지켜봐 준다.
- 주위 환경에 대한 정보를 제공하고 잘못된 정보는 수정해 준다.
- 질문에 답을 해 준다.
- 자녀의 행동에 대하여 적절하게 긍정적인 결과와 부정적인 결과를 제공한다.
- 누구에게 무슨 책임이 있는지 명확한 언어로 설명한다.
- 아이의 환상을 격려하고 상상과 현실을 구분하도록 도와준다.

- 적절한 행동을 했을 때는 칭찬한다.
- 인간의 몸과 남녀의 차이에 대해 호기심이 있다면 정확한 사실로 대답해 준다.
- 자신을 지지해 주는 사람과 지속적으로 관계를 맺는다.
- 표면에 드러난 부모 자신의 정체성 문제를 해결한다.

5. 바람직하지 않은 부모의 행동

- 아이를 놀린다.
- 일관성 없는 태도를 보인다.
- 아이가 자신에 대해 생각할 수 없다고 믿는다.
- 아이의 질문에 마지못해 대답한다.
- 역할 놀이나 상상 놀이를 하는 아이를 놀린다.
- 상상이나 공상을 아이를 겁을 주는 데 이용한다.
- 누가 옳고 그른지, 어떤 것이 더 낫고 못한지 등 비판과 논쟁을 하려고 한다.
- 디스카운트를 한다.

6. 정체성과 힘 발달 과업 중 성인이 다시 시도해 볼 수 있는 것들

- 자신의 정체성을 타인에게서 분리해 나간다.
- 세계, 자아, 신체, 성역할에 대한 정보를 새롭게 고쳐 나간다.
- 모든 행동은 긍정적 결과 혹은 부정적 결과를 낳는다는 생각을 하면서 자신의 행동을 결정한다. 새로운 역할과 상황에 적응하기 위해 사회적으로 적절한 행동을 학습한다.
- 현실과 상상을 구별하는 능력을 향상시킨다.
- 각 개인과 문화가 정하는 오래된 편견을 살펴본다.
- 어떤 것에서 힘을 사용하고 어떤 것에서 할 수 없는지 정확히 판단해 보고, 자신의 힘을 자신과 타인을 위하여 쓰도록 노력한다.
- 이전의 발달 과업을 계속해서 수행한다.

7. 성인이 다시 성장해야 함을 알려 주는 단서들

- 자신이 힘을 행사하는 위치에 있어야만 한다.
- 힘을 행사하는 것이 두렵고 꺼려진다.
- 자신을 부적절하다고 느낀다.
- 정체성 혼란을 겪으며 직업이나 타인과의 관계 속에서 자신의 정체성을 찾으려 한다.
- 성취하고 싶은 충동에 휩쓸린다.
- 특이한 의상을 자주 입거나 지나친 행동을 많이 한다.
- 자신을 타인과 자주 비교하며 남들보다 더 잘하려는 마음이 있다.
- 비과학적인 해결 방법에 의존하려 한다.

8. 다시 성장할 수 있도록 돕는 활동

- 이 단계의 '도움이 되는 부모의 행동'을 이용해서 당신의 내면에 있는 '어린아이'를 보살핀다.
- 하고 싶은 일 열 가지를 목록으로 작성해 본다.
- 핼러윈 파티나 분장 파티 등과 같은 파티에 참석해 본다.
- 남자라면 남성 그룹, 여자라면 여성 그룹에 참여해서 각자의 성역할에 대하여 이야기를 나눈다.
- 다른 직업이나 직종에 대해 알아본다.
- '내가 만약 다시 태어난다면, 나는 ……을 할 것이다.'로 시작하는 이야기를 적어 본다.
- 다른 문화에서 요구하는 적절한 매너를 배워 본다.
- 필요하다면 치료를 받는다.

5단계(구조화, Structure): 6세에서 12세

5단계의 아동은 자신의 내적 구조를 자리잡고 강화시킨다. 규칙의 필요성, 적절한 규칙이 있음으로 누리는 자유, 규칙의 적절한 적용 등을 배우고 이해하는 단계이기도 하다. 그리고 규칙의 바탕이 되는 가치를 살펴보는 것도 필요한 시기이다. 이 시기의 주요 과제는 많은 기술을 습득하는 것이다.

1. 아이가 해야 할 일(발달 과업)

- 기술을 배우고, 실수에서 배우고, 어떤 것이 적당한 것인지 결정한다.
- 정보를 모으고 생각하기 위해 듣는 훈련을 한다.
- 생각하고 행동하는 연습을 한다.
- 자신이 원하는 것을 생각해 본다.
- 가족의 규칙과 가족 밖의 구조에 대해 관심을 갖고 살펴본다.
- 규칙의 효용성을 배운다.
- 규칙을 어겼을 때의 결과를 경험한다.
- 다른 사람과 의견이 같지 않더라도 여전히 사랑받음을 느낀다.
- 아이디어와 가치를 시험해 보고 가족을 넘어서는 가치의 대안을 배운다.
- 자신을 통제하는 능력을 발달시킨다.
- 내 책임과 타인의 책임이 무엇인지 배운다.
- 언제 내 생각을 포기하고, 언제 상황을 따라야 하며, 언제 내 생각을 주장해야 하는지 배운다.
- 협동하는 능력을 발달시킨다.
- 다른 사람의 의견에 반하여 내 생각을 주장하는 훈련도 한다.
- 성별에 맞는 정체성을 갖는다.

• 이전의 발달 과업을 지속적으로 수행한다.

2. 아이의 일반적인 행동

• 질문을 하고 정보를 수집한다.
• 각종 기술을 연습하고 배운다.
• 자신과 같은 성별의 그룹에 참여한다.
• 규칙을 비교하고, 시도하고, 이견을 제시하고, 어기면서 규칙의 결과를 경험한다.
• 부모의 가치에 도전하고 이의를 제기하며 실랑이를 한다.
• 때로는 다른 사람의 말에 귀를 기울이고 다정하게 행동하며, 때로는 심술을 부리고 독립적으로 행동한다. 그리고 때로는 이 성향을 번갈아 보여 준다.

3. 긍정적 지지어

구조화(Structure)
"예, 혹은 아니요라고 말하기 전에 충분히 생각해 봐도 된단다."

구조화(Structure)
"실수해도 괜찮고 실수로부터 배울 수도 있어."

구조화(Structure)
"뭔가를 결정할 때 너의 직감도 중요하단다."

구조화(Structure)
"다른 사람들과 함께 할 때 도움이 되는 규칙을 아는 것이 중요해."

구조화(Structure)
"힘이 들면 언제라도 도움을 청해도 괜찮아."

구조화(Structure)
"언제, 어떻게 다른 사람의 의견에 반대해도 되는지 알게 될 거야."

구조화(Structure)

"문제를 해결하는 너만의 적합한 방법을 찾을 수 있단다."

구조화(Structure)

"비록 우리가 서로 다르더라도 너를 있는 그대로 사랑해."

4. 도움이 되는 부모의 행동

- 아동의 발달 과업을 긍정적인 말과 행동으로 돕는다.
- 계속해서 사랑을 주고 안전하게 보호한다.
- 아이를 둘러싼 환경이 얼마나 안전한지 정확히 평가하고, 갈등을 해결하는 기술을 가르친다.
- 아이가 자신의 방법대로 배워 나가는 것을 긍정적으로 지지한다.
- 자녀가 기술을 배울 때는 많이 안아 주고 지속적인 사랑과 관심을 보인다.
- 아이에게 사람, 세상, 성에 관하여 정확하게 믿을 만한 정보의 근원지가 되어 준다.
- 좋지 못한 행동이나 결정은 다시 생각해 보도록 하고, 인과관계 사고를 격려해 준다.
- 디스카운트하는 상황에 직면한다.
- 누구의 책임인지를 분명히 한다.
- 문제해결 방법을 제시한다.
- 아이와 함께 언제 문제를 포기하고, 순응하고, 맞서야 할지를 의논한다.
- 절대 규칙과 조율 규칙을 정하고 이에 따르도록 돕는다.
- 위험하지 않은 자연적인 결과나 행동 방식을 경험하도록 내버려둔다.
- 아이가 당신의 뜻에 따르지 않더라도, 계속해서 자녀를 보호하고 사랑하고 있음을 보여 준다.

- 아이가 정확히 말하도록 격려함으로써 상상과 현실을 구분하도록 도와준다.
- 나이에 맞지 않는 조숙한 행동을 하지 않도록 신경을 쓴다.
- 부모 자신의 행동에 책임지고, 아이에게도 자신의 결정, 생각, 감정을 책임지도록 격려한다.
- 아이가 관심 있어 하는 분야의 선생님이나 멘토를 찾아 아이의 기술 발달을 도와준다. 이때 교사는 따스하고 열정이 있으며, 아이의 능력을 잘 키워 줄 수 있는 사람이어야 한다. 그리고 아이에게 좋은 본보기가 되거나 멘토링해 주는 사람이면 좋다.

5. 바람직하지 않은 부모의 행동

- 일관성 없이 규칙을 적용한다.
- 자녀가 완벽하기를 바란다.
- 가르치거나 돕지도 않으면서, 아이가 필요한 기술을 배우기를 기대한다.
- 너무 많은 학원이나 과외를 다니게 해서, 아이가 규칙의 적절성을 배우고 관심 분야를 탐색할 시간을 부족하게 한다.
- 과잉보호를 해서 아이에게 집안일이나 가족으로서 해야 할 의무를 가르치지 않는다.
- 잠시 동안이라도 자녀가 힘들어하는 것을 참지 못한다.
- 규칙이 너무 엄격하거나 부족하다.
- 가치나 신념에 대해서 의견을 나누고, 규칙을 다시 평가하며, 책임감 향상을 위한 기술을 습득해 나가도록 도울 수 있는 능력이 없거나, 그러고 싶은 마음이 없다.
- 디스카운트를 한다.

6. 구조화 발달 과업 중 성인이 다시 시도해 볼 수 있는 것들

- 새로운 기술에 적응하고 실수를 통해 배워 나간다.

- 정보를 수집하고 사고하기 위해서 보고, 듣고, 실험하는 능력을 키워 나간다.
- 직관력을 향상시킨다.
- 원하는 것과 필요한 것을 더 명확히 구분한다.
- 가족의 규칙을 평가하고 가족 안팎의 질서를 배워 나간다.
- 자신이나 가족의 오래된 규칙이 적절한지 점검해 본다.
- 남의 탓을 하지 않고, 불평하지 않으며, 규칙을 어긴 결과를 기꺼이 받아들인다.
- 타인과 다른 의견을 갖더라도 그 사람과 계속해서 관계를 유지하는 능력을 키운다.
- 새로운 생각과 가치를 시험해 보고, 자신이 속한 문화나 가족 밖의 가치에 대해서도 배워 본다.
- 자신의 내적인 통제 능력을 점검하고, 이것이 자신이 원하는 것을 성취할 때 도움이 되는지 확인해 본다.
- 자신이나 타인의 책임감의 한계를 다시 점검하고 적절한 경계를 만들어 나간다.
- 협동할 수 있는 능력을 키운다.
- 타인에 맞서는 능력, 보편성과 맞서기, 자신과 맞서기를 언제 할지 결정한다.
- 자신의 성 정체성을 확립해 나간다.
- 이전의 발달 과업을 계속해서 수행한다.

7. 성인이 다시 성장해야 함을 알려 주는 단서들

- 언제나 그룹에 속하려고 하거나, 혹은 언제나 혼자 있으려고만 한다.
- 규칙을 지켜야 하는 필요성을 모른다.
- 규칙이 우리에게 주는 자유를 알지 못한다.
- 자신의 가치와 도덕성을 점검하는 것이 싫다.
- 삶에서 공주이거나 왕자이고 싶다.
- 자신의 생각이나 직관보다도 여러 사람의 생각이 훨씬 믿을 만하다고 생각한다.
- 어떻게 하는지 알지도 못하고 배우지도 않고 찾아보지도 않으면서, 무엇인가

를 해야 한다고 생각한다.

- 새로운 것을 배우거나 생산적인 일을 하는 것이 싫다.

8. 다시 성장할 수 있도록 돕는 활동

- 이 단계의 '도움이 되는 부모의 행동'을 이용해서 당신의 내면에 있는 '어린아이'를 보살핀다.
- 취미 활동 모임 등에 참여해서 그들의 규칙이 무엇인지 알아본다.
- 텔레비전 프로그램을 하나 골라서 시청하고 거기에 반영된 가치와 도덕성을 목록으로 만들어 본다. 가령, 커피 및 음주 관련 장면의 횟수를 비교하거나, 음료수와 물을 마시는 장면의 횟수를 비교해 본다.
- 옷장이나 서랍, 바느질함, 공구함 등을 깨끗이 치우고 시스템을 배운다.
- 새로운 기술을 배운다.
- 필요하다면 치료를 받는다.

6단계(정체성과 성 정체성과 분리, Identity, Sexuality and Separation): 12세에서 19세

이 단계의 발달 과업은 정체성, 성 정체성, 분리를 확립하고, 자신의 능력을 키워 나가는 것이다.

1. 청소년이 해야 할 일(발달 과업)

- 조금 더 독립적인 성인으로 자라 간다.
- 가족으로부터 감정적으로 분리되어 간다.
- 정체성과 가치를 지닌 독립적 인간으로서 성장한다.

- 자신의 욕구나 감정, 행동을 스스로 결정하고 이에 대해 책임감을 갖는다.
- 이전의 발달 과업과 성 정체성을 통합해 나간다.

2. 청소년의 일반적인 행동

청소년기에는 이전의 단계들(존재하기, 하기, 생각하기, 정체성과 힘, 구조화)을 반복하면서 자신의 정체성을 확립하고, 가족으로부터 조금씩 분리되어 간다. 새로운 정보를 받아들이는 시기이며, 이때 아이들은 성에 대한 호기심으로 혼란을 겪기도 한다. 따라서 이 시기의 청소년은 어떤 순간에는 어른스럽게 행동하다가도 그다음 순간에는 미숙한 행동을 하곤 한다. 이 시기에는 이전의 발달 과업을 다시 밟아 가고 통합해야 한다. 청소년들이 각 나이에 수행해야 할 발달 과업이 다음에 나와 있다.

- 청소년기의 초반이나 14세경에는 '존재하기(출생~6개월)'와 '하기(6~18개월)' 발달 과업을 다시 수행하면서 주위를 탐색해 간다.
  - 때로는 독립적이고, 때로는 보호나 보살핌을 받기를 원한다.
  - 규범이나 할 일을 끝내야 한다는 부담 없이 새로운 영역을 탐색한다.

15세에는 18개월~3세의 발달 과업을 다시 밟아 가며 독립적인 사고를 한다.

- 때로는 합리적이고 능숙한 행동을 하지만, 때로는 반항하는 감정이 폭발하기도 한다.

- 16세에서 18세에는 3세에서 6세의 발달 과업인 정체성과 힘의 형성을 반복하게 된다.
  - '왜'라는 질문을 한다. 자신의 성에 걸맞은 역할을 배워 가고, 친구나 어른들을 통해 자신과 다른 성의 정체성도 배워 간다. 복잡한 문제를 해결하는 것을 배우기 시작한다.

• 17세에서 20세에는 6세에서 12세 사이의 발달 과업인 구조화를 반복하게 된다.
  –어른이 되어 가며, 규칙을 시도해 보는 이전 단계로 돌아가 그 과정을 다시 밟기도 한다.
  –부모에게서 분리되는 한 과정으로 규칙을 어기기도 한다.

3. 긍정적 지지어

정체성, 성 정체성, 분리 (Identity, Sexuality and Separation)

"너를 한 사람의 성인으로 알게 되기를 바란단다."

정체성, 성 정체성, 분리 (Identity, Sexuality and Separation)

"네가 누구인지 알아 갈 수 있단다."

정체성, 성 정체성, 분리 (Identity, Sexuality and Separation)

"너의 흥미, 타인과의 관계, 너의 목표 등을 점차 발달시켜 나갈 수 있어."

정체성, 성 정체성, 분리 (Identity, Sexuality and Separation)

"여성성이나 남성성을 발달시키고 도움이 필요하면 요청을 해도 괜찮아."

정체성, 성 정체성, 분리 (Identity, Sexuality and Separation)

"문제를 해결할 때 혹은 필요할 때 네가 예전부터 알고 있던 기술이나 방법을 새롭게 사용할 수도 있어."

4. 도움이 되는 부모의 행동

- 자녀의 발달 과업을 긍정적인 말과 행동으로 돕는다.
- 계속해서 사랑을 주고 안전하게 보호한다.
- 청소년기에 느낄 수 있는 모든 감정을 수용해 주고, 성적인 느낌이 들 때 어떤 기분이었는지 부모의 경험을 이야기해 준다.
- 용납할 수 없는 아이의 행동에 직면하여 대처한다.
- 흡연이나 성적인 행동에 분명한 입장을 취한다.
- 디스카운트하는 상황을 직시하고 이에 대처한다.
- 아이가 부모로부터 분리되어 가는 방법을 알아보고 이에 대해 이야기하며 자녀의 독립을 긍정적으로 지지해 준다.
- 이전의 발달 과업을 다시 밟아 가는 것을 이해한다. 그리고 이를 긍정적인 말과 행동으로 지지해 준다.
- 청소년으로서의 성장을 축하해 주고 어른이 되어 가는 것을 반겨 준다.
- 독립성이 늘어나는 자녀를 격려해 주고, 자신에게 진실해지고 사회적으로 용납되는 행동을 찾아가는 이 시기의 특징을 이해한다. 자녀의 행동이나 결정이 부모의 기대와 다를 수도 있음을 받아들인다.
- 학교나 아이를 둘러싼 주위 환경을 안전하게 만들기 위한 지역사회 활동에 참여한다.

5. 바람직하지 않은 부모의 행동

- 자녀의 일에 관심이 없거나 상관하지 않는 태도를 보인다.
- 사랑을 담은 신체적인 접촉을 하지 않는다.
- 자녀가 성적으로 성숙해 가는 것을 놀리거나 지나치게 관심을 보인다.
- 지나치게 엄격한 규칙을 설정하거나 아예 규칙을 주지 않는다. 혹은 규칙을 적용하는 데 일관성이 없거나 규칙을 조율하려 하지 않는다.
- 자녀가 문제를 해결하기 위한 사고와 행동을 할 것이라고 기대하지도 않고 바

라지도 않는다.

- 자녀가 가진 환상, 관심, 꿈, 외모, 친구, 성적인 호기심 등을 심하게 놀린다.
- 자녀가 술을 마시거나 나쁜 친구와 어울리거나 해로운 취미를 갖는 등의 자기 파괴적인 행동을 해도 이를 회피하거나 해결하지 못한다.
- 자녀가 부모로부터 분리되지 못하도록 한다.
- 잠시 동안이라도 자녀가 힘들어하는 것을 참지 못한다.
- 디스카운트를 한다.

6. 정체성, 성 정체성, 분리 발달 과업 중 성인이 다시 시도해 볼 수 있는 것들

- 자신의 부모로부터 완전히 독립하면서도 친밀감을 유지한다.
- 독립성을 키워 나감으로써 상호 의존하는 방법도 배워 간다.
- 청소년기의 가치관을 받아들이거나 검토해 보면서, 독립된 인간으로서 자신만의 정체성과 가치관을 확고히 해 나간다.
- 자신의 욕구, 감정, 행동에 대하여 책임감을 갖는다.
- 자신이 처한 현실에 맞게 성적인 욕구를 다룬다.

7. 성인이 다시 성장해야 함을 알려 주는 단서들

- 성, 신체, 옷, 외모, 친구 등에 지나치게 집착한다.
- 자신의 가치관에 자신이 없고 주위의 의견에 좌지우지된다.
- 직장, 역할, 관계 등을 시작하고 맺는 데 문제가 있다.
- 가족과 타인에게서 소외되어 있거나 지나치게 의존적이다.
- 책임감이 없다.
- 문제를 자주 일으킨다.
- 다른 사람을 통해 자신을 찾아 나가려고 한다.
- 섹스와 따스하게 보살펴 주는 것을 혼동한다.
- 남성다움, 여성스러움, 사랑스러움이 무엇인지 확신이 없다.

8. 다시 성장할 수 있도록 돕는 활동

- 이 단계의 '도움이 되는 부모의 행동'을 이용해서 당신의 내면에 있는 '어린아이'를 보살핀다.
- "내가 내 일생에서 가장 성취하고 싶은 것은……"으로 시작하는 글을 써 본다.
- 자신이 믿는 것을 위해 무엇인가를 해 본다.
- 당신이 중요하다고 생각하는 것을 인생 선배와 장시간 이야기해 본다.
- 새로운 머리 모양, 의상 등을 시도해 본다.
- 로맨틱한 영화나 연극을 보거나 야한 소설을 읽어 본다.
- 당신에게 상처 주는 사람과 떨어져 있는다.
- 부모 모임 등에 참여한다.
- 필요하다면 치료를 받는다.

성인기의 자녀가 부모와 함께 살기

자녀가 열아홉 살이든 스물한 살이든 혹은 성인이든, 부모는 부모이다. 부모임을 멈출 수는 없다. 자녀를 돕고 키우는 방법은 시간의 흐름과 함께 변할 수 있지만, 자녀를 향한 사랑만은 변하지 않는다.

의존하는 삶에서 독립적인 삶으로 옮겨가는 과정에 있는 청년들이 재정적으로 자립할 수 없거나 심리적으로 부모와 떨어지기가 힘들다면, 이들은 부모의 집에서 함께 살아야 할 것이다. 이때 부모가 자녀들을 위해 음식, 청소, 빨래 등을 해 주고 아무런 대가 없이 재정적으로 지원해 준다면, 이는 자녀의 성장을 저해하는 것이다. 더욱이 부모가 이 시기의 자녀를 십 대 자녀에게 하듯 엄격한 규칙으로 대한다면 문제는 더욱 심각해진다.

부모와 성인이 된 자녀가 함께 산다면 양측 모두 다음의 내용을 명심하도록 한다.

- 자녀는 지금 상호 의존하는 성인기(7단계)로 들어서고 있다.
- 부모는 자신이 중요하게 여기는 어떤 가치는 절대 규칙임을 알리고, 같이 사는 동안 자녀에게 이를 따르도록 한다.
- 그러나 대부분의 규칙은 서로 조율해서 정할 수 있다.
- 함께 살기 전에 먼저 서로의 기대치를 조정하고, 조율 규칙을 정하며, 집안일 분담에 대해 의논하는 것이 좋다.
- 누가 무엇을 할 것인지에 대해 추측하는 것은 좋지 않으며 무엇인가를 원할 때는 구체적으로 묻고 조율하도록 한다
- 돕는다는 미명하에 자녀를 과잉보호하고 사탕발림하는 것이 아니라면, 그리고 자녀를 돕는 것이 싫은 것이 아니라면, 부모가 자녀를 돕는 것은 크게 문제되지 않는다.
- 생활비의 일부를 보태고 가사 노동을 분담하면서 산다면, 자녀가 부모와 함께 사는 것은 괜찮다.

부모는 자녀가 다음의 네 가지 방법으로 독립해 간다는 것을 염두에 두는 것이 좋다.

첫째, 집을 떠났다가 성년이 되어 돌아온다.

둘째, 집에 함께 살면서 성년이 되어 간다.

셋째, 집을 떠났다가 다시 돌아오는 일을 여러 번 반복한다.

넷째, 자녀가 가족의 규칙을 어겨, 부모가 자녀에게 집을 떠나게 한다.

다섯째, 자녀가 부모 곁을 떠나는 방법은 부모가 자신의 부모를 떠났던 방법과는 다르다. 사실 자녀가 어떤 방식으로 집을 떠나는지는 중요하지 않다. 중요한 것은 자녀가 독립된 성인으로 자라면서 스스로 중요한 결정을 내리고, 그럴 때마다 부모가 자신을 지지해 준다는 것을 믿는 것이다.

- 부모는 자녀가 성인이 되는 과정을 격려하고 도와야 하며, 자녀가 어디에 살든

자녀를 독립된 성인으로 대해야 한다.

- 자녀 또한 부모를 계속 성장해 가는 인간으로 보는 것이 좋다. 자신이 어린 나이에 겪었던 부모의 이미지에 집착하지 않도록 한다.
- 자녀가 부모에게 도움이 될 만한 정보나 지식을 가지고 있다면 부모를 돕는 것도 좋다.
- 이 시기는 자녀와 부모 모두에게 서로를 보살펴 주면서 만족과 행복을 느낄 수 있는 기회가 될 수 있다.
- 이 시기는 부모와 자녀 모두가 다시 성장할 수 있는 이상적인 시기이기도 하다.

7단계(상호 의존, Interdependence): 성인기

성인기의 발달 과업은 독립성에서 상호 의존으로 향해 가는 것이며, 이전의 발달 과업을 다시 밟고 연습함으로써 이 시기에 해야 할 과업을 이루어 나가는 것이다.

1. 성인이 해야 할 일(발달 과업)

- 직장 생활을 위해 능력을 키우고 취미 활동을 한다.
- 자신의 멘토를 찾고, 또 누군가의 멘토가 되어 준다.
- 사랑과 유머로 성장한다.
- 다른 사람과 친밀한 관계를 유지한다.
- 창의성을 키우고 자신만의 고유한 특성을 존중한다.
- 자신에 대해 책임을 지며 다음 세대를 보살핀다.
- 자신의 성장에 도움이 되는 방법을 찾고 다른 사람의 성장도 돕는다.
- 자신이나 가족의 범위를 넘어선 지역사회나 세계 등 공익을 위해 일한다.

- 의존성, 독립성, 상호 의존성의 균형을 맞춘다.
- 내실을 다지고 영적 성장을 더욱 견고히 한다.
- 새로운 것을 받아들이고, 떠나고, 슬퍼해야 할 때의 기술을 더욱 세련되게 가다듬는다.

2. 성인의 일반적인 행동

긴 성인기 동안 사람들이 하는 일반적인 행동들이 있다. 지금 당신에게 가장 중요한 것은 지금 당신이 하고 있는 행동일 것이다. 당신이 하는 전형적인 행동을 나열해 보자.

____

____

____

____

____

____

____

3. 긍정적 지지어

상호 의존
(Interdependence)
"당신의 욕구는 중요해요."

상호 의존
(Interdependence)
"당신은 자신만의 고유한 모습을 지닌 사람이 될 수 있으며, 타인의 독자성 또한 존중할 수 있답니다."

상호 의존
(Interdependence)
"당신은 독립적이면서도 동시에 상호 의존적일 수 있어요."

상호 의존
(Interdependence)
"당신은 자신의 성장뿐만 아니라 가족, 친구, 지역 사회, 인류를 위해 능력을 확대할 수 있어요."

상호 의존
(Interdependence)
"당신은 자신의 가치나 신념, 과업 등을 점검하고 새로 세워 나갈 수 있답니다."

상호 의존
(Interdependence)
"당신은 당신이 한 일에 대해 책임질 수 있어요."

상호 의존
(Interdependence)
"당신은 창의적이고, 유능하며, 삶의 결실을 맺고, 즐거운 삶을 살 수 있어요."

상호 의존
(Interdependence)
"당신 안에 있는 지혜를 믿어 보세요."

상호 의존
(Interdependence)
"당신은 당신이 만나는 사람들이나 자신의 역할, 꿈, 결정에 대해 작별을 고할 수도 있고, 새롭게 받아들일 수도 있답니다."

상호 의존
(Interdependence)
"한 여정을 마치고 나면 다음 일을 준비할 수 있답니다."

상호 의존
(Interdependence)
"당신의 사랑은 더욱 깊어지고 넓어질 것입니다."

상호 의존
(Interdependence)
"당신의 나이가 몇 살이든 당신은 사랑스럽답니다."

4. 자신의 성장에 도움이 되는 행동

- 발달 과업을 긍정적으로 강화하고 수행한다.
- 따뜻하고 관대하며 객관적인 태도로 자신을 바라본다.

- 작은 일이든 큰 일이든 성취해 내면 그 성공을 축하한다.
- 기꺼이 성장하고 변화를 받아들인다.
- 가족과 지역사회를 위해 기여한다.
- 긍정적인 생각이나 말, 행동을 한다.

5. 자신의 성장에 바람직하지 않은 행동
- 나이가 드는 것을 받아들이려 하지 않는다.
- 배우고 성장하고 변화하는 것을 싫어한다.
- 정서적인 욕구를 위해 타인과 경쟁을 한다.
- 타인에게 자신의 가치관을 강요한다.
- 타인이 자신에게 준 세계관을 깊은 생각 없이 수용한다.
- 수동적이고, 무엇인가에 중독되어 있으며, 다른 사람에게 의존하는 경향이 있다.
- 디스카운트를 한다.

6. 상호 의존 발달 과업 중 성인이 다시 시도해 볼 수 있는 것들
- 필요하다면 어떤 발달 단계의 과업이든 다시 밟아 수행할 수 있다.

7. 성인이 다시 성장해야 함을 알려 주는 단서들
- 지나치게 의존적이다.
- 다른 사람에게 의지하는 것이 두렵다.
- 상호 의존하는 것은 독립적이지 못하다고 생각한다.
- 어떤 일을 지속적으로 책임을 갖고 일하는 데 어려움이 있다.
- 역할은 변할 수 없다고 생각한다.
- 늙는 것이 두렵다.
- 새로운 것을 받아들이거나 기존의 것을 떠나보내는 것이 싫다.
- 슬픔을 받아들이고 다음 단계의 삶으로 넘어가는 것에 어려움이 있다.

- 과거 속에서 살아간다.
- 미래만 꿈꾸며 살아간다.
- 다른 사람을 통해서 자신의 삶을 증명하려고 한다.
- 자신의 욕구를 알지도 못하고 충족시키는 방법도 모른다.
- 현실을 부정하고 디스카운트를 한다.
- 종속적인 관계에 있다.

8. 다시 성장할 수 있도록 돕는 활동

- 제26장 '다시 성장하기 위한 활동'을 참고한다.

8단계(통합, Integrity): 죽음을 향한 마지막 여정

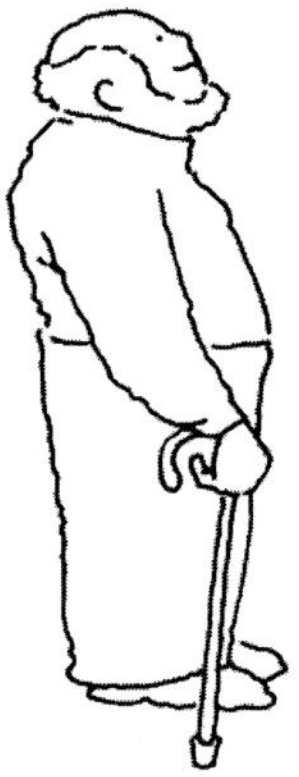

삶을 정리하는 단계에 있거나 죽음을 맞이해야 할 상황이라면, 우리는 퍼즐 조각을 맞추듯 삶의 모든 조각을 하나로 맞추게 될 것이다. 모든 사람들이 당장 자신의 삶을 마감하는 것은 아니다. 그렇기에 삶을 마감하는 이 작업을 우리는 때로는 기쁜 마음으로, 때로는 슬픈 마음으로 남은 일생을 통해 반복해 나가게 될 것이다.

만약 바쁘게 성장하고, 아이를 키우고, 해야 할 일들을 성취하면서 가족을 돌보고, 세상을 바꾸기 위한 노력들을 하면서, 모든 단계를 통과해 삶의 마지막 단계에 이르렀다면, 아마도 우리는 노인기에 다다랐을 것이다. 어떤 이들은 이 시기를 지혜를 전수하는 시기라고 말하기도 한다.

죽음을 앞두고 삶을 정리하는 것 또한 삶의 한 부분이다. 이 단계는 '죽기 전까지 살아가는' 단계이다. 우리의 상황이 어떻든 이 시기는 새로운 변화를 맞이하는 시기이다. 우리 자신과 세상을 바라보는 방법에 대해 책임을 져야 하며, 우리가 할 수 있는 최선으로 하루하루를 살아가야 하는 시기이기도 하다.

이 시기에 우리는 삶의 경험을 통해 배운 것들을 종합하게 될 것이다. 예리한 통찰력을 갖게 될 것이고 나에게 맞춰진 삶을 바라기보다는 있는 그대로의 삶을 받아들일 수 있게 될 것이다. 그리고 자신을 따르던 사람들에게 자신의 권리와 책임을 넘겨줄 준비를 하게 되며, 삶의 모든 것에는 밝은 측면과 어두운 측면이 있음을 이해하게 될 것이다. 사실 어디에도 간단한 답은 없다. 우리 마음속에 있는 두려움을 인식하고 극복해 나가야 할 것이다.

만약 다음과 같은 질문을 해 보지 않았다면 지금 당장 스스로에게 물어보자. '지나온 내 삶은 어떠했나?' '내가 해야 할 일들은 무엇이었을까?' '이 일들 중에서 나는 어떤 것들을 성취했나?'

혹은 다음처럼 질문을 나열해서 생각해 볼 수도 있다. 과거를 돌아보면서 생각해 보자. '삶을 통해 내가 다 이루지 못한 일들은 무엇일까? 만약 오늘 죽는다면 어떤 말을 하고, 어떤 일을 하고, 어떤 것을 바로잡아야 후회하지 않을까? 이를 위해 나는 무엇을 해야 하고, 또 무엇을 할 수 있을까?'

우리는 삶과 죽음에 대한 우리의 생각을 돌아봐야 할 뿐만 아니라, 죽음 이후의 삶에 대한 개념도 다시 생각해 보아야 한다. 육체의 생명이 다하면 어떤 일이 생길까? 이런 진지한 고찰을 통해 자신의 믿음을 더욱 견고히 할 수 있으며, 자신의 내면에 있는 힘과 자신을 넘어선 힘이 어떻게 연결되어 있는지 조금 더 분명히 이해할 수 있게 될 것이다.

자신의 지나온 삶을 돌아보고, 앞날을 생각하며, 하루하루를 깨달음으로 살아가는 지혜로운 한 할머니가 이렇게 말했다. "제가 살아온 날들을 되돌아보면, 태어나 처음 20년 동안은 가족과 살았고, 그다음 20년 동안은 결혼을 해서 자녀를 키워 왔으며, 또다시 20년 동안은 사회에 봉사를 했고, 그 이후의 20년 동안은 죽음을 준비해 왔답니다. 그동안 아이의 삶을 내 마음대로 하고 싶은 바람도, 나보다 먼저 세상을 떠난 친구와 가족들도 모두 내 마음에서 떠나보냈지요. 내 오래된 꿈과 믿음, 그리고 나 자신과 다른 사람에 대한 낡은 생각과 판단도 떠나 보냈답니다. 내가 가진 것들에 대한 애착도 다시 생각하게 됐고요. 이제 나는 내 삶을 풍성하게 해 주는 것들만 간직하며 살고 있답니다."

우리는 그날이 오기까지 하루하루를 살아가게 될 것이다. 그리고 그때까지 우리의 성장은 계속될 것이다. 이 시기에 해야 할 일은 과거와 현재를 통합하고 앞날을 준비하는 것이다.

1. 노인이 해야 할 일(성인기 발달 과업을 하면서 함께 해 나가야 할 과업)

- 죽음을 준비한다.
- 자신과 인류, 자신과 더 높은 힘과의 연결을 탐구해 본다.
- 자신과 타인 사이에 거리를 만들어 왔던 판단들, 즉 자신이 만들어 놓았던 장벽을 재평가해 본다.
- 매일매일 배우며 성장한다.
- 모든 감각과 생각, 마음을 다해 매 순간을 경험해 본다.
- 신체적 · 정신적 능력이 손실되어 가는 것을 받아들이고 이를 슬퍼한다.
- 자신의 믿음, 가치관, 삶의 경험들을 모두 통합한다.
- 자신이 어떤 지혜를 가졌는지를 분명히 인식하고 자신이 가진 지혜를 기꺼이 나누어 준다.
- 맞이하고, 떠나보내고, 슬퍼하는 기술을 세련되게 가다듬는다.

2. 발달 과업을 회피한다는 신호

- 자신의 일을 제대로 정돈하지 못한다.
- 삶을 대하는 태도가 밋밋하고 융통성이 없다.
- 자신의 태도나 가치관, 행동이 타인과 자신에게 해로운 것을 알면서도 이를 바꾸려 하지 않는다.
- 자기 자신의 진정한 모습을 이해하려고 하지 않는다.
- 어떤 역할이나 직업, 관계를 새로운 것으로 바꾸는 데 어려움이 있다.
- 지나온 삶을 후회하면서도 고치려 하지 않는다.
- 자신이 늙고 죽어 간다는 사실을 받아들이려 하지 않는다.

3. 발달 과업을 수행한다는 신호

- 자신의 진정한 모습을 대면하고 진실을 말할 수 있는 용기가 있다.
- 진실을 말하되 모질게 굴지 않는다.

- 하루하루의 삶이 늘 충만하다.
- 과거와 현재를 통합하고 연결한다.
- 모호한 것이나 자신의 의견에 반하는 것들을 잘 참아 낼 수 있다.
- 불확실하다고 아무것도 안 하는 것이 아니라, 이에 맞서 헤쳐 나간다.
- 죽어 가는 과정과 죽음을 준비한다.
- 죽음을 삶의 자연스러운 한 과정으로 생각한다.
- 신체적 · 정신적 기능이 약화되는 것을 받아들인다.
- 적절한 사람들에게 도움을 청하고, 도움을 고마운 마음으로 받는다.

4. 긍정적 지지어(성인기 단계와 더불어 진행되어야 함)

통합 (integrity)

"당신은 전 생애에 걸쳐서 성장할 수 있습니다."

통합 (integrity)

"당신은 죽음을 자연스러운 삶의 전이 단계로 생각할 수 있습니다."

통합 (integrity)

"당신은 떠날 준비를 할 수 있고, 그 준비가 되었을 때 이 삶을 마감할 수 있을 겁니다."

통합 (integrity)

"당신이 받은 재능이나 선물, 그리고 당신이 다른 이에게 준 선물들을 기뻐해도 좋습니다."

통합 (integrity)

"당신은 당신에게 필요한 도움을 받을 자격이 있습니다."

통합 (integrity)

"당신은 당신의 지혜를 당신의 방법대로 나눌 수 있습니다."

통합 (integrity)

"당신은 있는 모습 그대로 사랑스럽습니다."

다시 성장하기 위한 활동

다시 성장하는 데 도움이 되는 두 가지 형태의 활동이 있다. 하나는, 어른이 된 후에 일어났던 사건들에 대해서 새로운 결정을 내리고, 자신이 어떤 사람인지에 대해 새로운 자세를 가지며 지난 그 사건을 확인하고 다시 실행하는 것이다. 또 다른 하나는, 이전 단계의 발달 과업을 가능한 한 많이 수행해 보는 것이다.

이전의 발달 과업 수행하기

이전의 발달 과업을 성인의 필요에 맞는 세련된 방식으로 다시 수행하는 것은 다시 성장하는 일에 유용하다.

단서 알아차리기

걱정이나 자신의 욕구 등 생활 속의 단서를 통해 그것에 맞는 초기 발달 과업을 찾고, 이와 관련된 긍정적인 말과 행동, 활동을 수행한다. 이런 과정을 통해 우리는 다시 성장할 수 있다.

주제를 선택해서 과업 수행하기

다시 성장할 수 있는 또 다른 방법은 주제를 선택하고, 그 주제에 맞는 발달 과업 및 활동을 수행하는 것이다. 다음과 같은 주제를 선택할 수 있다.

- 내가 무엇을 아는지 알기
- 내게 보살핌이 필요하다는 것을 알고 이를 수용하기
- 다른 이의 평가를 기꺼이 받아들이기
- 나 자신과 타인에게 책임감을 갖기
- 융통성이 없는 경계가 아닌, 견고한 경계를 만들어 가기

1단계(존재하기) 발달 과업 중 하나인 '내게 보살핌이 필요하다는 것을 알고 이를 수용하기'를 에릭은 다음과 같은 방법으로 실행해 보았다. 그는 일주일에 몇 번씩 '존재하기'를 돕는 서너 가지 활동을 하였다.

- 이 단계에 맞는 긍정의 말과 행동을 스스로에게 해 주었으며, 다른 이들에게 자신을 일정 시간 동안(20분에서 1시간 정도) 보살피며 긍정의 말을 해 줄 것을 부탁했다.
- '존재하는 것'과 자신의 신체에 대해 무엇을 아는지에 중점을 두었다.
- 각 활동 중간에, 혹은 그 이후에 자신의 몸이 어떤 느낌인지 관찰했다.
- 치료적 마사지를 받았다.
- 뜨거운 물에 몸을 담그고 편안히 휴식을 취하면서 조용한 음악을 들었다.
- 가족과 애정 어린 스킨십을 많이 나누었다.
- 따뜻한 코코아와 차를 마시며 아기 때 사진을 보았다. 그리고 멋진 아기였던

자신의 모습을 머릿속에 그려 보았다. 운동을 하고 싶을 때는 운동을 했고, 피곤할 때는 낮잠을 자며 편히 쉬었다.

- 이제 에릭은 자신에게 보살핌이 필요한 순간을 더욱 잘 알게 되었고, 이를 기꺼이 받아들이게 되었다.

외부의 도움 요청하기

우리는 때로 자신의 지능과 창의성을 발휘해 일상 생활 속에서 멋진 경험을 스스로 만들어 내기도 한다. 때로는 필요한 도움을 책에서 얻기도 한다. 그리고 따뜻한 부모 모임이나, 의사, 성직사, 치료 모임 등의 도움을 필요로 할 때도 있다.

사실 어른들의 지적인 능력은 장점이자 약점이 되기도 한다. 치유를 받거나 감정을 다루는 일, 그리고 몸을 놀리는 일을 피하고 싶은 마음이 든다면, 사랑이 담긴 보살핌을 받으면서 자신의 오래된 방어기제를 다루어야 한다. 즉, 이제 더 이상은 자신에게 중요한 욕구를 이성이나 지능으로 누르지 말아야 한다.

부모님처럼 우리를 따뜻이 대해 주는 사람들을 찾아서 보살핌과 도움을 받는 것도 좋은 방법이다. 뮤리얼 제임스(Muriel James)는 "우리에게는 좋은 아버지들, 좋은 어머니들, 나의 고민을 들어 줄 지혜로운 사람들, 그리고 같이 즐길 수 있는 사람들이 필요하다."라고 말했으며, 이 모든 사람들이 동일한 사람일 필요는 없다고 했다. 그리고 조너선 와이스(Jonathan Weiss)는 우리는 '새로운 부모상'을 우리 안에서 선택할 수도 있고, 주위의 다른 부모들과 함께 그 역할을 수행해 나갈 수도 있다고 언급했다.

성인기의 특정한 사건을 다시 경험하고 바로잡기

다시 성장하기 위한 또 다른 방법은 성인기에 있었던 특정한 사건을 정해서 그것을 반복해서 해 보고, 부정적인 감정과 결정은 떠나보내고 긍정적이고 좋은 감정과 결정만을 간직하는 것이다. 다음에 그 사례들이 나와 있다.

- 메리와 조가 결혼했을 당시에는 불행한 일들이 많이 일어났었다. 그래서 이들은 결혼식을 다시 올리기로 결정하고 이번에는 자신들이 원하는 방식으로 해보기로 했다.
- 바버라는 마흔 살 생일 이벤트가 마음에 들지 않았다. 그래서 생일이 아닌 날 생일 파티를 다시 하기로 결심했다.
- 베티는 회사에서 해고되었을 때 느꼈던 불쾌한 감정에 내내 시달려 왔다. 그래서 그녀의 모임에서는 직장을 편안하게 그만두는 역할 놀이를 하기로 했다. 여기서 베티는 자신이 원하는 대로 대우를 받게 될 것이다.
- 때로 어떤 일들은 다시 되짚어 보는 것이 불가능할 수도 있다. 이럴 때는 다른 방법을 사용해야만 한다. 테드는 베트남 전쟁에서 겪었던 마음의 상처를 해결하고 싶다. 그래서 재향군인들이 전쟁에서의 상흔을 치유받을 수 있도록 돕는 치료 그룹을 찾게 되었다.

성인이 다시 성장하는 경험을 해 나갈 때 중요한 것은 새로운 감정과 교훈을 받아들이고, 자신과 자신의 삶에 대해 건강한 결정을 새로이 내려야 한다는 것이다. 앞의 예처럼 삶에서 겪은 한 사건을 다시 해 보는 것이 치유에 도움이 되기도 하지만, 만족스러운 결과를 얻지 못할 수도 있음을 기억하자. 결국 이전의 발달 과업을 다시 수행하는 등 추가적인 치유 노력을 해야 할 필요가 있다.

다시 성장하기를 결심한 이들에게 도움이 되는 긍정적인 말과 행동

우리는 자신의 신념이나 행동을 언제든지 바꿀 수 있다. 그런데 이때 명심해야 할 몇 가지 사항이 있다. 첫째, 주위 사람들은 우리의 변화를 달가워하지 않을 수도 있다. 아마도 그들은 현재의 우리 모습 그대로를 더 편안해 할 것이다. 그리고 어쩌면 우리가 변화하려는 노력을 막고 방해할지도 모른다. 그럼에도 불구하고 우리는 우리에게 필요한 도움을 계속해서 구하고 받아야만 한다.

둘째, 우리 스스로가 변화하는 것을 내켜 하지 않을 수도 있다. 특히나 갑작스레 변화를 시도하거나, 떠나보내게 될 오래된 결정들에 대해 슬퍼하거나 경의를 표할 시간을 갖지 못했다면 더욱 그럴 것이다.

다시 성장하기를 결심한 이들에게 도움이 되는 긍정적인 말과 행동을 다음에 제시하겠다.

- 오늘 시작해도 괜찮아.
- 방어기제가 생기는 데도 오랜 시간이 걸렸잖아. 그러니깐 치유되는 데도 시간이 걸릴 거야. 만약 약한 부분 하나를 치유하면 다른 약한 부분도 치유될 수 있을 거야.
- 답답하고 오도 가도 못하는 느낌이 들어도 괜찮아. 그건 그만큼 이 단계가 중요하다는 말이고 그만큼 멋진 자유가 기다린다는 말이니까.
- 나는 내게 필요한 용기를 가졌어. 용기를 내면 낼수록 더욱 용기가 날 거야.
- 나는 이런 노력을 할 만한 가치가 있는 사람이야.

필요한 변화를 수행하는 과정에서 만약 후회할 만한 말과 행동을 하게 된다면, 이에 대해 사과를 하고 다음엔 더 건강한 방법으로 다시 해 볼 수 있다는 것을 기억하자. 한 나이 든 목수가 이렇게 말했다. "나는 나무를 가지고 일하는 것이 즐겁답니다. 나무를 깎고 쐐기를 박아 내가 원하는 모양으로 만들어 가지요." 당신의 말과 행동을 깎고 쐐기를 박는다고 상상해 볼 수 있다. 그 말과 행동이 당신을 위한 것이 되도록 하라. "어제 그렇게 말해서 미안해요. 다시 말해 볼게요."라고 말하는 것도 좋다. 문제를 해결하고 성장해 간다는 것은, 노력하고 실수를 하며, 그 실수를 받아들이고 교훈을 얻어 이를 수정해 나간다는 것을 의미한다.

앞으로의 여정에서 당신은 뜻밖의 일을 만날 수도 있다. 어떤 일은 축하하게 될 것이고, 어떤 일은 슬퍼하며, 어떤 일은 당신에게 영광스러운 일이 되기도 할 것이다. 더 나은 현재와 미래를 만들어 나가기 위해서는 당신이 경험한 과거와 현재를 유용한 정보로 활용하는 것이 필요하다. 회피하고, 부인하고, 남의 탓을 하는 것은 당신 자신을 괴로운 현실 속에, 그리고 더 고통스러운 미래 속에 가두는 것일 뿐이다.

불화, 갈등, 어려움이 없이 살 수 있다고 믿는 것은 미련한 일이다. 이런 허황된 믿음을 가진 사람은 자기 자신과 타인에게 고통을 줄 뿐이다. 용기의 길을 선택하라. 결연하게, 또 기꺼이 사랑을 주고받아라.

다시 성장하는 것은 그럴 만한 가치가 있는 일임을 명심하자. 그리고 다음의 명언을 기억하자. "가지고 있는 어떤 재주든 사용하라. 노래를 가장 잘하는 새들만 지저귀면 숲은 너무도 적막할 것이다." 그렇다. 이제는 노래하자. 하루에 한 번씩 노래해 보자.

부록

가족의 성장을 위한 제안

일관되지 않은 양육과 역기능적인 양육

상처를 갖고 자란 성인들은 자신이 역기능적인(dysfunctional) 가정에서 자라 왔다고 생각할 것이다. 그러나 이 책에서는 '역기능적인'이라는 말을 사용하지 않을 것이다. 왜냐하면 그런 부정적인 꼬리표는 성장에 도움이 되지 않기 때문이다. '역기능적인'이라는 말을 '가능하지 않은' 것으로 생각한다면, 어느 누구도 '역기능적인' 가정에서 자라 왔다고 말할 수 없다. 왜냐하면 기능을 하지 못하는 가족이 자녀를 돌볼 수는 없기 때문이다. 그래서 이 책에서는 '일관되지 않은 양육'이라는 용어를 사용하기로 한다.

우리들 대부분은 자라 오면서 겪었던 여러 가지 사건을 어떤 것은 유익했던 것으로, 또 어떤 것은 그렇지 못한 것으로 기억하곤 한다. 유익했던 사건들이 우리의 삶에 미친 좋은 영향들을 반추하는 것은 의미가 있다. 그리고 그렇지 못한 사건들이 우리 삶에 남긴 상처들을 인식하고 치유해 나가는 것 또한 중요한 일이다.

당신이 자라 온 가정에 대해 생각해 보자

당신이 자라 온 가정이 하나의 직선 위에 있다고 생각해 보자. 이 선의 오른쪽 끝은 당신의 삶에 유익했던 사건들이며, 왼쪽 끝은 그렇지 못했던 사건들이다. 당신이 받았던 양육들의 위치에 X 표시를 해 보자. 그리고 그 선의 양 끝에 그 사건들에 대한 당신 부모의 태도나 행동을 적어 보자.

- 당신이 자라 온 가정에 대한 직선을 그리고, 지나온 사건들을 그 선 위에 표시

유익하지 못했던 일들 | 유익했던 일들

× × × × ×

몸에 난 상처를 신경 쓰지 않음 | 도덕적 · 윤리적 문제에서 일관적인 태도를 보임

해 본다.

- 한 개의 선을 더 그리고, 당신이 자녀를 양육하는 방식을 표시한다.
- 세 번째 선을 그리고 당신이 양육하고 싶은 방식을 그려 본다.

감정 돌아보기

당신이 자라 온 가정

직선 위에 표시된 사건들이 우리가 자녀를 양육하고 자신을 돌보는 데 어떤 영향을 미치는지 알기 위해 몇 가지 활동을 해 본다.

- 일어선다.
- 오른쪽으로 한 걸음 옮긴다.
- 당신이 자라 온 가정에서 있었던 긍정적인 사건 하나를 구체적으로 떠올린다. 이때 당신의 감정에 충실하라.
- 이제 왼쪽으로 크게 한 걸음 옮긴다.
- 당신이 자라 온 가정에서 있었던 부정적인 사건 하나를 구체적으로 떠올린다. 역시 당신의 감정에 충실해야 한다.
- 오른쪽으로 걸음을 옮기고 조금 전의 긍정적인 사건을 다시 떠올리며 기분을 전환한다.

양육

- 이제는 당신이 자녀에게 어떻게 하는지를 생각해 본다.
- 오른쪽으로 한 걸음 옮긴다.
- 당신이 자녀를 양육하는 데 있어서 긍정적인 사건 하나를 구체적으로 떠올린다. 이때 당신의 감정에 충실하라.
- 이제 왼쪽으로 크게 한 걸음 옮긴다.
- 다르게 했더라면 더 나았을 것 같다는 생각이 드는 사건을 구체적으로 떠올린다. 역시 당신의 감정에 충실하라.
- 오른쪽으로 걸음을 옮기고, 당신이 잘 해낸 긍정적인 경험을 다시 한번 떠올린다.

당신 자신을 돌보기

- 당신 자신을 어떻게 돌보는지 생각해 본다.
- 오른쪽으로 한 걸음 옮긴다.
- 당신이 자신을 대하는 데 있어서 긍정적인 일 하나를 구체적으로 떠올린다. 이때 당신의 감정에 충실하라.
- 이제 왼쪽으로 크게 한 걸음 옮긴다.
- 당신 자신을 대하는 데 있어 후회가 되는 사건을 구체적으로 떠올린다. 역시 당신의 감정에 충실하라.
- 오른쪽으로 걸음을 옮기고, 당신이 잘 해낸 긍정적인 경험을 다시 한번 떠올린다.

각각의 극단적인 사건들에 대한 당신의 느낌을 말해 보자. 자녀를 양육하는 것에, 혹은 자신을 돌보는 것에 지쳐 있다고 생각된다면, 오른쪽으로 발걸음을 옮기고 긍정적인 기억들을 다시 한번 떠올려 본다.

부모와 자녀가 계약을 맺는 방법

계약은 가정에서 규칙 등을 새로 만들 때 매우 유용하다. 계약은 부모와 자녀가 서로 협력하기 위해, 혹은 문제를 해결하기 위해 부모나 자녀 모두가 제안할 수 있다. 6세 이상의 자녀와 구두로 약속을 할 때는 서면으로 계약서를 만드는 것도 도움이 된다. 그림, 사진, 기호 등을 사용할 수도 있으며 다음과 같은 계약서 양식을 사용할 수도 있다.

계약서 예

부모와 자녀, 공동의 목적이나 문제점: 존은 학교에 입고 갈 깨끗한 옷이 부족하다.

	자녀(존, 10세)	부모(아빠와 엄마)
배경 현재의 상황이나 행동	옷이나 장난감을 친구들에게 빌려 주고 돌려받지 않는다. 세탁이 되기 전까지 입을 옷이 부족하다.	존이 학교에 갈 때 깨끗한 옷을 입기를 바란다.
변화 바람직한 상황이나 행동	더 이상 학교에 입고 갈 옷들을 빌려 주지 않을 것이다. 장난감은 자신의 의지대로 빌려 줄 것이다.	옷이나 장난감 등이 집에 없다고 존에게 잔소리하지 않을 것이다.
혜택 변화된 행동들로 인한 혜택	친구들에게 '안 돼.'라고 말하는 법을 배우며 자신의 옷에 대한 책임감을 갖게 된다. 장난감을 빌려 주는 것에 대한 결과를 배우게 된다.	빌려 준 옷들 때문에 옷을 사지 않아도 된다. 존에게 화를 내지 않을 것이다.
노력/행동 언제, 어디서, 무엇을, 얼마 동안	어떤 옷들이 학교 갈 때 입는 옷들인지를 확실히 알게 될 것이다. 이런 외출복들은 빌려 주지 않을 것이며 빌려 줄 수 있는 다른 옷들을 골라 놓을 것이다.	존에게 주의를 주거나 잔소리하지 않을 것이다. 존이 학교에 갈 옷들이 충분히 있는지를 관찰하며 정기적으로 세탁해 줄 것이다.
필요한 지원	아빠와 엄마는 존의 노력과 성과를 칭찬할 것이다.	존의 부모님이 자신에게 잔소리를 하지 않은 것에 대해 감사해 할 것이다.
보상 긍정적인 결과와 축하	존과 아빠, 엄마가 2주 동안 계약을 잘 지킬 경우, 이를 축하하기 위해 온 가족이 미니 골프를 즐기기로 한다.	

	누군가가 계약을 지키지 않을 경우	
벌칙 부정적인 결과	존은 잃어버린 옷들에 대해서 자신의 용돈으로 충당해야 하며, 차액이 있을 경우 집 안의 심부름을 함으로써 보충해야 한다.	아빠는 존이 부탁하는 일을 하나 해 주고 엄마는 존에게 티셔츠를 하나 사 준다.

가정 내 규칙 만들기

각 가정은 모든 식구들이 볼 수 있도록 규칙을 분명하게 제시하는 것이 좋다. 명확하게 명시되지 않은 규칙은 혼선을 초래하고 임의로 운용될 소지가 있기 때문이다. 가족 구성원의 필요에 따라 규칙을 조정하고, 이를 게시하여 지키도록 해 보자.

가족에게 도움이 되는 두 종류의 규칙이 있다. 첫째는 다른 가족과 상호작용을 하거나 자신을 존중하는 것에 관한 규칙이며, 둘째는 가사 일에 관계된 규칙이다. 다음에 가족 규칙의 예를 제시한다. 당신의 가정에 맞도록 수정하고 항목을 더해서 사용할 수 있다.

가족들에 관한 규칙

1. 각자 자신의 입장에서 생각한다.
2. 진실하게 말한다. '예'라고 말하고 싶을 때는 '예'라고 말하고 '아니요.'라고 말하고 싶을 때는 '아니요'라고 말한다.
3. 자신이 무엇을 원하는지 파악한다.
4. 자신이 원하고 필요한 것을 분명하게 요청한다.
5. 자신과 가족 구성원을 존중하고 돕는다.
6. 자신과 가족 구성원을 긍정적으로 수용한다.
7. 자신의 행동에 책임감을 진다.
8. 서로 협력한다.
9. ____________________
10. ____________________

집안일에 관한 규칙

1. 아침 식사 전에 침대를 정리한다.
2. 더러워진 옷은 벗은 즉시 빨래 바구니에 넣는다.
3. 토요일 오전까지 방 청소를 마친다.
4. 토요일 오후 4시까지 휴지통을 비운다.
5. 6시까지는 저녁을 차리는 것을 도우며, 저녁 식사 후에는 한 시간 내에 설거지를 끝낸다.
6. ______________________________
7. ______________________________

이중 구속으로부터 벗어나기

이중 구속에 대응하고 이로 인한 문제점들을 해결하기

당신이 받았던 이중 구속 메시지 하나를 떠올리거나, 앞의 예들 중에 하나를 골라서 다음과 같은 질문들에 대답하며 연습해 본다.

1. 이중 구속을 준 사람이 내게 중요한 사람인가? 2개의 메시지 모두를 무시해도 좋은가? 아니면 어떻게든 해결해야 하는가?
2. 이 메시지를 해결해야 하거나 혹은 내가 그러고 싶다면, 나의 목적은 무엇인가(예: '계속 이 직장에 다니고 싶다.')?
3. 이중 메시지에 적극적으로 대처한다면 나는 내 목적을 이룰 수 있는가? 그 사람에게 "한꺼번에 두 가지를 다 할 수는 없어요. 하나만 골라 주시겠어요?"라고 묻는 것이 현명하다고 생각하는가?

4. 만약 그렇게 묻는 것이 현명한 방법이 아니라면, 2개의 메시지 중 하나라도 나의 목적에 도움이 되는 것이 있는가? 만약 그렇다면 나머지 메시지는 무시하거나 신경 쓰지 않아도 괜찮을까? 그 나머지 메시지를 조금 부드럽게 처리할 수는 없을까?
5. 관계나 상황이 너무 중요해서 앞의 질문들이 이중 구속을 해결하는 데 아무런 도움이 되지 못한다면, 이젠 이런 질문을 해 볼 시간이다. 이중 메시지가 과연 중요한 것인가? 혹은 내가 새로운 관계를 형성하거나 새로운 상황을 만들어야 하는 것은 아닐까?

당신이 자녀에게 이중 구속 메시지를 주고 있다면 한 가지 메시지만 주도록 노력하자. 이중 구속 메시지는 한 가지 이상의 감정을 이끌어 낸다. 그러므로 어린 자녀에게 자신의 감정이 어떤지를 직접 묻는 것보다는 얼굴 표정 놀이판을 이용하여 자신의 감정을 분류하도록 돕는 것도 좋다.

얼굴 표정 놀이판: 감정을 손가락으로 짚어 내기

얼굴 표정 놀이판에 있는 풍선들의 표정을 사용하여 자녀들에게 이중 구속을 가르칠 수 있다.

- 자녀에게 표정 게임을 통해 이중 구속을 다루는 방법을 가르쳐 줄 것이라고 말한다.
- 자녀에게 이중 구속의 말을 한다("난 널 사랑한단다."/"난 네가 귀찮아."). 이 말을 동시에 들었을 때의 느낌을 놀이판의 표정(들)으로 짚어 내도록 한다. 나중에 참고하기 위해서 자녀가 지적한 표정을 기록해 놓도록 한다. 지금 단계에서는 그 감정을 규명하려 하지 마라. 어린아이들은 자신의 감정에 대해 여러 가지 이름을 갖고 있기 때문이다.

- 한 종류의 메시지만 말한다. "난 널 사랑한단다." 이 메시지만 들었을 때의 감정을 놀이판의 표정에서 짚도록 한다. 이것도 기록한다.
- 나머지 메시지를 말한다. "난 네가 귀찮아." 이 메시지만 들었을 때의 감정을 놀이판의 표정에서 짚도록 한다. 기록한다.
- 사람의 감정은 앞으로 무엇을 해야 할지를 결정하는 데 도움을 준다는 것과, 이중 구속은 여러 가지 감정을 가져오기 때문에 혼란스러운 것이라고 설명해 준다.
- 슬픈 마음이 들면 휴식을 취하고, 두려움을 느낄 때는 안전한 장소로 옮기거나 다른 사람에게 도움을 요청하도록 가르친다. 기쁠 때는 그 기쁜 마음을 마음껏 즐기면서 다른 사람과 그것을 나누도록 하고, 화가 날 때는 무엇이 필요한지 생각하도록 한다. 혼란스러울 때는 더 많은 정보를 얻도록 해야 하며, 복잡한 감정이 밀려올 때는 이중 구속을 다뤄야 하는 것일 수도 있다.
- 자녀가 짚어 낸 표정으로 다시 돌아가 보자. 자녀가 자신의 필요를 분별할 수 있도록 도와주고, 각각의 감정들로부터 편안해지는 방법들과 문제를 해결하는 아이디어 등에 대해 일러 준다. 그 감정들이 어떤 것인지 설명해 주고 싶다면 지금 하는 것이 좋다.

만약, 자녀가 학교에서, 혹은 친구들 사이에서 이중 구속으로 인한 딜레마에 빠진다면, 얼굴 표정 놀이판을 사용해서 자신의 느낌과 생각을 먼저 분별하도록 한 다음 무엇을 할지 결정하도록 하는 것이 좋다. 그리고 필요하다면 당신이 무엇을 도울 수 있는지도 고려해 본다.

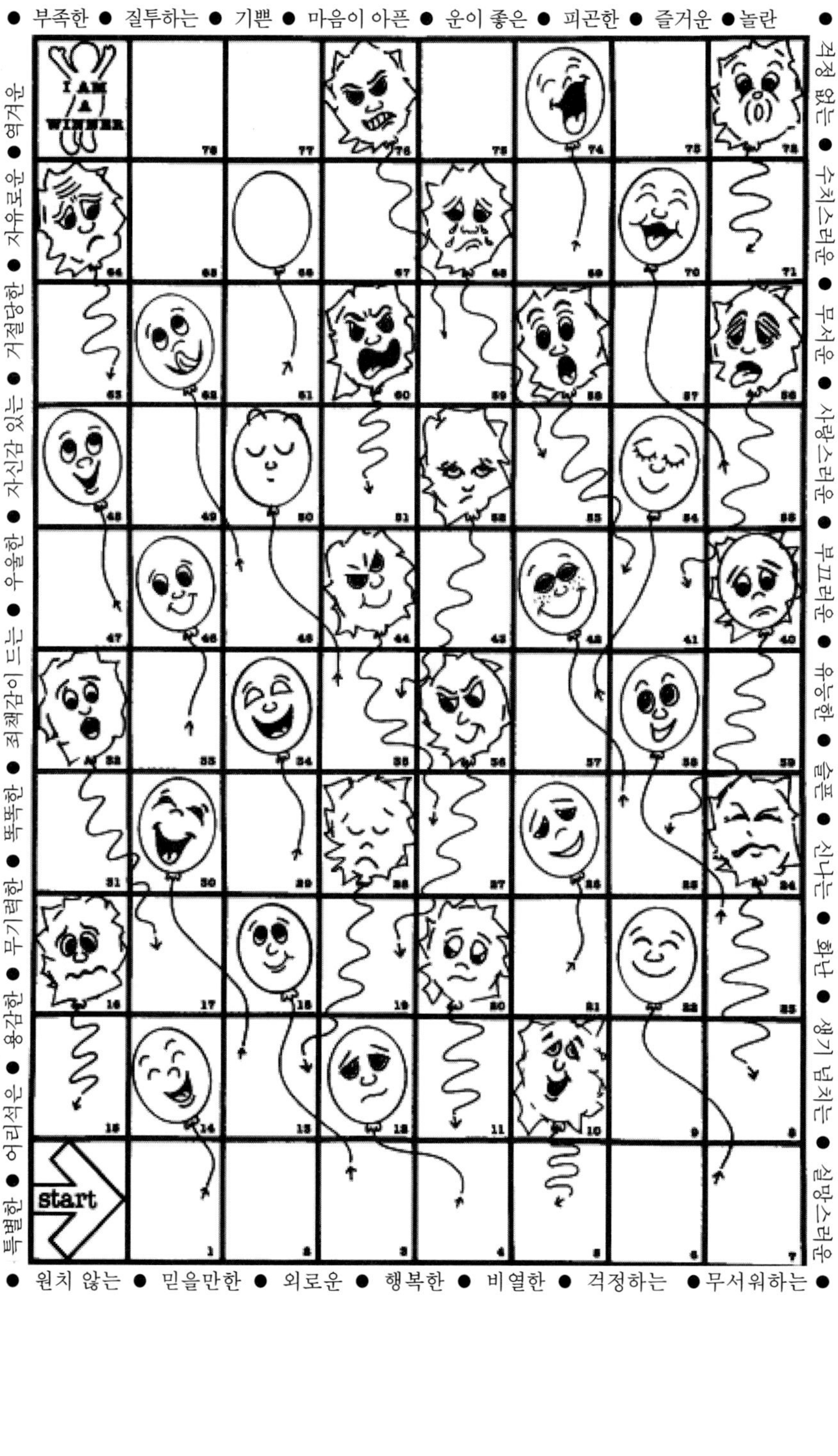
부족한
질투하는
기쁜
마음이 아픈
운이 좋은
피곤한
즐거운
놀란
걱정 없는
수치스러운
무서운
사랑스러운
부끄러운
유능한
슬픈
신나는
화난
생기 넘치는
실망스러운
원치 않는
믿을만한
외로운
행복한
비열한
걱정하는
무서워하는
특별한
어리석은
용감한
무기력한
똑똑한
죄책감이 드는
우울한
자신감 있는
거절당한
자유로운
역겨운
I AM A WINNER
start

얼굴 표정 놀이판

성인이 자신의 감정을 인지하는 능력을 회복하는 방법

이중적인 메시지를 받으며 성장한 성인들은 자신의 혼란스러운 감정을 억압하거나 이중 구속이 당연한 것이라고 행동하면서 환경에 적응하며 살아 왔다. 성인기에 이들은 이중 메시지가 주는 파괴적인 딜레마로부터 자신을 보호하는 방법을 계발하려고도 하지 않을 것이며, 또한 무심결에 그런 메시지를 다른 이에게 전하게 될 것이다. 성인이 자신의 감정을 회복하는 한 가지 방법은 자신의 머릿속에서 잊어야만 했던 감정을 손가락이 찾도록 하는 것이다. 머리는 잊을 수 있지만, 우리의 몸은 그것을 기억한다. 당신이 이렇게 성장한 성인이라면, 얼굴 표정 놀이판을 이용해서 자신의 감정을 되찾는 노력을 해야 한다. 당신은 이 일을 혼자 할 수도, 파트너와 할 수도, 혹은 그룹 안에서 할 수도 있다. '느낌'이라는 말을 사용하지 않아도 되며, 그 느낌들을 구태여 어떤 것이라고 정의하려고 하지 마라. 당신의 아버지가 당신을 사랑한다고 말했을 때, 술 취한 아버지를 보고 아버지는 술에 취한 것이 아니라 아픈 것이라고 엄마가 말했을 때, 혹은 엄마가 그것이 당신의 잘못이라고 말했을 때, 당신의 기분이 어땠는지를 그저 당신의 손가락으로 표정 놀이판을 가리키도록 하라. 손가락이 가리킨 정보를 이용해 이제 당신에게 무엇이 필요한지, 그리고 당신이 무엇을 자각해야 하는지를 생각해 보도록 한다.

이중 구속을 일관된 메시지로 바꾸기

이중 구속에 대해 깊이 생각하고, 그것들로 인해 막혀 있던 자신의 감정을 회복하게 된다면, 당신은 자신이 이중적인 메시지를 전하는 순간 그것을 알아차릴 수 있을 것이다. 만약 당신이 이중적인 메시지를 전하고 있다는 생각이 든다면, 그 메시지를 받는 사람에게 그것이 이중 구속처럼 느껴졌느냐고 물어볼 수 있다. 당신이 전하는 메시지가 정말로 상충되는 것인지 생각해 보거나, 혹은 당신이 그 메시지를 듣는 입장이라고 생각하고 얼굴 표정 놀이판에서 당신의 손가락이 무엇을 가리킬지 생각해 본다. 사실 당신은 그동안 이중 구속 메시지를 말해 왔을 것이다. 그렇다면 이를 고치기 위해 무언가를 해야 할 때이다. 이제는 당신이 원하는 메시지를 분명하고 일관되게 말하도록 하라.

초기 발달 단계에 있는 아동의 영적 성장을 돕는 방법

영적인 성장을 돕는 방법으로는 본을 보이거나, 자녀를 신앙으로 초대하거나, 직접 가르치는 방법들이 있다. 청소년 사역자인 메리 애슐리는 각 발달 단계에서 부모들이 어떻게 자녀의 영적 성장을 도울 수 있는지에 대해 다음과 같이 설명한다.

1단계: 존재하기(출생에서 6개월까지)

자기 자신을 넘어선 초월적 존재를 믿을 수 있는 믿음의 기초 공사가 이루어지는 시기이다. 사실상 이 시기에 부모는 아동에게 절대적인 존재이다. 아이의 필요를 채워 주는 부모에 대한 신뢰는 결국 다른 이를 믿고 신을 믿는 아동의 능력을 형성하는 기초가 된다. 어린 영아와 함께 기도를 시작한다고 해도 결코 이른 시기가 아니다. 부모는 이 시기에 습관을 형성하도록 도울 수 있다.

2단계: 하기(6개월에서 18개월)

부모와 자녀가 강한 애착 관계를 형성해 나가는 시기이며, 자녀 또한 부모 삶 속에 있는 또 다른 관계들과 애착 관계를 형성하기 시작한다. 믿음의 공동체 안에서 친구들과 함께 육아 수업이나 부모/자녀 수업을 참가하는 것은 더할 나위 없이 소중한 경험이다. 안전하고 사랑이 오가며, 보호받을 수 있는 환경은 "이곳은 나를 사랑해 주는 사람들이 있는 곳이구나."라는 느낌을 준다. 비슷한 연령의 자녀를 둔 부모들이 믿음의 공동체 안에서 서로 협조적인 관계를 형성하는 것은 자녀가 의지할 수 있는 가족의 개념을 확장시켜 준다.

3단계: 생각하기(18개월에서 3세)

이 시기 초반에 나타나는 분리 불안은 그만큼 안전하고 보호받는 환경에서 분리가 이루어지는 것이 중요하다는 것을 말해 준다. 이는 예배 장소에서 부모와 잠시 떨어질 때도 적용된다. 만약 자녀가 원한다면 예배 장소에 자녀를 데려가 보도록 한다. 만약 자녀가 '싫다'고 한다면 다음 사실을 기억하라. '싫다'고 말할 수 있다는 것은 당신의 자녀가 당신에게든 혹은 다른 이에게든 '좋다'고 말할 수 있는 능력이 있다는 것이다. 그리고 세상을 배워 나가는 아이의 경이로운 경험에 동참해 보자. 나비를 관찰하고, 새끼 고양이의 부드러운 털을 느끼며, 나무와 대화하고, 잠자는 아이의 머리를 사랑스럽게 쓰다듬어 주며 기도하고 노래를 불러 보자.

4단계: 정체성과 힘의 형성(3세에서 6세)

삶에 새로운 의미가 부여되면서, 일상이 더욱 풍성해져 간다. 이제 아이들은 누구를 위해서 기도해야 하는지 생각하며, 선반에 있는 음식을 갖다 주는 심부름도 하기 시작한다. 이제는 자녀에게 기도하고 노래하는 것과 같은, 혼자 할 수 있는 새로운 일상들을 가르쳐 줄 수 있다. 당신이 믿는 신앙과 관련된 사진을 보여 주면서 거기에 나오는 이야기, 구절, 노래를 들려주게 되면 아이들은 삶 속에서 이를 늘 기억하게 될 것이다. 식사 기도를 혼자 할 수 있게 되면 아이는 마치 어른이 된 것 같은 그럴듯한 기분을 맛보기도 한다. 성경(혹은 경전) 속의 이야기들을 많이 알게 되면 아이들은 그것을 실제처럼 연기하며 보여 주기도 하고, 때로는 자신들 마음대로 이야기를 바꾸기도 한다. 아이들이 그렇게 하도록 내버려두자. 이러면서 아이들은 그 이야기들을 자신만의 것으로 만들어 가기 때문이다.

5단계: 구조화(6세에서 12세)

이제 소중한 우리의 아이들은 당신이 생활 속에서 믿음을 어떻게 지켜 가는지 관찰하고 있다. 삶 속에서, 믿음의 생활에서 일관된 모습을 보이는 것이 가장 중요하다. 그리고 아이들로 하여금 당신에게 자유롭게 질문하도록 하라. 그리고 "난 ……

이렇게 믿는단다. 넌 어떻게 생각하니?”라고 말해 준다. 아이들은 어쩌면 친구의 종교 모임에 참석하거나, 불교 연등 행사에 참여하거나, 혹은 다른 사람들의 침례식에 참석하는 것을 좋아할 수도 있다. 어떻게 신앙들이 다른지 최선을 다해서 설명해 주고, 자녀들이 자신이 원하는 답을 찾아 나갈 수 있도록 격려해 준다. 그리고 당신이 믿지 않는 종교를 당신이 어떻게 대하는지 본을 보이도록 한다.

6단계: 정체성, 성정체성, 독립(12세에서 19세)

믿음에 관한 당신의 생각을 모두 전했다면, 이제는 자녀의 선택을 기다릴 시간이다. 아이는 당신과 같은 신앙을 선택할 수도, 혹은 아닐 수도 있다. 아이에게 계속해서 당신에게 질문할 수 있는 여지를 남겨 둬라. 그리고 새로운 믿음을 시도하고 있는 자녀에게 당신 역시 존중하고 배려하는 마음으로 질문할 수 있다는 것을 기억하라. 그리고 이 모든 과정을 거치는 당신의 자녀를 사랑으로 보듬어라. 아이의 선택이 받아들이기 매우 힘든 것일지라도 아이를 사랑으로 포용하라. 그러나 아이가 잘못된 길로 간다는 생각이 든다면 당신의 걱정과 관심을 부드럽게 전하도록 한다. 당신이 생각한 이유를 자녀에게 말하고 자녀의 대답에 귀를 기울인다. 당신의 믿음을 지켜 나가되 열린 마음으로 배우고 나눈다. 그리고 당신의 삶에 함께 하는 자녀가 있음에 대해 신께 감사를 드리자.

발달 단계별 긍정적 지지어[1]: 가족과 나 자신을 위해 어떻게 사용할까

각각의 성장 단계에서 부모가 긍정적 지지어를 들려준다면, 자녀들은 각 발달 과업을 성공적으로 완수하는 데 큰 도움을 받을 것이다.

1) 긍정적 지지어는 ‘TA자존감스티커’라는 이름으로 다양한 활동에 사용할 수 있도록 한국통합TA연구소에서 개발되어 나와 있다.

이전 발달 단계에서 끝내지 못한 과업들이 있다면 이를 반드시 완수할 수 있도록 도와야 한다. 그렇기 때문에 아동에게 현재 단계뿐만이 아니라 이전 단계들에 대한 긍정적 지지어를 말해 주는 것은 무척 중요하다. 성인인 우리도 이전의 단계들을 매일매일 반복해서 거쳐 가고 있다. 그러므로 '되어 가기' 단계로부터 성인의 단계에 이르기까지 긍정의 지지어는 우리에게 적용할 수 있다.

긍정의 말을 할 때는 주의를 기울이도록 하자. "난 너에게 관심이 많아."라든가 "너만의 속도대로 성장해도 괜찮아."라는 식으로, 다른 사람에게 말하듯이 해야 한다는 것을 기억하자. 이런 메시지를 받아들이고 신뢰할 수 있게 되면 이제 그 메시지들을 "나는 나에게 관심이 많아."라든가 "나만의 속도대로 성장해도 괜찮아."라고 바꿀 수 있다.

"나만의 속도대로 성장해도 괜찮아."라는 긍정의 말을, 당신 안에 있는 양육자가 당신 안에 있는 어린아이에게 말하듯이 말해 보자. 당신 안의 어린아이는 그 말을 처음에는 믿으려 하지 않을 것이며, 진심으로 "나는 나만의 속도대로 성장해도 괜찮아."라고 말할 수 있기 전까지는 끊임없이 당신을 테스트하고 관찰하려 할 것이다. 만약 '나' 자신에 대해 긍정하는 말을 성급히 사용한다면, 당신 안에 있는 어린아이는 더욱 뒤로 물러서게 될 것이다.

1. 당신에게 필요한 긍정의 말을 찾아본다

각 단계별 긍정적 지지어 중 당신에게 특별히 와닿는 말들을 적어 본다. 그 말들을 읽고, 현재 당신의 삶에서 벌어지는 일들과 그 말들이 어떤 관련이 있는지 자신에게 물어본다. 이 평가를 바탕으로 당신이 필요한 것을 어떻게 얻을 수 있는지 결정한다.

2. 글을 읽지 못하는 자녀에게 긍정의 말해 주기

출생부터 자녀의 연령까지의 긍정의 지지어를 적어서 바구니 안에 담아 놓고 하나씩 꺼내어 자녀에게 읽어 준다. 자녀가 그 활동을 재미있어 하는 동안, 혹은 모든 긍정적 지지어를 다 읽을 때까지 이 활동을 계속한다.

3. 두 사람씩 짝지어 연습하기

한 명의 진행자가 인도하고 관련이 있는 두 사람(커플, 동료, 형제나 자매, 부모와 자식 등)이 짝을 이루어 하는 활동으로, 긍정적 지지어를 찾아보면서 상대방이 원하는 것을 발견하도록 돕는 훈련이다. 듣기를 바라는 긍정적 지지어가 무엇인지 찾고 상대에게 해 주기를 요청하고 그 메시지를 함께 살펴본다.

- 이분이 당신에게 이런 긍정의 메시지를 받기를 원한다는 것을 알고 계셨나요?
- 그 긍정의 메시지를 말씀해 주셨나요?
- 어떻게요?
- 만약 상대방이 당신이 하는 긍정의 말을 듣거나, 보거나, 받아들이려 하지 않는다면 어떻게 그런 메시지를 전할 수 있을까요?
- 만약 긍정의 메시지를 전할 수 없을 것이라고 생각한다면, 이를 전하기 위해 어떤 것들이 필요할까요? 어떻게 긍정의 메시지를 전하는 방법을 찾을 수 있을까요?
- 지금 바로 긍정의 메시지를 말씀해 주시겠어요?
- (긍정의 말을 듣기를 원하는 사람에게) 이 말을 받아들이실 수 있나요? 또 필요한 것이 있으신가요?

4. 가족과 함께하기

가족들이 빙 둘러서 동그랗게 앉고, 자신에게 그 메시지를 읽어 주기를 바라는 구성원에게 그 지지어를 읽어 달라고 요청한다. 만약, 상대방이 그 메시지를 읽어 주는 것을 원치 않는다면, 가족들은 당사자들에게 무엇이 필요한지, 그리고 가정에서 더 많은 사랑과 자존감을 위해 가족의 규칙이나 구조를 조정해야 하는지 생각해 본다.

5. 잠들기 전에(어린 자녀를 위하여)

출생부터 자녀 연령까지의 긍정적 지지어를 적어서 담은 바구니를 자녀의 침대 머리맡에 놓아둔다. 매일 밤마다 자녀로 하여금 3개의 메시지들을 고르도록 하고, 자녀를 재우기 전에 그 메시지들을 들려준다.

6. 사춘기 자녀를 위하여

십 대 자녀가 아주 어린 아이였을 때를 마음속에 그려 본다. 각 발달 단계에서 자녀와 당신에게 어떤 일들이 일어났는지 생각해 본다. 만약 당신이 어떤 단계에서든 자녀에게 전하지 못한 긍정의 말들이 있다면, 당장 그 메시지를 자녀에게 전한다. 어쩌면 자녀는 관심 없어 하거나 콧방귀를 뀔 수도 있다. 그래도 그 메시지를 전하라.

7. 문제 해결하기

모든 가족 구성원들은 자신이 해결하기를 원하거나 그럴 필요가 있는 문제들을 생각해 본다. 그리고 가능한 해결책을 생각해 보고, 이 문제를 푸는 데 도움이 될 만한 긍정적 지지어를 골라 본다.

8. 과거로 돌아갈 수는 없지만, 지금 내게 필요한 것을 찾을 수는 있다

두 명씩 짝을 이룬다. 파트너에게 과거의 어떤 날들이나 자녀의 일상적인 날에 대해서 간략하게 이야기를 한다. 당신의 이름과 별명 외에도 가족, 집, 학교, 친구들, 했던 일들, 스포츠, 하기 좋아했던 일들, 잘했던 일들, 원했던 일들을 함께 이야기해도 좋다.

긍정적 지지어를 모두 바닥에 펼쳐 놓고, 당신이 설명한 그 날에 가장 도움이 될 만한 긍정의 메시지를 집어 든다. 당신이 원하는 만큼 골라 보고, 고른 메시지들 중에서 가장 적합하다고 생각되는 3~4개를 선택한다. 당신의 파트너가 당신에게 그것들을 읽어 준다. 처음에는 눈을 뜨고 그 말을 듣고, 그다음에는 눈을 감은 채로 그 말을 들어 본다.

보살피기 여섯 가지 방법 구별하기(제5장 연습)

예시마다 각 항목들에 알맞은 보살피기 방법을 적어 보자. 제스처와 목소리의 높낮이에 따라 메시지가 다르게 들릴 수 있다는 것을 기억하자.

예시 1

상황: 열네 살 자녀가 학교와 집에서 음주 및 약물 오용을 하는 기미를 보인다.

부모의 반응

1. 자녀가 문제에 대해 평가를 내릴 수 있는 충분한 자격이 있다고 믿고 해결책을 제시한다. 만일 이상 징후를 보인다면 치료를 받아야 한다고 강력히 주장한다. 그렇지 않다면 음주 및 약물 복용을 그만두라고 강하게 말한다.
2. 소리를 지르며 술과 약물을 하지 말아야 하는 이유에 대해 일장 연설을 한다. 두 손으로 어깨를 잡고 흔들어 댄다.

3. "내 아들이 그러다니 믿을 수가 없구나!"라고 말한다.
4. 자녀와 부모가 도움을 받을 수 있는 상담자나 지역 기관을 검색해 본다.
5. 그러려니 한다.
6. 부모의 잘못이라고 생각한다. 자녀의 변명을 끝없이 들어 주고 무책임하게 행동하는 것을 참는다. 부정적인 결과로부터 자녀를 보호하려 한다.

예상 답안: 1. 부모 주도 돋보기, 2. 학대, 3. 조건적인 돌보기,
4. 아이 지지 돌보기, 5. 방치, 6. 과잉보호

예시 2

상황: 자녀에게 신체적인 장애가 있다.

부모의 반응

1. 자녀를 돌보지도, 도와주지도, 보호해 주지도 않는다.
2. 자녀를 병신이라고 놀려 댄다. 아이를 거칠게 다룬다.
3. 자녀가 고통스러워할 때 위로해 주지 않는다. 비통한 심정이나 슬픔을 감추고 부인할 때만 장하다고 칭찬한다.
4. 자녀가 성장하고 튼튼하게 자라기 위한 다양한 기회를 제공한다.
5. 자녀가 자신의 감정이나 행동을 책임질 것이라 기대하지 않는다. 자녀가 스스로 할 수 있는 일을 대신 해 준다.
6. 상황에 대처할 수 있도록 자녀를 가르친다. 자녀가 느끼는 감정들이 자연스러운 것임을 알려 준다.

예상 답안: 1. 방치, 2. 학대, 3. 조건적인 돌보기,
4. 아이 지지 돌보기, 5. 과잉보호, 6. 부모 주도 돌보기

예시 3

상황: 십 대 자녀가 심한 우울 증세를 보인다.

부모의 반응

1. 그러한 상황을 눈치채지 못하거나, "너만 할 때는 다 있는 일이야. 잘 해내길 바라."라고 말한다.
2. "기분이 밝아지거든 내게 오렴."
3. "그렇게 침울한 꼴로 근처에 얼쩡대지 말아 줄래? 도대체 네가 우울할 일이 뭐가 있니?"
4. 가엾게 여긴다. 자녀를 방에 혼자 있게 한다. 값비싼 선물을 사 준다. 인생이 고통스러운 것임을 이야기해 준다.
5. 자녀를 전문가에게 데려가 현재의 상태를 진단받고, 필요하다면 치료를 받는다. 가정 안에서 바꿀 수 있는 것이 있다면 바꿔 본다.
6. 부모가 주도적으로 문제를 해결해야만 한다. 전문가의 도움을 받는 것은 선택이 아니라 필수이다.

예상 답안: 1. 방치, 2. 조건적인 돌보기, 3. 학대, 4. 과잉보호,
5. 부모 주도 돌보기, 6. 아이 지지 돌보기

예시 4

상황: 십 대의 딸이 성희롱을 당했다.

부모의 반응

1. "창피해서 어떡하니? 이제 사람들이 너를 어떻게 생각하겠니? 아무에게도 이 사실을 말하지 말아라."
2. 딸의 이야기를 듣고 이야기를 나눌 시간을 갖는다. 마음을 치유하기 위해 필요한 모든 것을 실행에 옮긴다. 딸이 원한다면, 건전한 성문화 정착을 위한 성교육 운동 등에 함께 참여할 수도 있다.
3. 성희롱을 당한 사실에 대하여 딸을 비난한다.
4. 치유를 위한 노력보다는 성희롱의 기억을 잊게 하려고 비싼 옷을 사 주거나 유럽 여행을 보내 준다.

5. 가족 모두가 전문가의 도움을 받는다. 딸 자신과 다른 가족들의 치유를 위해 모든 방법과 자원을 사용한다.
6. 자녀가 성희롱을 당한 것도 알아채지 못한다. 왜냐하면 부모는 딸에게 관심이 없고, 딸 또한 말하지 않기 때문이다.

예상 답안: 1. 조건적인 돌보기, 2. 아이 지지 돌보기, 3. 학대,
4. 과잉보호, 5. 부모 주도 돌보기, 6. 방치

예시 5

상황: 배우자가 술/오락/도박/일/쇼핑 등에 중독되었다.

배우자의 반응

1. 자녀 때문에 배우자를 용서한다.
2. "당신이 도움받을 만한 곳을 찾았어요."
3. "나와 아이들은 도움을 받으려고 해요. 당신도 우리와 함께 가 주었으면 좋겠어요."
4. 배우자의 중독에 관심이 없고, 자신도 중독에 빠진다.
5. "당신이 정신 차리면 사랑할게요."
6. 비난과 차가운 침묵을 반복한다.

예상 답안: 1. 과잉보호, 2. 지지하는 돌보기, 3. 주도적인 돌보기,
4. 방치, 5. 조건적인 돌보기, 6. 학대

예시 6

상황: 부모가 자기 자신에게 다음과 같이 말한다. "내가 가족들의 나쁜 행동을 계속해서 덮어 주면서 살아야 할까? 다 드러내면 내 체면은 말이 아니겠지? 그냥 이렇게 점잖은 척, 다 괜찮은 척 살아야 할까? 어떻게 하지?"

부모의 반응

1. "이건 그다지 중요한 문제가 아니야."

2. "체면을 차리면서 살아야지 뭐."
3. "나를 도울 수 있는 사람들을 찾아봐야지. 그러면 뭔가 방법들이 생길 거야."
4. "상담사나 심리 치료사를 만나서 도움을 청해 봐야겠어. 이젠 내가 그동안 피해 왔던 것과 부딪쳐 볼 거야."
5. 스트레스 관련 질환 때문에 만성적으로 아프다.
6. "다른 사람을 잘 돌보고만 있다면 난 별 문제 없이 괜찮을 거야."

예상 답안: 1. 방치, 2. 과잉보호, 3. 아이 지지 돌보기,
4. 부모 주도 돌보기, 5. 학대, 6. 조건적인 돌보기

예시 7

상황: 자녀가 당신의 형편으로는 사 줄 수 없는 비싼 옷을 입고 싶어 한다.

각 항목에 알맞게 답해 보자. '만일 학대한다면, 조건적인 사랑을 한다면, 부모주도 방식으로 돌봐 준다면, 무엇을 어떻게 할 것인가?'와 같이 생각해 보고 적어 보자.

학대: ______________________

____

조건적인 돌보기: ______________________

____

부모 주도 돌보기: ______________________

____

아이 지지 돌보기: ______________________

____

과잉보호: ______________________

____

방치: ______________________

____

당신이 자녀를 양육하면서 당면하는 상황도 적어 보자. 그리고 당신의 문제 상황을 놓고 어떻게 여섯 가지 반응이 생길 수 있는지 생각해 보자.

문제 상황: ______________________________

____

학대: ______________________________

____

조건적인 돌보기: ______________________________

____

부모 주도 돌보기: ______________________________

____

아이 지지 돌보기: ______________________________

____

과잉보호: ______________________________

____

방치: ______________________________

____

내적 구조 만들기 연습(제9장)

여러분이 지금 갖고 있는 절대 규칙과, 이후에 갖길 바라는 규칙을 적어 보자. 다음의 여덟 가지 외에 다른 범주가 있다면 그것도 적어 보자.

건강: ______________________________

____

안전:

준법:

윤리:

종교:

가족생활:

부모의 선호:

이웃 환경:

기타:

당신이 현재 가지고 있거나 앞으로 가졌으면 하고 바라는 조율 규칙을 적어 보자. 첨가해야 할 범주가 있다면 그것도 적어 보자.

돈:

성적:

편의:

집안일:

능력 수준:

성숙 수준:

사회 예절:

기타:

구조화 연습(제11장)

구조화의 방법을 얼마나 잘 이해하고 있는지 각 문항에 '완고함' '비난' '절대 규칙' '조율 규칙' '사탕발림' '유기' 중 가장 적절하다고 생각하는 한 가지를 적어 보자.

예시 1

상황: 고등학교 3학년 자녀가 이제 막 운전을 할 수 있는 법적인 나이가 되었고, 운전면허 시험에도 합격했다.

부모의 반응

1. "네가 하고 싶은 대로 하렴." 부모는 한계를 설정하는 일보다는 자신의 일에 빠져 있다.
2. "우리가 네 차에 타 봐서 운전 실력이 괜찮다 싶으면, 조금 더 멀리 운전하는 거랑 네 친구들 타는 걸 허락해 주마."
3. "자동차에 대해서는 말도 꺼내지 마. 네가 언제 차가 필요한지 아닌지는 내가 결정할 문제야."
4. "교통 법규를 준수해야만 해. 두 명 이상의 사람을 차에 태워서도 안 되고, 이 도시를 벗어나서도 안 된단다."
5. "차를 쓰겠다고? 너 미쳤니? 난 내 차 찌그러지는 꼴은 못 봐."
6. 한숨을 쉰다. "네가 차가 필요한 모양이구나. 나도 필요하지만 내가 버스를 타고 가지 뭐."

예상 답안: 1. 유기, 2. 조율 규칙, 3. 완고함,
4. 절대 규칙, 5. 비난, 6. 사탕발림

예시 2

상황: 열여섯 살 아들이 학교에서 폭행 및 왕따를 당했다.

엄마의 반응

1. "생각만 해도 기분이 안 좋네. 하지만 곧 잊을 수 있을 거야. 불쌍한 내 새끼."
2. 한심하다는 시선으로 아들을 바라보며 말한다. "그렇게 될 때까지 넌 뭘 한 건데?"
3. 한숨을 쉬며 말한다. "엄마한테도 그런 일이 있었지."
4. "벌어지면 안 되는 일이 일어났구나. 우리가 할 수 있는 일이 무엇인지 생각해 보고, 제일 먼저 해야 할 일이 무엇인지 결정하자."
5. "우리 집안에 그런 창피스러운 일이 있어서는 안 돼. 다시는 그 이야기 입에 담지도 마라."
6. 단호하게 이야기한다. "어느 누구도 그런 일을 당해서는 안 되는 거야. 엄마는 학교나 경찰에 연락할 거야. 네 마음은 괜찮니? 엄마가 안전하게 보살펴 줄게. 이런 일이 다시는 없도록 뭔가를 해 보자."

예상 답안: 1. 사탕발림, 2. 비난, 3. 유기,
4. 조율 규칙, 5. 완고함, 6. 절대 규칙

예시 3

상황: 사사건건 언쟁하려는 초등학교 2학년 딸 때문에 부모는 골치가 아프다. 집안의 평화를 위해서 부모가 져 주지만, 딸은 언제나 잔뜩 부어 있다.

친구의 반응

1. "내키지 않을 때는 아이랑 말싸움하는 걸 멈춰 봐. 너는 그 아이 부모잖니. 그러니까 아이한테 항상 져 주지 마."
2. "넌 아이한테 너무 살살 대하는 것 같아. 나라면 아이에게 누가 대장인지 알려 주었을 거야. 부모 말을 따르지 않으면, 국물도 없다는 걸 알게 해 주었을걸."
3. 어깨를 으쓱하면서, "그래? 뭐 또 다른 소식은 없어?"라고 묻는다.
4. "말싸움하려는 아이랑 타협하려고 하지 마. 협상이 불가능한 가족의 기본적인 규칙을 아이에게 주지시켜 봐."

5. "너 무슨 문제 있는 거 아니야? 아홉 살짜리랑 맞서는 게 무섭니?"
6. 가엾어 하면서, "그래, 이해해. 그런 상황이 너무 싫지?"

예상 답안: 1. 절대 규칙, 2. 완고함, 3. 유기,
4. 조율 규칙, 5. 비난, 6. 사탕발림

예시 4

상황: 친구가 배우자의 외도 문제에 계속 투덜거리면서 당신에게 조언을 구한다.

당신의 반응

1. "도움을 받을 만한 곳을 찾도록 하자. 어떻게 도와줄까?"
2. "할 수 있는 것은 없어. 바람둥이는 다 똑같아. 바닥을 쳐야 정신 차리지."
3. "내 코가 석 자야. 내 문제로 나도 너무 정신이 없어."
4. "왜 참고 사니? 네 남편이나 너나 똑같아. 한 사람은 바람 피우느라 제정신이 아니고, 한 사람은 그걸 멍청하게 참고 있고."
5. "도움을 받을 만한 곳을 찾아봐. 상담 전문가나 교회 모임 같은 곳을 말이야. 그렇게 하지 않으면, 나도 네가 이렇게 계속 투덜거리는 걸 더 이상 듣지 않을 거야. 같은 불평만 늘어놓는 것은 도움이 안 되는 것 같아."
6. "어떡하니, 사는 게 너무 끔찍하겠다. 필요하다면 언제든지 네 이야기를 들어 줄게. 언제든지 연락만 해."

예상 답안: 1. 조율 규칙, 2. 완고함, 3. 유기,
4. 비난, 5. 절대 규칙, 6. 사탕발림

예시 5

상황: 상담자와 친구들이 당신의 가정 분위기가 중독(일, 담배, 술, 오락, 도박, 음식 중독 등)을 조장하고 있다고 지적한다.

자신에게 하는 말

1. '중독을 부추기는 행동을 매일 하나씩 골라낼 거야. 친구나 상담자를 찾아가서 내가 잘 해내는지 관심을 갖고 지켜봐 달라고 해야지. 그리고 잘 해내면 함

께 축하해야지.'

2. '지금 이대로도 좋은데 뭐. 우리 가정에 평지풍파를 일으키고 싶지 않아.'

3. '난 바뀔 수 없어.'

4. '다른 사람들이 내게 해 주는 말을 귀 기울여 들을 거야. 그리고 내 행동을 유심히 살핀 다음, 바꾸고 싶은 내 행동도 생각해 볼 거야.'

5. '변하기에는 나는 너무 늙었어. 그저 마누라가 쇼핑 중독에서 벗어나기만을 바랄 뿐이야.'

6. '난 모든 것을 망쳤어. 나는 뭐 하나 제대로 하는 게 없어.'

예상 답안: 1. 절대 규칙, 2. 사탕발림, 3. 완고함,
4. 조율 규칙, 5. 유기, 6. 비난

예시 6

상황: 아홉 살 난 자녀가 휴대전화를 살 만큼 돈을 모았다. 아이는 그것이 자신의 돈이므로 원하는 대로 쓸 수 있다고 말한다. 그러나 당신은 휴대전화는 어른이 사용하는 것이라고 생각한다.

각 항목에 맞는 대답을 적어 보자.

완고함: ____________________

____

비난: ____________________

____

협상 불가능한 규칙: ____________________

____

협상 가능한 규칙: ____________________

____

사탕발림: ____________________

____

유기: ______________________________

____

당신의 문제로 예를 만들어 보자. 상황을 설정한 후, "내가 만일 이 상황을 완고한 방식으로 처리한다면 어떻게 말할까?" "내가 만일 이 상황을 비난의 방식으로 처리한다면 어떻게 말할까?"와 같이 물어보자. 그리고 이런 식으로 여섯 가지 입장을 모두 생각해 보자. 우리가 쉽게 하는 행동이 무엇인지 살펴보고, 구조 고속도로의 차선 안에서 안전하게 주행하기 위해 필요한 것이 무엇인지 생각해 보자.

예시: ______________________________

____

상황: ______________________________

____

완고함: ______________________________

____

비난: ______________________________

____

협상 불가능한 규칙: ______________________________

____

협상 가능한 규칙: ______________________________

____

사탕발림: ______________________________

____

유기: ______________________________

____

디스카운트 연습(제21장)

각 단계의 디스카운트와 능동적인 반응을 구분해 보기 위해, 다음의 연습 문제 옆에 자신이 생각하는 숫자를 적어 보라. 여기서 제시한 답은 상황에 따라 달라질 수 있음을 기억해 주길 바란다. 억양, 얼굴 표정, 몸짓 등에 따라 디스카운트의 단계는 바뀔 수 있다. 그리고 각 관계에서 지켜지지 않은 약속이나 깨진 계약 등이 있는 경우에도 다른 단계의 디스카운트로 느껴질 수 있다. 여기에 제시된 답은 하나의 제안일 뿐이다. 당신의 상황에 맞게 다시 답을 적어 보는 것도 좋다.

각 질문지 옆에 단계를 나타내는 1, 2, 3, 4, 능동이라고 적어 보자. 1, 2, 3, 4와 능동이 의미하는 바는 다음과 같다.

1: 문제의 존재 자체를 디스카운트하는 것
2: 문제의 심각성을 디스카운트하는 것
3: 문제의 해결 가능성을 디스카운트하는 것
4: 문제를 해결하는 자신의 능력을 디스카운트하는 것
능동: 상황이나 타인, 자신의 파워를 고려하고 결정하는 것

예시 1

상황: 이제 막 운전면허를 취득한 자녀가 부모와 자신의 친구를 태운 채, 속도위반을 하며 운전하고 있다.

부모의 반응

□ '교통 경찰은 이럴 때 안 나타나고 뭐 하는 거람.'

□ '지금 운전하고 있는데 친구들 앞에서 아이를 민망하게 할 수는 없지.'

□ 속도 위반을 눈치채지 못한다.

□ 강하게 말한다. "속도를 낮춰라. 그렇지 않으면 내가 운전할 거야." 만약 속도

를 줄이지 않으면 차를 멈추게 하고 부모가 운전한다. 집으로 돌아온 뒤, 부모는 앞으로의 규칙과 오늘의 행동이 앞으로 자녀가 운전할 때 어떤 결과를 낳게 될지 이야기한다.

□ '글쎄, 저 또래 애들은 늘 저렇게 과속을 한다니까.'

예상 답안: 3, 4, 1, 능동, 2

예시 2

상황: 딸은 자신이 원하는 것보다 남자친구가 원하는 것에 더 많은 신경을 쓰고 있다. 남자친구가 어떻게 느끼는지를 주의 깊게 살피고 편안하게 해 주면서 돌봐준다. 남자친구는 이를 좋아하는 것처럼 보이지만, 딸에게 불친절하게 대한다.

엄마가 자기 자신에게 하는 말

□ '아이의 남자친구가 나한테는 예의 바르게 대하는 걸 뭐.'

□ '아이에게 내 걱정을 이야기해 줄 거야. 진정한 보살핌에 관한 책을 읽게 하든지 도움이 될 만한 모임에 참여하게 해서 다른 관점을 가질 수 있도록 해야겠어. 나는 어렸을 때, 내가 친절을 베푸는 만큼 나도 관심을 받을 수 있다는 것을 알아야만 했어. 나는 딸에게 그걸 가르쳐 줄 거야.'

□ '내 친구가 그랬어. 내가 만약에 딸을 화나게 하면 다음에는 내 말을 안 들을 거라고.'

□ 내가 지금 무슨 말을 할 수 있겠어? 얼마 전까지 나도 그렇게 살았는데 말이야.'

□ '걔네는 잘 해 나갈 거야.'

예상 답안: 1, 능동, 3, 4, 2

예시 3

상황: 아들은 자기가 다니는 교회의 원칙만 옳다고 생각한다. 얘기를 나누려고도 하지 않으며 자기 교회는 옳고 그름의 모든 것을 알고 있다고 굳게 믿는다. 하지만 가족에게는 매우 비판적이다.

아빠가 자기 자신에게 하는 말

□ '내가 그런 큰 교회 논리에 뭐라고 반박할 수 있겠어.'

□ '아이가 신앙이 깊으니 그럴 수밖에 없지.'

□ '아이의 믿음을 존중하면서 이야기를 들어 줄 거야. 그리고 내 신념도 존중하면서 들어 달라고 부탁할 거고.'

□ 그 교회가 사람들을 그런 식으로 계속 혹하게 만든다면 그 교회는 금방 끝장이 날 거야.'

□ '아이는 예전에도 이런 과정을 거쳤었지.'

예상 답안: 4, 1, 능동, 3, 2

어른들 세계의 디스카운트

부인과 디스카운트는 어른들의 세계에서도 빈번하게 일어난다. 어른들이 서로를 디스카운트하거나 능동적인 태도로 임하는 예시를 살펴보자.

예시 4

상황: 친구가 승진을 바라고 있다.

나의 반응

- **1단계:** "얘, 어떤 사람들은 직장도 없어."(문제 없어)
- **2단계:** "승진을 못 한다고 해서 죽는 것은 아니잖아."(심각하지 않아)
- **3단계:** "윗사람들이 어떻게 결정할지 누가 알겠어?"(해결 방법은 없어)
- **4단계:** "내가 도울 수 있는 방법은 없구나."(나는 힘이 없어)
- **능동적이고 책임감 있는 말:** "나도 네가 승진하기를 바라. 혹시 내가 도울 수 있는 일이 있을까?"

예시 5

상황: 사랑하는 사람이 "너와 시간을 더 즐겁게 보내고 싶어."라고 말한다.

나의 반응

- **1단계:** "이미 많은 시간을 같이 보내고 있고 충분히 재미있는 것 같은데."(문제 없어)
- **2단계:** "그래. 그럼 내가 일주일에 한 번씩 재미있는 농담을 해 줄게."(심각하지 않아)
- **3단계:** "많은 커플들이 재미있게 지내는 방법을 찾지 못해서 힘들어하지."(해결 방법은 없어)
- **4단계:** "나는 이번 달까지 정말로 바빠."(나는 힘이 없어)
- **능동적이고 책임감 있는 말:** "좋아. 어떻게 보낼 수 있는지 같이 생각해 보자."

예시 6

상황: 첫 아이를 낳은 산모가 산후우울증으로 고생하고 있다.

자신에게 하는 말

- **1단계:** '산후우울증이라는 것은 근거 없는 생각이야.'(문제 없어)
- **2단계:** '시간이 지나면 괜찮아지겠지.'(심각하지 않아)
- **3단계:** '호르몬의 문제니까 내가 할 수 있는 것은 없어.'(해결 방법은 없어)
- **4단계:** '내가 유일하게 할 수 있는 일은 항우울제 주사나 맞는 거지.'(나는 힘이 없어)
- **능동적이고 책임감 있는 말:** '내가 이 문제를 만든 것은 아니지만 해결할 방법을 찾아야만 해. 의사와 얘기해 보고 도움이 되는 약이 뭔지 물어봐야겠어. 산후우울증에 관한 책도 찾아보고, 어쩌면 치료를 받아야 할지도 몰라. 해결 방법을 찾을 때 까지 계속 노력해 봐야지.'

예시 7

상황: 자신의 산후우울증이 아기에게 안 좋은 영향을 미칠까 봐 걱정하고 있는 엄마가 있다.

산모 친구의 반응

- **1단계:** "이렇게 어린 아기들은 네가 이런 거 몰라."(문제 없어)
- **2단계:** "이게 영향을 미치더라도 아이는 곧 극복할 거야."(심각하지 않아)
- **3단계:** "글쎄, 우울증에서 헤어 나오지도 못하는 네가 무슨 아기 걱정까지 하니?" (해결 방법은 없어)
- **4단계:** "우울증은 자연적으로 없어지고 아기도 잘 극복할 거야."(나는 힘이 없어)
- **능동적이고 책임감 있는 말:** "인생의 초기에 아기들은 신체적인 접촉을 필요로 한 대. 그리고 그 접촉 때문에 사람을 신뢰하고 애정을 느끼게 된대. 아이를 달래면서 노래를 불러 주면 어떨까? 우울증을 치료하면서, 아기랑 잘 지낼 수 있도록 내가 도울 수 있는 일이 있으면 말해 줘."

다음의 각 질문 옆에 1, 2, 3, 4, 혹은 능동이라고 적어 보자. 1, 2, 3, 4와 능동이 의미하는 바는 다음과 같다.

1: 문제의 존재 자체를 디스카운트하는 것
2: 문제의 심각성을 디스카운트하는 것
3: 문제의 해결 가능성을 디스카운트하는 것
4: 문제를 해결하는 자신의 능력을 디스카운트하는 것
능동: 상황이나 타인, 자신의 힘을 고려하고 결정하는 것

예시 8

상황: 당신의 친구는 다시 직장을 다니고 싶지만, 이제 두 살 된 아이를 맡길 마땅한 곳이 없다.

당신의 반응

□ "모든 부모가 너와 같은 걱정을 한단다."

□ "네가 살고 있는 동네의 어린이집을 찾아봐. 친구한테 물어보든지, 동사무소나 구청에 전화해서 어린이집 목록을 달라고 해 봐. 그래서 네다섯 군데를 방문해 보고 아이들을 잘 보살피는지 확인해 봐. 네 양육 방식이랑 비슷하고 정부에서 인가받은 기관을 찾아보는 게 좋을 것 같아."

□ "걱정하지 마. 다른 방법이 있을 거야."

□ "부모가 일을 하면 당연히 직장에서 보육 시설을 제공해야지."

□ "가장 가깝고 싼 곳을 찾아봐."

예상 답안: 2, 능동, 1, 4, 2

예시 9

상황: 배우자는 오랫동안 병원에 입원해 있고 나는 자주 출장을 가야 한다. 이 상황이 아이에게 미칠 영향을 생각 중이다.

나의 반응

□ '내가 집에 있을 때는 꼭 아이들과 함께 있도록 해야지. 재택근무를 할 수 있는 직장을 찾아야겠어. 아니면 입주 가정부를 찾아보는 것도 괜찮을 것 같아. 여동생한테 아이들과 시간을 더 많이 보내 달라고 부탁할 거야. 아이들의 행동을 세심히 관찰하고, 또 아이들한테 자기들 감정을 솔직히 말해 달라고 해야지.'

□ '이 상황은 어쩔 수 없어.'

□ '일곱 살, 아홉 살이면 충분히 자기 자신을 잘 돌볼 수 있는 나이야.'

□ '내가 의도한 일이 아니잖아.'

예상 답안: 능동, 3, 2, 1, 4

예시 10

상황: 남편이 음주운전으로 딱지를 두 번이나 뗐고, 음주 문제로 회사에서 골치 아픈 상황에 처해 있다.

나의 반응

□ '그래도 이제는 술을 집에서 주로 마시고, 밖에서 마시는 일도 좀 줄었는데, 뭐.'

□ '내 남편인데 내가 감싸 줘야지, 어떡하겠어.'

□ '아무튼 남자들이 문제라니까.'

□ '그래도 남편이 내 곁에 있어서 얼마나 다행이야.'

□ '더 이상 남편을 감쌀 수만은 없어. 남편뿐만이 아니라 우리 가족에게 필요한 도움을 당장 찾아볼 거야.'

예상 답안: 2, 4, 3, 1, 능동

예시 11

상황: 사랑하는 사람이 내게 묻는다. "당신 나 사랑해?"

나의 반응

□ "나를 당황하게 하지 마."

–(안아 주고 키스해 주면서) "그럼, 내가 얼마나 당신을 사랑하는지 알잖아."

□ "내가 밸런타인데이 선물을 주지 않았어?"

□ "그래, 근데 수도 요금은 냈어?"

□ "상대방한테 그 사람을 사랑한다고 믿도록 하는 건 참 어려운 일이야."

예상 답안: 4, 능동, 2, 1, 3

예시 12

상황: 부부가 유산된 아기 때문에 슬퍼하고 있다.

가족, 친구, 직장 동료들의 반응

□ "그건 하늘의 뜻이야. 슬퍼하지 마."

□ "그런 일이 생겨서 속상하구나. 하지만 난들 무슨 일을 해 줄 수 있겠니?"

□ "출근한 거 보니깐 이젠 괜찮구나! 지금 네가 맡을 새로운 프로젝트가 있어."

□ "정말 힘든 시간이겠네. 내가 도울 수 있는 것이 있다면 도울게."

□ "곧 다른 아이를 가질 수 있을 거야."

예상 답안: 3, 4, 1, 능동, 2

예시 13

상황: 친구가 "멋진 새 계획을 이야기해 주고 싶어서 너를 기다렸어."라고 말한다.

나의 반응

□ "네가 멋지다고 말했던 계획들을 나는 이해할 수가 없던데."

□ "지금 바쁘지만 네 계획을 듣고 싶어. 내 일이 다 끝나는 저녁까지 기다려 줄 수 있니?"

□ "특별히 할 일이 없으니까 네 이야기를 들을 수 있어."

□ "말할 시간이 너무 부족한 것 같아, 그치?"

□ "오늘 영화 보러 가고 싶어. 너도 같이 갈래?"

예상 답안: 4, 능동, 2, 3, 1

저자 소개

Jean Illsley Clarke

인간발달학 석사학위를 가지고 있으며 휴먼서비스의 명예박사이기도 하다. 부모교육자이며 교사 양성가, 『Self-Esteem: A Family Affair』의 저자, 부모들을 위한 시리즈인 『Help!』의 공동저자이다. 1995년 부모교육에 교류분석을 적용하여 에릭번 어워드를 수상하였다. 남편 Dick과 함께 미국 미네소타주 미네아폴리스에 살고 있다.

Connie Dawson

교육상담 분야에서 '입양상담의 전문성'으로 박사학위를 받았다. 교사들의 사전 직무교육에 통합 상담의 아이디어로 도움을 주었던 미국 포틀랜드 대학교에서 교육상담을 가르쳤다. 현재 미국 콜로라도주 에버그린에 살고 있으며, 개인상담실을 운영하고 있다. 정신보건 전문가, 아동양육관계자, 입양부모, 성인 입양자들에게 자문을 하고 워크숍을 진행하고 있다.

저자들은 단지 연구만으로 이 책을 저술한 것이 아니라 성인학습자들과 폭넓은 작업을 진행한 경험, 오랜 세월의 양육경험 그리고 현재 손자들과의 경험을 바탕으로 하였다. Jean은 교육자들을 위한 집단 리더 지침을, Connie와 동료들은 정신보건 전문가들을 위한 집단 리더의 지침을 만들었다.

역자 소개

박미현(Park, Mi Hyun)
경성대학교 대학원 교육학박사(상담심리)
한국통합TA연구소 대표
(주)한국TA러닝센터 대표이사
한국교류분석상담학회 상담/교육 수련감독
한국교류분석상담학회 TAPT(부모교육) 전문강사 교수

전우경(Chun, Woo Kyeung)
중앙대학교 대학원 문학박사(유아교육)
중앙대학교 유아교육학과 겸임교수
아이플러스 부모교육연구소장
한국교류분석상담학회 학회장
한국교류분석상담학회 상담/교육 수련감독
한국교류분석상담학회 TAPT(부모교육) 전문강사 교수

이영호(Lee, Young Ho)
대구대학교 대학원 철학박사(가족상담 및 치료)
인제대학교 사회복지학과 교수
한국교류분석상담학회 초대회장
한국교류분석상담학회 상담/교육/조직 수련감독
한국교류분석상담학회 TAPT(부모교육) 전문강사 교수

부모와 자녀의 성장을 위한 비밀열쇠
교류분석 양육지침서
Growing Up Again
Parenting Ourselves, Parenting Our Children

2021년 8월 20일 1판 1쇄 인쇄
2021년 8월 30일 1판 1쇄 발행

지은이 • Jean Illsley Clarke · Connie Dawson
옮긴이 • 박미현 · 전우경 · 이영호
펴낸이 • 김진환
펴낸곳 • (주)학지사
04031 서울특별시 마포구 양화로 15길 20 마인드월드빌딩
대표전화 • 02-330-5114 팩스 • 02-324-2345
등록번호 • 제313-2006-000265호

홈페이지 • http://www.hakjisa.co.kr
페이스북 • https://www.facebook.com/hakjisabook

ISBN 978-89-997-2471-8 93180

정가 20,000원